民國歷史與文化研究

二 編

第 1 冊

《二編》總目

編輯部編

孫中山地方自治思想與南京國民政府的實踐

李曄曄 著

花木蘭文化出版社

國家圖書館出版品預行編目資料

孫中山地方自治思想與南京國民政府的實踐／李曄曄 著 -- 初
版 -- 新北市：花木蘭文化出版社，2015〔民104〕
目 4+214 面；19×26 公分
（民國歷史與文化研究 二編；第 1 冊）
ISBN 978-986-404-268-5（精裝）
1. 孫中山 2. 學術思想 3. 政治思想
628.08   104012452

ISBN- 978-986-404-268-5

9 789864 042685

民國歷史與文化研究
二 編 第 一 冊   ISBN：978-986-404-268-5

孫中山地方自治思想與南京國民政府的實踐

作　　者	李曄曄
總 編 輯	杜潔祥
副總編輯	楊嘉樂
編　　輯	許郁翎
出　　版	花木蘭文化出版社
社　　長	高小娟
聯絡地址	235 新北市中和區中安街七二號十三樓
	電話：02-2923-1455／傳真：02-2923-1452
網　　址	http://www.huamulan.tw 信箱 hml810518@gmail.com
印　　刷	普羅文化出版廣告事業
初　　版	2015 年 9 月
全書字數	193153 字
定　　價	二編 23 冊（精裝）台幣 42,000 元

《二編》總目

編輯部　編

《民國歷史與文化研究》二編　書目

《民國歷史與文化研究》二編各書作者簡介・提要・目次

第一冊　孫中山地方自治思想與南京國民政府的實踐

作者簡介

　　李曄曄，1984～，男，漢族，江蘇鹽城人，歷史學博士。2003 年考入吉林大學文學院歷史系，2007 年至 2009 年從師於劉會軍教授攻讀碩士學位，2009 年至 2012 年 6 月從師於劉會軍教授攻讀博士學位。2012 年 7 月至今，長春大學馬克思主義學院執教。2013 年 5 月至今，吉林大學馬克思主義學院攻讀博士後。主要研究方向爲：中國近現代政治制度史，民國社會史。

提　要

　　本文首先詳細敘述了孫中山地方自治思想的發展歷程，指出孫中山地方自治思想的演繹軌。孫中山逐步地方自治作爲一項重要政治任務列入國民黨的政綱當中，在國民黨一大通過了綱領性文件《建國大綱》，其中將地方自治建國的基礎確立在國民黨的政綱中。指出孫中山地方自治思想與歐美等國地方自治的不同點，認爲孫中山地方自治思想是對歐美等國地方自治的借鑒並結合中國具體實際形成的獨具特色的自治理論。

　　論文然後敘述了南京國民政府成立後對孫中山地方自治思想的初步實踐，但礙於各種因素的制約，南京國民政府的地方自治政策效果很不理想，並隨即對地方自治的政策進行了修正，試圖以保甲制度來滲透地方自治。論文緊接著討論了南京國民政府新縣制實施的進程及原因，指出新縣制是南京國

民政府將保甲與地方自治進行融合形成的實質，新縣制的實施更多的要放在抗日戰爭的歷史環境中考察，在全面抗戰時期政府必須加強集權以有效調配全國所有資源以資抗戰。

　　論文最後著力探討了南京國民政府對孫中山地方自治思想修正，並闡述了南京國民政府在地方治理過程中對孫中山地方自治思想修正的原因，指出南京國民政府在成立之初，在準備條件不充分的前提下倉促實施地方自治是不成功的，對孫中山地方自治思想的繼承只是求形似難求實質。此後南京國民政府對孫中山地方自治思想修正多過繼承，既是當時社會環境的產物，也是南京國民政府自身的要求。

目　次

第二冊　英租威海衛故事：鄉村治理轉型的另類視角

作者簡介

　　劉瓊，女，1981年生於山東萊蕪，2002年畢業於聊城師範學院（現聊城大學）政治系；2005年畢業於復旦大學國際關係與公共事務學院，同年7月

就職於山東大學（威海）法學院；2014 年於山東大學政管學院畢業，獲法學博士學位。學術研究方向爲政治發展與政治現代化，鄉村治理與社會轉型。發表有《宗教利益團體與美國國內公共政策述評》、《傳統中國鄉村治理模式問題再認識》、《自與自救：傳統鄉村社會自治結構崩塌之沉思》等論文。

提　要

作爲農業大國的中國的現代化，離不開鄉村社會的現代化。但百多年來中國追求現代化的一個副產品卻是鄉村社會的不斷衰敗，這就使得中國的現代化事業因得不到來自鄉村的正面支持而跌宕曲折，進展緩慢，中國鄉村社會的現代化已成爲我國社會轉型中的一個瓶頸。本文以當代世界現代化理論的新發展、新視野爲基礎，通過對英租時期威海衛鄉村治理轉型這一「個案敘事」，深入探討中國傳統鄉村社會與現代性接續的可能與路徑問題，以期從中汲取經驗教訓，拓展我們當下鄉村社會治理與建設的思路。本文認爲：成功的人類文明都有自己的個性化形式，但在這些個性化差異的表象下，又體現有成功文明的共性內涵，現代性的生發是以這些共性內涵的保存而不是毀壞作爲前提的。世界現代化進程的歷史經驗與現代化理論前沿的最新發展已不再支持將傳統與現代兩相對立的觀點。因此，一個文明追隨時代變化所必須做出的調整需要考慮到人類文明作爲複雜大系統所具有的「類有機性」，要避免以「推倒重來」的方式對文明賴以存身的根基造成傷害。英租威海衛鄉村社會治理作爲一個從傳統中生發出現代性的個案，雖然不具普遍性，但它提供給我們一種另類的視角與方法論上的啓示：只有在傳統文明延續與逐步「擴展」的基礎上，我們延續了百多年的社會轉型困局才有眞正突破的可能。

目　次

第三冊　蔣介石與民末憲政

作者簡介

　　鄭率，1975 年生，黑龍江依蘭人，歷史學博士，現為吉林大學文學院中國史系講師，主要研究方向為中國現代政治史、中國經濟史。曾發表《民末憲政芻議》、《蔣介石 1928 年統一前後政治運籌評議》、《論蔣介石個人獨裁的制約因素》、《近代中國外人在華治外法權的經濟後果》、《近代中外經濟關係中關稅與釐金的糾葛》等學術論文，並參與《南京政府憲政研究》、《近代以來中外關係與中國現代化》、《中國外交史》、《東北抗戰實錄》等多部學術著作編撰。

提　要

　　當抗戰接近尾聲之際，國民黨面臨各界強烈的行憲呼籲，政治壓力陡增，為此蔣介石一改既往消極態度，轉而積極籌備憲政。在其一手操控下，從制憲國大到行憲國大，蔣試圖把握政治改革主動權，以免受制於人。敷衍中間勢力、與中共競爭、維護個人威權及回應美方建議，這四者是蔣決意行憲的具體動機。行憲開始後，蔣深陷未曾預料的政治困境中，但仍一意孤行，繼續玩憲政於股掌之上。而隨著軍政形勢惡化，蔣於最後關頭被迫事實上廢除憲政，並變相恢復國民黨訓政舊制。縱觀民末憲政過程，實為蔣策劃、導演並直接參與演出的一場政治大戲。由於政治理念衝突，亦因憲政設計和執行間扞格，再有行憲時機選擇失當，加之黨內外複雜尖銳政爭，諸多因素交織，國民黨在民末行憲的最終果實僅為憲政空殼，政治戲劇蛻變為政治鬧劇。就蔣個人而言，決策失宜致假戲成真，弄巧成拙，政治工具竟成權力贅疣，彰顯蔣氏理念的滯後和能力的缺陷；從國民黨法統角度審視，民末一黨憲政對孫中山遺教既有尊奉又有背離，修正後加以利用卻仍不合實踐所需，國民黨遂以臨時條款代憲法運行數十載；在近代中國歷史進程中，民末憲政標記了中國民主政治發展的又一次挫折，迄民國時期終結，憲政仍徒具形式，憲政外殼之下，民主政治內核未得有效充實。

目　次

第四冊　拿來主義——功利主義與中國近現代政治哲學邏輯發展

作者簡介

徐慶利：男，1973 年 9 月出生於河北永清縣。政治學博士、博士後，現為大連海事大學專業學位教育學院副院長兼 MPA 教育中心主任、副教授、碩

士生導師。1994～2005 年間就讀於吉林大學行政學院，先後獲得學士、碩士、博士學位，其間 2001 年夏～2002 年夏，任教於哈爾濱工業大學人文與社會科學學院。2005 年 6 月始，在大連海事大學任教。2007～2010 年間於天津師範大學從事政治學博士後研究。主要研究方向爲中國政治思想史、中西方政治哲學，出版學術著作 2 部，發表論文 20 餘篇。

提　要

　　功利主義，作爲近代政治哲學的核心體系之一，它不僅影響了西方社會的發展歷程，而且也深深促進了中國近現代社會的發展。

　　在中國近現代，由於特殊的歷史時局，致使中國傳統功利主義思維方式重新找到了生存的土壤。另外，此時成熟於 19 世紀的英國功利主義政治哲學也隨西化的浪潮進入了中國。這樣，中國近現代政治思想家們在繼承本國傳統功利主義思維方式的同時，又對西方近代功利主義政治哲學進行了大膽地批判吸收，從而使中國近現代功利主義政治哲學具有了中西合璧的思想特色。

　　在中國近現代，功利主義政治哲學對於社會政治生活的影響可以說是相當廣泛，它不僅對中國近代政治哲學的邏輯起點、道器觀、義利觀以及國家治理觀產生了影響，而且也對中國現代社會的文化觀產生了極大地影響，一度出現了全盤西化的文化思潮。

　　然而，就像世界上沒有一件完美無缺的器物一樣，功利主義政治學對於中國近現代社會的影響也存在著理論缺失的現象，如：由於功利主義政治學過分地追求現實的功效，導致中國近現代政治哲學忽略了對人類政治生活普遍必然性的思考；另外，在其影響下，中國近代政治學在進行政治制度設計時，缺乏對公平、正義等價值理念的優先思考。

　　總之，思想的進步必然會帶來社會的開新，而社會的開新又需要思想的進一步提升。希望功利主義政治哲學在做理論調整的同時，更好地服務於中國飛速發展的當代社會政治生活。

目　次

第五冊　近代中國人治、法治的衝突與嬗變

作者簡介

鄭淑芬（1962～），女，吉林乾安人，歷史學博士，哈爾濱工程大學教授，博士生導師。中國現代史學會會員，中國史料學會會員。出版著作有：《從自覺到自信——新民主主義革命時期中國共產黨奪取文化領導權的歷史考察》、《孫中山民主共和理論與實踐研究》、《中國傳統文化概論》、《中國共產黨思想政治工作史論》、《毛澤東戰略思想研究》、《中國社會主義建設史簡編》等，代表性論文有《孫中山考試權、監察權獨立思想》、《論新中國成立前中共文化領導權之獲得》、《抗戰時期中共軟實力增強之必然》、《孫中山實業救國思想簡論》等。

提　要

鴉片戰爭後，伴隨著社會與民族危機的日益加重，中國的有識之士開始向先進的西方尋求治國良方，法治理念傳入中國並與中國實際相銜接。從這個意義上來說，近代以來中國社會的轉型也是從專制人治到民主法治轉變的過程。本文在對這一過程進行深入考察的基礎上，分析了在這個過程中，法治與人治不斷發生的衝突和鬥爭，以及這一衝突和鬥爭中的各種因素，論述了法治取代人治是歷史發展的必然，是社會民主進步的重要表現，同時也是艱難曲折的歷史過程。本文的主要觀點是，中國的社會發展需要法治，清末新政、中華民國的建立以及南京政府的法制建設，都在中國走向法治的過程中起到了一定的推進作用，但由於晚清政府、北洋政府、南京政府的大地主、大資產階級性質，在它們的統治下，中國無法實現真正的民主和法治。因此，社會的各種進步力量與統治階級進行了各種形式的鬥爭，從而為摧毀人治的基礎，建立民主法治社會而清除了障礙，探索和開闢了前進的道路。

目　次

第六冊　從「政聞社」到「國社黨」：張君勱政黨理念及其實踐（1907～1938）

作者簡介

　　王蕾，女，1988 年出生於陝西西安，2006～2013 年在西北大學、南京大學完成大學本科和碩士研究生學業，主要從事中國近現代史研究。在《書屋》、《歷史學家茶座》、《南方都市報》等刊物、報紙上發表歷史文化類文章多篇。現供職於清華大學新聞中心。

提　要

　　作為民國史上著名的政治人物和知識分子，張君勱在「政治國」與「學問國」之間，縱橫捭闔。基於此「兩棲」特質，以往研究者主要在思想史的脈絡中探討憲政民主、自由主義、社會主義、新儒家等相關問題，相對而言，對於張君勱民主憲政的路徑依賴——政黨政治，包括張君勱政黨理念的建構、闡述與躬行，則缺乏足夠關注。事實上，在張君勱畢其一生的憲政訴求中，政黨理念貫穿始終，在近代秩序重建的過程中，針對如何實現民主憲政、改良政黨政治，張君勱從制度層面進行了理性思考，並孜孜矻矻、身體力行地參與到組黨、造黨的實踐中，以期實現憲政民主的終極訴求。因此，本文以時間為經線，以張君勱政黨理念及其實踐為緯線，將考察重心投放於上世紀初張君勱「問政」肇始，到 30 年代致力於政黨建設與運作，也即從參與立

憲組織「政聞社」到組建「中國國家社會黨」期間，張君勱政黨理念的建構與踐行，從而透視轉型時代知識分子對於「刷新中國政治」的思考、探索與嘗試。

本文大體分三個部分進行考察。第一部分包括第一、二章，圍繞張君勱早年，即從清末參加立憲組織政聞社，到民初共和政體建立後聯黨組黨，就張君勱政治立場的選擇、政黨理念的初建和實踐層面的初步嘗試進行論述。就張君勱的政治立場而言，在晚清「立憲」與「革命」的分流與爭論中，張君勱旗幟鮮明地加入立憲派。一方面，翻譯《穆勒約翰議院政治論》，從西方的政治制度中汲取養分，爲立憲政治提供學理上支持；另一方面，加入梁啓超等人組建的具有政黨性質的立憲團體——政聞社，以此爲契機，投身於立憲政治的實際運動中去。民初在共和體制下，張君勱初步形成了關於政黨政治的一套理念：第一，政黨政治是民主憲政的先決條件；第二，政黨爲「議會角逐之具」，要實現政治理念，必須整合小黨壯大黨勢，與反對黨「爭選舉，爭議席」。在政黨實踐上，張君勱相繼參與組建「共和建設討論會」和「民主黨」。

第二部分爲文章第三、四章，考察民初政治失序時期，張君勱如何從政黨政治入手，對憲政破產進行反思，並在此基礎上的政治訴求。民國以後，雖掛名「共和」的招牌，但實際上，國人所期望的民主政治並未實現。相反，接連不斷的黨爭與內閣危機，致使民國初年政治的嚴重失範。張君勱從政黨政治的角度對憲政破產的原因進行反思。張君勱認爲，缺乏現代政黨觀念是癥結所在，激進派，包括穩健派在內，不知如何履行現代政治，進行良性政治參與。旅歐期間，參照德、俄兩國的社會背景和革命經驗，張君勱選擇以德國社會民主黨爲標尺，依託「點滴改良」和「法律手段」，建立一個理想的政黨。建立理想政黨的前提與關鍵，則在於教育國民，養成並提高國民的政治能力和政治智識。因而，二十年代，張君勱開始將目光轉向謀求國民政治品格之提升的教育之路，創辦「國立自治學院」，培養政治人才。

第三部分爲最後一章，以張君勱組建中國國家社會黨爲核心，重點探討張君勱不同於國、共兩黨的制度思考，以及國難當頭基於民主的適當調試。北伐完成後，國民黨在全國推行「一黨訓政」。張君勱不滿於黨權高漲和人權低下，於 1932 年組建中國國家社會黨。由於政治生態的變化，張君勱提出「政黨合作」、「舉國一致」的模式，目的是使國家利益不因黨派間的爭鬥而受損，

從而應對日本步步緊逼，國難當頭的危機局面。抗戰爆發後，國社黨以在野黨的形式保持論政地位，張君勱迎合救亡需要作出適當調適的同時，一以貫之的踐行民主政黨政治。當然，奉行離開武力地盤代之以漸進改良爲模式的國社黨始終夾雜在國、共兩黨之間，憑藉有限的政治參與艱難發展，但張君勱對政黨政治、民主政治的思考、探索，並以此爲基礎形成的一套制度建構，對當今改革深水期下的政黨建設不無借鑒作用。

目　次

改人性與變制度——張申府社會改造論研究

作者簡介

田玉才，男，1972 年生，河北省新樂市人，吉林大學政治學博士，主要研究方向中西政治思想。

提　要

社會改造是十九世紀以來中國歷史的主題。中國近代是一個王朝統治危機、封建社會危機、民族危機互相糾結、互相影響的時代。封建社會危機誘發了民族危機和王朝統治危機，是社會改造的根本原因；民族危機又刺激和加深了封建社會危機，是社會改造的外部原因和刺激因素。人的改造與制度的革新是社會改造的主要內容，救亡圖存、富強獨立、實現中華民族的偉大

復興是社會改造的近期目標，理想的大同社會是社會改造的終極目標。

　　十九世紀末期以來，中國社會陷入深刻的意義危機和秩序危機之中，在這種社會歷史背景下，張申府以羅素所代表的西方資產階級優秀文化、孔子所代表的中國傳統優秀文化和列寧所代表的馬克思主義為理論來源，在批判繼承十九世紀以來中國社會改造思想的基礎上，提出了自己別具一格的社會改造觀。他認為，中國的社會改造應從兩個方面同時著手，一是改人性，即人的改造，一是變制度，即制度改造，只有雙方相互配合，相反相成，辯證統一，達到有機的和諧與平衡，才能獲得社會改造的成功。張申府希望，以他實的哲學與辯證理性觀作為社會改造的基礎，以其反思的或超越的科學主義與綜合民主論作為社會改造的精神武器，通過新啟蒙運動和一個革命即國民革命，實現人與社會的共同改造，最終達致以大同個人主義、生之人生觀和仁的理想為主要特色的理想的大同社會。

目　次

第七冊　梁漱溟民主思想及其發展

作者簡介

　　王光，男，1983 年 8 月生於吉林省吉林市。2012 年畢業於吉林大學，獲政治學博士學位，現任職於東北大學政治學研究所。自 2006 年始致力於中國政治哲學與思想史研習，先後主持中央高校基本科研業務項目「現代新儒學政治文化轉型研究」、國家哲學社會科學規劃一般項目「中國傳統政治思想現代轉型邏輯及其價值選擇研究」；公開發表學術論文十餘篇，參與撰寫專著 3 部。

提　要

　　自 19 世紀中葉以來，隨著歐美世界近代化進程的加快，中華文明也無可避免地被納入其中。中國舊有的經濟生產方式、政治制度安排、思想文化傳統、社會結構體系等各個方面，都在這一過程裏持續不斷地遭到衝擊。與此同時，近代文明的傳入也造就了 20 世紀上半葉中國的思想解放運動，形成各式各樣的理論學說，一時蔚為壯觀。在新舊文化碰撞中，一些人開始思索如何保守固有文化，如何接納異質文化以及如何調和二者並使之共同推動社會發展。當然，這種思考絕不只停留在抽象的邏輯推理層面，而是在不斷尋求解決中國現實問題方案的過程中逐漸豐富發展起來。

　　本書以梁漱溟等現代新儒學思想家的民主思想作為研究對象。首先勾勒梁漱溟思考民主問題的大致思路及其原因；其次重點評析其民主思想的內涵、特徵及其實現路徑；復次著重辨析其他幾位新儒家對民主的認知以及對梁漱溟民主思想的發展，總結該思潮對民主、政治制度發展、政治思想啟蒙等一系列重大問題的基本觀點和傾向；最後，從現代新儒學思潮整體出發，對其理論價值、特徵及局限等問題做出綜合分析判斷。分論部分通過更多的專題分析，最終解決本論題針對的核心問題，即嘗試性地回答中國民主政治發展與民主思想話語表述之間的內在邏輯與相互關聯。

目　次

第八、九冊　從「自由的馬克思主義」到「新自由主義」——胡秋原思想研究

作者簡介

　　霍賀（1979～），男，漢族，2014 年畢業於南京大學歷史學系，獲歷史學博士學位，研究方向爲中國近現代思想文化史，現在華北水利水電大學思想政治教育學院任教。

提　要

在中國近現代思想文化史上，胡秋原是一位具有相當影響和極具研究價值的人物。他少年時期受新文化運動自由、民主和科學價值觀的影響，奠定了思想上的自由主義底色。進而鍾情於五四後期在中國廣泛傳播的馬克思主義和其他激進革命學說，視其為救國救民之道，並一度投身於革命風潮之中。但對獨立人格的追求和對自由理念的癡迷，又讓他在民族危機日益嚴峻、社會矛盾不斷加劇的現實面前，陷入迷惘與困頓。為此，作為文化人的他，從文藝和史學理論方面的路徑入手，對自己思想上的迷惘作一釐清。他首先參與「文藝自由論辯」，成為「人道主義文藝觀」的主要提倡者；繼而以《讀書雜誌》為陣地，組織開展了在民國思想史、學術史上頗具影響的中國社會性質的討論和中國社會史論戰；抗戰爆發後又積極投身於抗日救亡運動之中，在此期間，他從比較中西文化的視角探索抗戰建國之道，提出了超越傳統、超越西化、超越俄化，走中國自己發展道路的主張。

因他對共產黨領導下的新政權抱有深刻的疑慮和不信任，1949 年離開大陸遠赴臺灣，此後多年致力於文化和文化史方面的研究，但仍不忘情政治，並以其特有的家國情懷對中國的發展進行不懈的思索，也是臺灣思想文化界頗有影響的人物之一。大陸改革開放後，他也是最早來大陸探訪的文化名人之一。可以說，自 20 世紀 20 年代以來，在中國現代思想史上的許多重要問題上，胡秋原都發出了自己的聲音，在近現代思想文化史上理應據有其一席之地。然而，儘管他在思想文化界頗為活躍，也有一定影響，但卻是個不得志的「失敗者」。他畢生對「超越之路」理想的求索，希望調和兩個極端、謀求「中間道路」的願景，一直處在不斷碰壁之中。不過，也正因為這樣，胡秋原的命運和遭遇，實際上也成為中國歷史上那個時代很多像他那樣抱此理想的一代知識人命運的寫照。由於眾所週知的原因，像胡秋原這樣立場曖昧不明的「中間人士」，一個政治上的失意人和失敗者，以往學界關注和研究都相當薄弱，對他們歷史所起的作用和價值也缺少公正客觀的評說，筆者主要為彌補此缺陷而作。

目　次

上　冊

第十冊　學衡派文化與文學思想研究

作者簡介

　　周淑媚，1965 年出生於台灣省台中縣。1987 年畢業於東吳大學中文系，

1990 年畢業於台灣師範大學國文研究所碩士班，2009 年獲得東海大學中國文學系博士學位。現爲中國醫藥大學通識教育中心副教授。

提 要

　　本論文探討的主題，是 1920 年代以文化保守立場出現在中國智識界的學衡派，當其建構心目中的新文化和新文學圖景的同時，與新文化陣營所展開的各種對峙與對話。學衡派的核心宗旨爲「論究學術，闡明眞理，昌明國粹，融化新知」；在文化發展中，他們主張「存舊立新」，既強調保存傳統國粹，又主張吸收西方文化；既要理清中國的病根，也要釐清西方文化的源流。他們所指引的融貫東西文化精華的路徑，雖然未必可行，但終究在國粹與歐化的兩極之外，提供建設新中國的另一足資參考的座標。

　　本論文首先考察五四前後中國社會文化思潮的變動，藉以掌握《學衡》創刊前的社會文化背景。其次，對於學衡派的研究，一方面透過歷史敘述，在前人的研究基礎與新出版材料的相互參證下，重新建構學衡派的軌跡。另一方面，通過對學衡派與新文化陣營不同立場的兩個智識群體的「參差對話」的展示，深化有關學衡派文化與文學思想的研究。

　　通過對學衡派的歷史敘述，及其與新文化陣營間參差對話的考察，可發現作爲一個群體的學衡派的活動，同是構成五四新文化運動中的重要人文景觀之一，他們是五四前後文化史中不容忽視的力量。以學衡派爲代表的人文主義和古典主義思潮，及其批判和反思的立場，始終貫穿整個《學衡》的辦刊過程。由於他們的加入，使得古典主義傳統在 20 世紀 20 年代新文化運動中不致斷絕；同時也意味著五四的精神正是由於這種文化、教育、心理上的多方需求，在不同趨向的各派力量共同運作下，相互影響而締造完成的。

目 次

第十一、十二冊　中國八年抗日戰爭日程實錄

作者簡介

《中國八年抗日戰爭日程實錄》的主編爲張在廬，天津市寧河縣蘆臺鎮人，生於 1929 年，早年經在河南省內的研究所和大學從事經濟歷史研究與教學工作，擔任過教授和研究員職務。現已退出崗位，在鄉自選課題項目，進行有關抗日戰爭等方面的歷史知識普及和學術探討，並參加關愛抗戰老兵活動。編著本書的合作者均仍在教育界工作。

提　要

八年的抗日戰爭，全國人民付出重大代價，終於打敗了日本侵略者，拯救了危亡的國家，一雪百年喪權辱國之恥，壯大了國威。在抗戰當中，將士們在裝備訓練較差的條件下，流血犧牲，勝利來之不易，這是中國有史以來少有的壯舉。中國的抗日戰爭在世界反法西斯戰爭中也具有極爲重要的地位，是抗擊法西斯侵略時間最長的戰場，是國際反法西斯戰爭的重要組成部分。爲了使中國人民不忘之一段慘痛歷史，以年爲章，以月爲節，以日爲目，逐日記述了八年抗日戰場上發生以戰鬥爲主的事情，名爲《中國八年抗日戰爭日程實錄》。

目　次

上　冊

序　言

第十三冊　民國會計思想史論

作者簡介

　　宋麗智，1978 年出生，湖北十堰人，經濟學博士，美國特拉華大學訪問學者。現為中南財經政法大學經濟學院副教授，中國經濟思想史學會理事。主要從事中國近代經濟思想史、西方經濟學等方面的教學與研究工作。主持教育部人文社科基金項目，並參與多項國家級、省部級科研項目的研究工作。在《近代史研究》、《中國經濟史研究》、《經濟學動態》、《宏觀經濟研究》等權威期刊發表學術論文二十餘篇。

提　要

　　民國時期會計思想是中國傳統會計思想和西方會計思想融合的產物。對

其進行系統研究有助於釐清這一時期會計思想發展的基本脈絡，把握會計思想演進的客觀規律，從而為我國會計事業的健康發展提供借鑒。本書採用政治分期法，分期的依據是不同政府時期的會計組織體系和會計法制不同，而這兩個因素是決定一個時期會計思想的重要前提。因此，本書從清末傳統會計思想的近代轉型入手，按時序對北洋政府（1911～1927）和國民政府（1927～1949）這兩個時期的會計思想進行系統研究。對於每個分期，書中都先介紹其財計組織結構設置思想和會計法制化思想，以此作為其他會計思想的前提基礎和重要保障；然後總結這一時期會計思想的發展與實踐，並將影響較大的專題單獨列出進行研究，如會計分期思想、主計思想、會計改革與改良之爭、會計思想西學東漸等；最後對代表人物的會計思想進行系統的挖掘、梳理、總結和提煉。在組織結構上，本書採取的是「一主兩輔」的思路，即以會計思想演變的時間順序為主線，同時兼顧代表性會計思想和代表性人物思想這兩條輔線，以此完成研究重點的順利轉換。這種組織結構符合經濟思想史學科研究的思路，同時也符合民國時期會計思想演變的實際情況，能夠比較全面的反映民國會計思想發展的概貌。

目　次

第十四、十五冊　民國時期的西南民族誌研究

作者簡介

　　王璐，女，四川遂寧人，生於 1976 年，文學博士。2005 年畢業於西南民族大學文學院，獲文學碩士學位。2009 年考入四川大學文學與新聞學院，師從徐新建教授學習文學人類學，2013 年獲文學博士學位。現任成都信息工程大學文化藝術學院副教授、「文學文化研究所」所長，校學術帶頭人，主要從事中國現當代文學及文學人類學研究。主持 2011 年國家社科基金（青年項目）《民國時期西南民族誌表述反思研究》等項目。在《民族文學研究》、《西南民族大學學報》等刊物發表論文數十篇。

提　要

　　20 世紀初期的中國內憂外患。在國族主義思潮影響下，知識界的精英們力圖掌握邊疆人群概況並計劃將其納入現代國家體系，以創立中華民國、建設中華民族。本研究選擇西南民族誌文本進行分析，旨在探討民國建設過程中，中國知識分子在西方的科學理念下，如何利用現代民族學、人類學知識去發現和表述西南的地方文化與少數民族，以及這種表述的意義及影響。

　　本書共有六章。第一章交代民族誌的中西對話與古今關聯問題。第二章梳理中國西南民族誌的生成情況，並對其時空分佈、文本類型等作一概述。第三到五章主要從民族誌體例入手分析其主體結構及其表述。第三章分析民族誌開篇的溯源研究；第四章分析作者如何通過地理、交通等客觀知識來對被調查對象進行初步分類並識別；第五章選擇民族調查中的宗教、服飾及少數民族婚戀觀表述進行論說。第六章則從與民族誌文本有關的邊緣案例如日誌、行紀、相關時評、照片等副文本入手分析作者的創作動機。結語部分仍以西南爲例，總結近代中國民族誌的主要特點及其表述語境。

　　總而言之，本書以「民國時期的西南民族誌研究」為題，力圖通過對近代區域性民族誌的分析，展示民國知識界如何在西方人類學的影響下創建關於本土文化的新表述類型。

目　次

上　冊

第十六、十七冊　中國近代時間計量探索

作者簡介

　　任杰，1983 年生，北京人，祖籍浙江省餘姚市，本科畢業於天津大學應用物理學專業，2007 年進入上海交通大學科學技術史專業開始研究生階段的學習，師從關增建教授，2013 年畢業於上海交通大學科學史與科學文化研究院，同時取得理學博士學位。目前就職於中國計量學院人文社科學院，主要從事計量史與計量文化的研究、教學和普及。主要研究方向計量史，同時對物理學史、天文學史、科技社會史、科技思想史、科技哲學等領域也有較多興趣，曾在《自然科學史研究》、《中國科技史雜誌》、《上海交通大學學報》等期刊發表論文若干篇。

提　要

　　本書系統運用時間計量學概念，通過對古籍、檔案、近代報刊等多類數百種文獻史料的梳理和辨析，全面地描繪了自 16 世紀至 1949 年這一時間段內時間計量在中國的發展歷程，較深入地探討了一些相關問題，並得出了不少新穎的觀點。

　　本書第一章對我國傳統時間計量的各方面及其在近代的延續情況做了梳理和比較。第二章對明清鐘錶的傳入、國產、普及、功用等問題予以了考察，繼而指出，利用自動化的鐘錶計時以提升集體行為的效率是鐘錶被推廣的原因。第三章伊始分析了播時在近代時間計量中的重要地位，之後系統地梳理了各種新興播時方式在近代中國的發展歷程。第四章研究了時間標尺的演變，對我國近代行用標準時、夏令時的歷史做了全面的考察。第五章重點關注了國家時間計量基準工作，30 年代中研院天文所的相關工作長期陷於停滯，這使得我國長期未能建成獨立自主的國家時間計量體系，本書利用多類史料對此事件由內及外逐層探究，對其成因進行了剖析。

　　本書認為時間計量在近代中國的發展過程中存在著三條主要線索。其中首要一條是中國時間計量的逐步西化，另兩條線索則反映著近代時間計量科技的內在發展邏輯，其一是新興市鎮播時方式的出現以及鐘錶的普及，這導致了平太陽時標的崛起以及真時和五更制為代表的浮動時制趨於消亡，其二是 19 世紀以來的遠程播時革命促發了標準時、夏令時的生和推廣。這後兩條線索分別反映了人類近代化的兩個趨向，即人工物對自然物的替代及地方向中央的統一。在三條線索交織作用之下，我國以機械鐘錶為主要載體的時間量值傳遞系統自出現後經歷了一個逐步壯大的發展歷程，從家庭發展到市鎮，再到區域，最終，國家時間計量體系得以形成。

目　次

上　冊

第十八冊　通俗知識與現代性——丁福保與近代上海醫學知識的大眾傳播

作者簡介

　　劉玄，女，1985 年生於江西省南昌市。先後在南京大學、北京師範大學及香港中文大學獲得歷史學學士、歷史學碩士及哲學博士學位。研究方向為近代中國社會史、醫療文化史。2013 年進入南京大學 —— 江蘇鳳凰出版傳媒集團博士後科研工作站工作，主要從事大型出版項目《中國運河志》的相關研究工作，先後發表學術文章多篇。

提　要

　　本書旨在研究丁福保（1874～1952）在晚清及民國時期在上海傳播西醫知識及各種醫學普及知識的作用和影響，並以此來討論通俗知識與十九世紀二十世紀初中國的現代性問題。醫學知識的傳播在近代中國經歷了一個大眾化，普及化，商業化的過程。而以豐富的醫學著述而聞名的上海醫學書局的創辦人，集醫生、著述家、出版商、佛教居士等身份為一體的近代學者丁福保，是這一過程中的關鍵人物。

　　從 1909 到 1915 年前後，丁福保和他創辦的醫學書局幾乎主導了晚清民初的醫書市場，翻譯編譯出版了日本明治維新以來出版的包括解剖生理、病理衛生等醫學各科近百部西醫書籍，還有部分中藥及中醫著作。然而 1915 年之後，隨著西醫專業團體的興起，丁福保在西醫譯書市場中的壟斷地位迅速被取代。故對丁氏而言，1909 至 1915 年是個非常重要的時段。本書對這個特殊時代的背景做出分析。在此之後，作為一名佛學養生家，丁氏在醫書市場上貢獻最多的是關於個人保健衛生的通俗醫學知識。

　　本書對丁福保的研究十分詳盡，利用了大量資料，發掘出丁福保在從清末到 1915 年以前在中國西醫書籍市場上的獨一無二的主導地位，以及他在民

國之後成為結合佛學的養生家之後，傳播的醫學通俗知識的內容及影響。不但有助於讀者全面瞭解丁福保在近代醫療文化史中扮演的角色，也給讀者提供清末民初至民國三、十年代中國醫學發展之重要參考。

目　次

第十九冊　民國前期「廢止中醫」思潮研究（1912～1937）

作者簡介

　　李曉濤（1982—），女，山東煙台人，歷史學博士。2011 年畢業於北京師範大學，現就職於北京航空航天大學附屬中學。主要研究方向為中國近代文化史。先後發表《來自異域的不同聲音——早期在華傳教士對中醫之評介》，《南京中醫藥大學學報》（社會科學版），2010 年第 6 期、《當中醫遇見科學——略論「五四」語境下中醫與科學之角力》，《亞洲研究》（韓國），2010 年第 10 號、《近代「廢止中醫」問題研究綜述》，《亞洲研究》（韓國），2010 年第 11 號、《以「民族主義」闡釋中醫藥——民國中醫界的話語選擇（1912-1937）》發表於《四川師範大學學報（社會科學版）》2012 年第 1 期，參與編撰《民國思想文叢（古史辯派）》，長春出版社 2013 年 1 月版。

提　要

　　近代以來，西學東漸，中國固有的事物受到衝擊，人們傳統的思維方式也由此發生改變。正是在這樣的背景下，中醫開始遭受一些人的質疑，而與之相反，西醫則獲得了一些人的推崇。早在晚清時期，俞樾、吳汝綸等名家就曾對中醫做出了批判，甚至提出要將其廢止。進入民國後，中醫的處境越發艱難。以余雲岫為首的「廢醫」派，一方面向政府呈請「廢醫」的提案，一方面在報刊上發文抨擊中醫，使得中醫在民國時期險被廢止。可以說，中醫的近代史就是一段與「廢醫」派抗爭的歷史，在一次次請願下，中醫擺脫了廢止的命運，但卻逃不脫打壓、抵制的命運。儘管《中醫條例》的出臺，等於承認了中醫的合法地位，但中醫依然在壓抑的環境下艱難生存。

　　在科學昌明的時代，科學成為衡量事物合理與否的標準。出於對科學的信仰，一些「廢醫」論者認為中醫不合「科學」，因而必須被廢止。有的「廢醫」論者提出廢止中醫的觀點，則是因為曾被中醫所誤，憤而廢醫。此外，在公共衛生、助產、法醫學等領域，中醫難以發揮作用，而西醫不但能夠滲入其中，且取得了良好的效果，於是，中醫喪失了存留的理由。以上主客觀兩方面因素促成了「廢醫」思潮的產生，但歸根結底，「廢醫」思潮的出現離不開民國時代背景與社會思潮的影響。隨著民國以來中西交流的日益頻繁，中國醫事制度的落後才愈發呈現出來。而正因為科學主義已成為社會思潮，「中醫不合科學」才能順理成章地成為「廢醫」的理由。

　　「廢醫」思潮引發了中西醫學間的論戰。爲在論戰中獲得話語優勢權，論辯雙方都選擇了對自身有利的話語、論據來攻擊對方，證明自己。以西醫爲主體的「廢醫」派抓住中醫玄虛的弱點，攻擊「中醫不合科學」，爲此，中醫界展開了激烈的辯駁，但卻始終給人以牽強之感。而中醫界則利用民族主義話語，指責「廢醫」派的行爲是「亡國之舉」，使西醫界也處於了被動的局面。此外，名人的言行、日本的醫學政策等也都被論辯雙方當作了論據。然而，經過話語、論據包裝後的中西醫論爭已不再是純粹的學理討論。在這場論爭中，我們無從判斷中西醫學哪個更具價值，而唯一能說明的只是話語、論據本身強大的影響力。通過對雙方言論的考察，筆者作出了以下三點判斷：1. 中西醫學所選擇的論據未必客觀。2. 「廢醫」思潮所引發的中西醫論爭並未分出勝負。3. 對中西醫學的判斷不能僅從一方的角度出發。

　　在「廢醫」派的所有「廢醫」理由中，「中醫不合科學」是最爲有力的一條。在科學話語下，那些玄虛的不科學的醫理使中醫在與對手論辯時缺乏了底氣。既然「中醫不合科學」是中醫最大的弱點，那麼彌補這一弱點，想必就能改善中醫的境況，於是，「中醫科學化」運動應運而生。儘管中醫科學化自提出之日起便爭議不斷，但中醫能夠保存至今，與這一運動不無關係。中醫科學化運動不僅使中醫的一些成果得到了人們的認可與接受，同時也使中醫的傳統流傳至今。鑒古識今，從「廢醫」思潮這段歷史中，我們也能獲得一些啓示，對待以中醫爲代表的中國傳統文化時，更需要一種調和的智慧。

目　次

第二十冊　京派繪畫研究

作者簡介

　　倪葭，女，1977 年生，北京人。2004 年畢業於首都師範大學美術學專業，獲碩士學位。2012 年畢業於中央美術學院美術學專業，獲博士學位。主要從事民國時期京派繪畫研究，先後發表數十篇論文於美術學類期刊，並出版專著一本。現供職於首都博物館，從事藏品保管及研究工作。

提　要

　　民國時期是中西繪畫競爭激烈，國畫發生變化最劇烈的時代。北京即便是民國政府遷都之後，仍以其深厚的文化積澱吸引著全國眷戀文化藝術的學人和藝術家。筆者以負有畫藝之長者作為此派畫家採納研究的標準，這與當時所固有的觀念似乎相出入。但藝術家的流動、風格的融合正是探討藝術發展的核心問題之一。不論職業畫家、達官賢宦、詞苑通才、湖海名流、林泉遺逸，在京時間長短，或旬日勾留，或經年常駐，或時來時往，蹤跡靡定，無分久暫，兼收並錄。

　　北京作為歷史古都以其深厚的歷史底蘊、豐富的藝術收藏，於 20 世紀初孕育出了與海上畫派、嶺南畫派等南方畫派遙相呼應的「北京畫派」。與「海上畫派」、「嶺南畫派」相比，京派繪畫藝術的主流更為注重繼承傳統，立足

於精研古法，並參西法，博採新知，鎔鑄出與「雅俗共賞」的海派和「折衷東西」的嶺南畫派不同的「深研傳統」的京派繪畫藝術。

目　次

第二一、二二、二三、二四冊　蘇北歌謠研究

作者簡介

馮翠珍

【學　歷】中國文化大學中國文學研究所　博士

【現　職】

2012/08~　亞太創意　（原親民）技術學院　數位媒體設計系/通識教育中心藝文組　專任助理教授

中國口傳文學學會　會員

臺灣民俗學會　會員

資策會培訓合格智財權種子教師

台北市配音人工會　會員

【經　歷】

1. 眞善美劇團　團員
2. 卡司普生文化公司　董事長助理
3. 眞相新聞網　執行製作

4. 大森文理補習班　國文科專任老師

5. 喬治高中　　國文科教師

6. 御銘教育機構　國家考試國文講師

7. 台北市配音人工會第一期培訓合格配音人

【專長領域】

民間文學、通俗文學、戲劇演出、影視配音、廣電節目企劃、劇本寫作

【著作】

「三言二拍一型」之戒淫故事研究（臺北‧花木蘭，2011 年 9 月）

大學國文選　與汪淑珍等人合著，（臺北‧新文京，2002 年 9 月）

台灣印象──台灣文學中的地區風采　與汪淑珍等人合著，（臺北‧新文京，2008 年 9 月）

茶文化與生活　與汪淑珍等人合著，（臺北‧新文京，2011 年 5 月）

提　要

　　蘇北（今江蘇省北部的徐州市與連雲港市及所轄的行政區域）地區自古以來因位居中國四方交通輻輳之地，成為移民往來的必經之途；也因此具高度戰略價值，導致長年爭戰、兵戎不休。兼以自然地理的特性造成自然災害頻傳，水(黃河改道)、旱、蟲災不斷，造成人民流離遷徙，去而復來的移民潮，使蘇北成為中國文化融合頻繁的地區。

　　究其文化底蘊則可發現，該地區一方面深受齊魯古文化影響，人民講信重義、任俠使氣；一方面深受楚文化影響，重視禮俗、巫覡、祭祈等習俗。在兩者交互作用之下，形成蘇北慷然守義卻不忘鬼神的文化特質。在相關的生活習俗中，也時常可見與超自然力量交流溝通的遺跡。蘇北俗諺中雖有「信神如神在、不信如泥塊」之語，然整體說來，該的區的民間生活，與鬼神的交流就像與常人溝通般自然且頻繁。

　　俗諺道：「三里不同風，五里不同俗。」各地風土民情，反應出不同時空、地理環境下不同的文化風貌。這是民間文學最常令人感到驚喜之處。

　　承上所述，本書主要以蘇北地區的民間歌謠為研究主體，採用資料主要來自於西元 1984 年起在蘇北地區所展開的民間文學普查所得的歌謠成果、及相關文史資料，兼以筆者親自前往蘇北地區考察及所蒐集者加以研究分析，以求瞭解蘇北歌謠中所反映的人文特質及社會意義、並進一步探究蘇北歌謠與我國通俗文化間的繫聯與影響。

目　次

第一冊

孫中山地方自治思想與南京國民政府的實踐

李曄曄　著

作者簡介

李曄曄，1984～，男，漢族，江蘇鹽城人，歷史學博士。2003年考入吉林大學文學院歷史系，2007年至2009年從師於劉會軍教授攻讀碩士學位，2009年至2012年6月從師於劉會軍教授攻讀博士學位。2012年7月至今，長春大學馬克思主義學院執教。2013年5月至今，吉林大學馬克思主義學院攻讀博士後。主要研究方向爲：中國近現代政治制度史，民國社會史。

提　　要

　　本文首先詳細敘述了孫中山地方自治思想的發展歷程，指出孫中山地方自治思想的演繹軌迹。孫中山逐步地方自治作爲一項重要政治任務列入國民黨的政綱當中，在國民黨一大通過了綱領性文件《建國大綱》，其中將地方自治建國的基礎確立在國民黨的政綱中。指出孫中山地方自治思想與歐美等國地方自治的不同點，認爲孫中山地方自治思想是對歐美等國地方自治的借鑒並結合中國具體實際形成的獨具特色的自治理論。

　　論文然後敘述了南京國民政府成立後對孫中山地方自治思想的初步實踐，但礙於各種因素的制約，南京國民政府的地方自治政策效果很不理想，並隨即對地方自治的政策進行了修正，試圖以保甲制度來滲透地方自治。論文緊接著討論了南京國民政府新縣制實施的進程及原因，指出新縣制是南京國民政府將保甲與地方自治進行融合形成的實質，新縣制的實施更多的要放在抗日戰爭的歷史環境中考察，在全面抗戰時期政府必須加強集權以有效調配全國所有資源以資抗戰。

　　論文最後著力探討了南京國民政府對孫中山地方自治思想修正，並闡述了南京國民政府在地方治理過程中對孫中山地方自治思想修正的原因，指出南京國民政府在成立之初，在準備條件不充分的前提下倉促實施地方自治是不成功的，對孫中山地方自治思想的繼承只是求形似難求實質。此後南京國民政府對孫中山地方自治思想修正多過繼承，既是當時社會環境的產物，也是南京國民政府自身的要求。

目

次

第 1 章　緒　論

1.1　本文選題緣起

　　中央與地方的關係是古今中外國家都必須面臨的問題。對地方自治問題
的研究，具有重大的理論和實踐意義。在歷史上，中國自古形成了中央集權
的統治形式，地方從屬於中央，而西方一些國家則形成了地方自治的傳統，
中央與地方分權，兩種不同的歷史條件形成不同的地方治理方式。

　　在西方地方自治的影響下，中國革命的先行者孫中山形成了一套獨具特
色的地方自治理論，其地方自治理論與民權主義、以黨治國、革命程序論等
理論緊密相連。地方自治是革命程序論中訓政時期的主要內容，其目的是培
養民眾的自治能力，成為真正的現代意義的公民，賦予民眾以四大民權，成
為民國的基石。同時訓政時期的地方自治還是在黨國體制下完成，黨政雙軌
體制下自上而下行政運作，以集權的手段來達到分權的效果。孫中山地方自
治設想是為了避免歐美國家民主制度的弊端，使中國能夠在制度設計上一躍
而超過歐美國家。但是孫中山所設計的地方自治並沒有在其生前的政治實踐
中大規模推行，理想的成分很大，未經過實踐的檢驗，這也是後來南京國民
政府推行困難的原因之一。

　　南京國民政府建立以後，標榜繼承孫中山遺教，頒佈了一系列與地方自
治相關的政策，然而在政策的落實過程中，在經費籌措、人才培養、自治機
構設立等方面都存在巨大困難，步履維艱，於是南京國民政府逐漸地以傳統
的保甲制度代替鄉鎮以下的鄉里閭鄰制度。抗日戰爭爆發後，南京國民政府
加速了這一進程，出現了保甲制度與地方自治制度融合的新縣制，鄉鎮以下

是保甲制度，這一制度對於南京國民政府來說是爲徹底實施地方自治準備條件。「只是無論是北洋政府時期還是國民黨統治時期，都在一方面爲適應地方自治的時代潮流，另一方面又囿於特定的歷史條件而不斷在作爲國家行政系統的基層單位，同時又作爲縣域社會的統治機關的縣政權的機構、職能上上演著『官治』與『自治』的揉搓與博弈。」〔註1〕

在南京國民政府 22 年的統治時期地方自治與保甲制度一直是糾纏不清，在政治理念上需要繼承孫中山地方自治的衣缽，必須實施地方自治，但在 20 世紀上半葉的中國現實面前，南京國民政府軍政尚未完成便進入訓政，沒有足夠的時間去準備地方自治的實施條件，導致地方自治先天不足，很難眞正落實孫中山地方自治思想，對其進行修正也就在所難免，因此對南京國民政府在地方自治過程中對孫中山地方自治思想的實踐進行考察具有重大意義。當時中國社會到底是否需要以賦予民眾民權爲目的的地方自治，還是需要傳統的保甲制度？同時對這一問題持續而深入的研究，也是理解南京國民政府之所以敗亡的重要因素。

本文試圖對南京國民政府地方自治的過程及在過程中對孫中山地方自治思想的繼承與修正進行系統研究；從現代政制運行的角度對南京國民政府地方自治過程中採取的措施及其效果進行深入探討；對這一時期南京國民政府在地方治理過程中基層日益集權化的趨勢進行具體考察，揭示出國民政府地方自治失敗的深層原因，爲我們今天的地方治理提供借鑒。

1.2 概念的界定

這裏所說的概念界定，主要是針對文中題目中出現的兩個概念進行說明和界定。

第一，對地方自治的界定。地方自治是一個西方概念，並不是中國傳統社會孕育出來的，是清末由日本轉譯而來。從制度角度來說，地方自治是指在一定範圍之內，由全體居民組成地方自治的法人團體，在法律規定的範圍內，在國家監督之下，組織地方自治機關，處理本地的公共事務的一種地方政治制度。

第二，對南京國民政府的界定。文中題目中所指的南京國民政府，是 1927

〔註 1〕 苑豐，近 30 年中國縣政研究綜述，東南學術，2008（1）：55。

年 4 月 18 日在南京建立的是中國合法的中央政權。在整個南京國民政府存在期間，一直實行「以黨治國」的黨治原則，即南京國民政府重要的中央官員由國民黨任命；南京國民政府首腦、五院院長向國民黨中央負責；國民黨中央對南京國民政府的重要政策、法律有解釋和修改權等等，因此習慣上也被稱作「國民黨政府」。

1.3　研究現狀綜述

孫中山地方自治思想是孫中山思想研究的一個重要組成部分，南京國民政府的地方自治研究是在民國政治制度史研究的範疇之中，筆者從已掌握的相關資料出發，對之前的研究狀況及其過程作一簡要概述。

從南京國民政府地方自治實施以來，對地方自治實施過程及結果的研究，對孫中山地方自治思想的研究，從形成到發展，經過幾代學者的努力取得了一些成績，出版了一批有份量的論文與著作，這些論著對本文的研究奠定了基礎。

1.3.1　孫中山地方自治思想研究狀況

建國以來，廣大學者對孫中山地方自治思想進行了廣泛深入的研究。50年代開始，學者們運用馬克思主義史觀將孫中山思想放入特定的歷史時期進行考察，糾正了之前的一些偏頗，形成第一次研究高潮，代表的著作、論文有：王思華《孫中山哲學思想研究》（上海人民出版社 1960 年）、侯外廬的《孫中山的哲學思想及其同政治思想的聯繫》（歷史研究，1957 年）、胡繩武、金沖及的《孫中山初期政治思想發展及其特點》（復旦大學學報，1957 年）〔註 2〕等。這一階段的研究，注重對孫中山思想的整體研究，對孫中山思想中的新舊三民主義轉折、孫中山的哲學思想等方面著墨較多，地方自治思想作為孫中山民權主義的一部分在研究中也日益受到重視。

從 80 年代開始出現了研究孫中山思想的熱潮，可以說是碩果累累，地方自治思想逐漸作為孫中山思想中重要組成部分被單獨論述。其中對於孫中山思想研究比較有代表性的是廣東省社科院原院長張磊先生撰寫的《孫

〔註 2〕 同類的論文還有苑書義《同盟會時期孫中山的三民主義》（歷史教學，1957年）、王忍之《孫中山的政治思想》（學習與研究，1956 年）、秦如藩《二十世紀前孫中山政治思想的發展》（中山大學學報，1962 年）、李光燦《論孫中山的民權主義》（歷史研究，1962 年）等。

中山思想研究》（中華書局 1981 年版），該書充分闡釋了孫中山思想的核心三民主義及其哲學基礎，對地方自治與民權主義的關聯也有闡述〔註3〕。中山大學的桑兵教授所著的《孫中山的活動與思想》（中山大學出版社 2001 年版）一書對孫中山思想的演繹及活動線索進行了系統的闡述，同時對孫中山地方自治思想相關的革命程序論的演變也單列一章進行分析，指出訓政是孫中山革命方略的重要一環，其中地方自治是共和的基礎，對論者啓發很大。黃珍德的《孫中山地方自治的政治理想與現實考慮》（紀念孫中山誕辰 140 週年國際學術研討會論文集）一文認爲孫中山認識到以主權在民和直接民權爲基礎的地方自治會受到中國現實的制約，所以孫中山地方自治思想中涉及的訓政是孫中山針對中國具體國情提出的策略。一些學者近年來的研究成果對論者也有幫助，如周聯合的《實行民治的第一方略——孫中山的地方自治思想述論》（華南理工大學學報，2004），孫東河的《略論孫中山的地方自治思想》（唯實，2000）等，另外臺灣地區一些著作、論文對孫中山地方自治思想也有涉及，由臺灣國立大學歷史研究所主編的《中國歷史與三民主義》（1981 年版）涉及到了訓政及南京國民政府實踐的情況，其中也提及了地方自治；傅宗懋的《中山先生建國程序中訓政時期規劃之研究》一文涉及到對孫中山的訓政思想的探討，包含了地方自治的內容，並對南京國民政府訓政的實施、地方自治的推行及未成功的原因進行了深刻分析；栗國成的《中華民國訓政時期的民主建設（1928～1937）》一文評述了孫中山思想中的訓政的意義，其中也部分涉及到地方自治的進展及阻礙等問題。

　　海外學者對孫中山地方自治思想也有研究，美國學者史扶鄰撰寫的《孫中山與中國革命的起源》（丘權政、符致興譯，中國社會科學出版社 1981 年版）一書中論述了孫中山政治思想的發展變化過程，指出地方自治思想是孫中山政治思想的重要部分。日本學者橫山英的《孫文的地方自治制度論》一文（劉世龍譯，《國外中國近代史研究》中國社會科學出版社 1994 年版）指出孫中山的地方自治思想是與三民主義密切相關，是民權主義的重要組成部分。「孫文的建國理念就是通過以縣爲單位的地方自治而保障廣泛的民權，以

〔註 3〕同類的著作還有邵德門著，法律出版社 1983 年出版的《中國近代政治思想史》，林茂生、王維禮、王檜林等主編，黑龍江人民出版社 1984 年出版的《中國現代政治思想史（1919～1949）》等。

－4－

縣自治爲基礎而建立國家機構，最大限度地使主權在民的原理制度化，並據此而建設民國。」〔註4〕

1.3.2　南京國民政府地方自治研究狀況

對於南京國民政府地方自治的研究，大體經歷了以下兩個階段：

第一個階段是 1949 年前，學術界出版了一系列綜合性的政治制度通史著作，許崇灝的《中國政制概要》（商務印書館 1943 年版）、楊熙時的《中國政治制度史》（商務印書館 1946 年版）等，其特點是全面，即把中國自古到今的政治制度都包括進來，每一部分都是概括論述，未能深入，對於民國時期的地方制度也沒有進行具體深入的探討，只是宏觀介紹。研究中涉及到南京國民政府地方自治實踐篇幅比較多的著作有：錢端升的《民國政制史》（商務印書館 1939 年版）、陳之邁著的《中國政府》（商務印書館 1946 年版）、胡次威的《民國縣制史》（大東書局 1948 年版）。這三種書是對國民黨的組織及其機構、國民黨與國民政府的關係、國民政府縣級政治制度方面等進行了深入研究，至今仍在學術界有重要影響。還有的學者從地方自治的具體過程中反映出的問題及地方自治的政策角度研究南京國民政府的地方自治實踐，主要有董修甲的《中國地方自治問題》（商務印書館 1937 年版）、程方的《中國縣政概論》（商務印書館 1939 年版）、黎文輝的《中國地方自治問題之實際與理論》（商務印書館 1936 年版）、陳柏心的《中國縣政改造》（重慶國民圖書出版社 1942 年版）〔註5〕等等，這些著作以比較翔實地資料記錄了地方自治的過程，對南京國民政府地方自治推行的政策也進行初步的探討，但這些著述都是在南京國民政府時期完成，缺乏對地方自治在宏觀上的考察，對一些比

〔註4〕〔日〕橫山英，劉世龍譯，孫文的地方自治制度論〔S〕∥《國外中國近代史研究》（26），北京：中國社會科學出版社，1994：38。

〔註5〕同類著作還有：聞鈞天的《中國保甲制度》（商務印書館 1935 年版）、周昺斌等編著的《中國地方行政制度討論集》（中央政治學校畢業生指導部 1944 年出版）、楊天競的《鄉村自治》（曼陀羅館 1931 年版）、江士傑的《里甲制度考略》（商務印書館 1944 年版）、李宗黃的《現行保甲制度》（中華書局 1945 年版）、張雲伏的《地方自治大綱》（華僑圖書印刷公司 1934 年版）、冷雋的《地方自治述要》（正中書局 1935 年版）、黃強的《中國保甲實驗新編》（正中書局 1935 年版）、李宗黃的《新縣制之理論與實際》（中華書局 1943 年版）、趙如珩的《怎樣實施地方自治》（華通書局 1934 年版）、梁漱溟《中國之地方自治問題》（山東鄉村建設研究院 1935 年版）、阮毅成等著的《地方自治與保甲制度》（獨立出版社 1939 年版）、呂復《比較地方自治論》（商務印書館 1945 年版）等。

較敏感的問題沒有進一步探討，也缺乏分析南京國民政府地方自治過程中對孫中山地方自治思想的修正及原因。

這個時期有關南京國民政府地方自治的論述從總體上說比較簡單，許多探討又大都散見於諸如政制史、政治學、憲政史、法學等著作中。

第二階段是從 1949 年之後。新中國建立後對中華民國史的研究逐漸重視。1956 年，國家社會科學十二年規劃將民國史列為重點項目。1972 年，中科院近代史所成立了民國史研究組，對南京國民政府時期的地方自治研究上了一個新臺階。

對於南京國民政府的地方自治運動，田芳的《地方自治法律制度研究》（法律出版社 2008 年版，分為上下兩篇）對地方自治的法規、政策多有評述，其上篇主要介紹西方地方自治思想的起源、內容，各發達國家與地方自治相關的法律條文，以及居民自治的內涵和制度等等；下篇主要介紹中國地方自治思想及相關的法律條文等。其中對南京國民政府時期的地方自治也有涉及，但是多從法律角度考察，以具體法律條文研究為切入點，沒有宏觀的歷史視角。魏光奇的《官治與自治——20 世紀上半葉的中國縣制》（商務印書館 2004年版）從政治制度變遷的角度對南京國民政府時期的地方自治、保甲制度、新縣制進行闡述，是目前比較系統地研究民國時期縣政的專著；四川大學曹成建 2000 年的博士論文《二十世紀二十至四十年代國統區的地方自治與縣政改革考察研究》對南京國民政府的 20 世紀 20 至 40 年代的地方自治演變發展進行敘述，上述兩部著作都是從制度變遷的角度考察了南京國民政府時期縣制變遷，但是對於南京國民政府地方自治與集權需求的矛盾沒有深入分析，沒有對南京國民政府在地方自治施行過程中逐步對孫中山地方自治思想修正進行闡述。有些學者從南京國民政府時期保甲制度與地方自治複雜關係的角度對地方自治進行闡述，武乾的《南京國民政府的保甲制度與地方自治》（法史研究，2001 年）一文以保甲制度與地方自治的關係為切入點，指出國民政府實施保甲制度的實質是「以集權化手段推行地方自治。」「地方自治是一項龐大而複雜的社會工程，它需要政治、經濟與文化等各項社會要素的支持與共同發展」，南京國民政府將希望寄託在保甲制度上面「失敗本已可以想見。」〔註6〕李國青的《南京國民政府時期保甲與地方自治探論》（求索，2010 年）指出不論保甲制度如何演變「始終是以強化社會控制為主要目的，與地方自

〔註 6〕武乾，南京國民政府的保甲制度與地方自治，法史研究，2001（6）：124。

治所追求的民主自由精神並不一致。」〔註7〕近年來還有很多學者也對南京國民政府地方自治這一問題進行了有益的探討，如賈世建《試論南京國民政府「訓政前期」的地方自治》（華北水利水電學院學報，2002 年），賈世建《淺析南京國民政府的縣政實驗》（天中學刊，2003 年），陶炎武《南京國民政府地方自治初探》（廣西梧州師範高等專科學校學報，2003 年）〔註8〕等，但這些論文大多從整體對地方自治運動進行評價，缺乏深入其中對地方自治的內在變化過程的探討；重視政策上的評價，缺乏對基層具體實施過程中的考察；重視對南京國民政府地方自治失敗原因進行探討，忽視南京國民政府地方自治過程中對孫中山地方自治思想進行修正及修正原因的分析。臺灣地區關於這一領域的研究，有秦孝儀主編的《中華民國政治發展史》（近代中國出版社 1985 年版）、《實施憲政》（中國國民黨中央委員會黨史委員會 1978 年版），都提到了南京國民政府訓政時期的發展狀況，其中包括了地方自治的相關內容；胡春惠、林能士編著的《中國現代史》（中華出版社 1986 年版）部分內容涉及到了訓政時期的黨治原則，對南京國民政府時期的地方黨政關係有簡單敘述；張俊顯的《新縣制之研究》（正中書局 1987 年版）對新縣制的緣起、發展、結局都作了闡述；金世忠的《國民政府時期保甲制度的展開與實施》（臺南科技大學通識教育學刊，2008 年 7 月）對南京國民政府時期的保甲制度的實施及原因進行了詳細闡述，這些論述對論者研究南京國民政府的地方自治有很好的參考作用。

國外一些學者也對南京國民政府時期地方自治的研究作出了貢獻，如日本學者和田清寫的《中國地方自治發展史》（東京汲古書院 1975 年版），對南京國民政府時期的地方自治作了一定的闡述；杜贊奇《文化、權力、國家——1900 至 1942 年的華北農村》（王福明譯，江蘇人民出版社 2006 年版）認為雖然從清末開始滿清政府、北洋政府、南京國民政府都力圖將國家行政權力向農村基層滲透，但是各種設立的基層行政機構並不能很好地履行職能；田宏懋著的《國民黨中國的政府與政治》（斯坦福大學出版社 1972 年版）一書在關於省政與縣政的章節中指出民選的政治在當時完全沒有根基，地方自治

─────────────

〔註7〕 李國青，南京國民政府時期保甲與地方自治關係探論，求索，2010（4）：210。
〔註8〕 相關的著述主要有：李德芳《南京國民政府鄉村自治制度述論》（河北大學學報，2002 年），尹紅群《南京國民政府鄉村制度變革：政治結構及問題》（社會科學輯刊，2004 年），王兆剛《南京國民政府的縣自治》（安徽史學，2001年）等。

推行困難，保甲制度未能改善農民的生活，只是為了安定社會，對付共產黨，與社會改革背道而馳；易勞逸著的《流產的革命（1927～1937 國民黨統治下的中國）》（中國青年出版社 1992 年版）雖然沒有正面對南京國民政府時期地方自治進行闡述，但是作者通過政治文化學的角度分析南京國民政府時期的政治行為模式，指出南京國民政府成立之後並不急於進行大規模的社會、經濟改革，而是建立有效的行政機構，論者認為南京國民政府進行地方自治也是為了建立自上而下的行政機構；費正清主編的《劍橋中華民國史》（上下卷）對南京國民政府時期地方自治實施情況也有涉及，但幾乎都是從宏觀上考察，未能深入。

南京國民政府地方自治實踐過程中對孫中山地方自治的修正及其修正原因，有些學者在著作中也有對論者有所啟發，如王奇生《黨員、黨權與黨爭——1924～1949 年中國國民黨的組織形態》（上海書店 2009 年版）對國民黨黨政關係進行詳盡分析，指出國民黨地方黨政關係存在重大問題，地方黨部對地方政府難以形成約束，導致以黨治國難以在基層落實，黨國體制僅僅是存在框架沒有延伸至社會基層，導致以黨訓政難以實現，孫中山要求的地方自治更難實現。王人博《中國近代憲政史上的關鍵詞》（法律出版社 2009 年版）對孫中山的訓政思想進行詳細剖析，指出訓政並不是孫中山首先發明的，並指出訓政的用意就在於以先知先覺者訓導後知後覺者，是一種居高而下的態度。王兆剛《國民黨訓政體制研究》（中國社會科學出版社 2006 年版）從國民黨整個訓政的角度考察認為地方自治是國民黨繼承孫中山遺教的一個方面，指出國民黨對建立一黨獨裁的要求是與地方自治相矛盾的。王永祥《中國現代憲政運動史》（人民出版社 1996 年版）指出 1927 年至 1939 年國民黨政府確實曾追求過徹底實施孫中山的地方自治思想，但是 1939 年新縣制的實施標誌著南京國民政府「從總體上和根本上背離孫中山先生的地方自治思想而轉向傳統的專制體制回歸。」〔註9〕崔之清《國民黨政治與社會結構之演變（1905～1949）》（社會科學文獻出版社 2007 年版）對南京國民政府時期的政治制度著墨很重，尤其對南京國民政府時期黨國體制的形成以及地方黨政的動態關係的變化進行了分析闡述，李國青的《南京政府地方自治制度設計的演變》（史學集刊，2010 年）一文認為「南京政府推行『地方自治』面臨著增強自身統治『合法性』與加強社會控制的兩難選擇，其『地方自治』制度演

〔註 9〕 王永樣，中國現代憲政運動史〔M〕，北京：人民出版社，1996：140。

變的總體趨勢是不斷強化對基層社會的控制，『地方自治』逐漸淪爲一塊招牌，與孫中山設想的作爲憲政民主基礎的地方自治制度背道而馳。」〔註 10〕指出 20 世紀上半葉的中國政府不論是清政府、北洋政府還是南京國民政府都面臨著兩難的選擇「不擴大公共參與，將削弱其合法性基礎，無助於削減嚴重的權威危機；擴大公共參與，推進地方自治，又與其面臨的提高中央政府政治整合能力、加強對地方的控制和社會的滲透——官僚治理的嚴峻使命背道而馳。」地方自治在推進過程中成爲以地方自治爲名實際上是以「加強行政控制和向地方社區滲透爲根本目的的逆向運作。」〔註 11〕政府以推進地方自治來達到官僚控制的深層次目的。另外有些論文包括汪巧紅《孫中山的地方自治思想及其在「新縣制」中的背離》（華中師範大學研究生學報，2006 年），周紹應《抗戰時期國民黨新縣制述評》（重慶師院學報哲社報，1995 年）、鐘聲《試論南京國民政府訓政前期（1928～1937）的地方黨政糾紛》（史學月刊，1999 年）、趙小平《試論國民黨地方自治失敗的原因》（貴州社會科學，1992 年）、李國青《南京政府推行地方自治的動因探析》（東北大學學報社會科學版，2003 年）等對論者也有助益。

　　由相關學術史的回顧可知，有關孫中山地方自治思想及南京國民政府的實踐雖然已經有了一些成果，但總體上還是不夠完備，還有很多問題有待進一步研究和探討，比如對於南京國民政府地方自治的研究大多進行靜態的描述，關注過程及結果，卻對修正孫中山地方自治的問題未做過多研究，地方自治過程中分權與集權的衝突，孫中山地方自治思想與當時中國具體國情是否適合，理想化的設想轉變爲現實過程中的艱難性等問題都沒有深入探討。因而本文試圖對南京國民政府地方自治實踐過程中對孫中山地方自治思想的繼承與修正進行考察，既從過程中考察什麼地方繼承了孫中山地方自治思想，什麼地方修正了孫中山地方自治思想，而且認眞分析其原因，指出修正的原因既在於孫中山地方自治思想本身也在於當時國民政府缺乏實施孫中山地方自治設想的條件，南京國民政府一方面繼承孫中山遺教實行地方自治，但又迫切要求加強基層地區的行政控制，兩者是矛盾的；蔣介石的地方治理設想與孫中山地方自治思想相距頗大，但蔣介石的地方治理設想是作爲主政

〔註 10〕李國青，南京政府地方自治制度設計的演變〔J〕，史學集刊，2010（5）：79。
〔註 11〕朱國斌、郭寶平，尋求控制與參與之間的平衡的嘗試〔J〕，社會科學輯刊，2000（5）：110。

者面對社會政治現實提出的解決方式，孫中山的地方自治思想更多的是一種理想。本文試圖通過對南京國民政府地方自治過程中所遇到困難和對孫中山地方自治思想的修正來揭示出南京國民政府地方自治失敗的深層原因，試圖對今天所進行的地方自治實踐提供一定的參考經驗，起到一定的借鑒作用。

　　論者認爲把孫中山地方自治思想放在中國政治現代化的歷史進程中來審視，特別是把他的思想與南京政府實踐結合起來進行深入考察分析，仍然有其重要的歷史價值。地方自治，是不能一蹴而就的，必須經歷長時間的過程，孫中山的地方自治探索和南京政府的地方自治實踐，都有西方資產階級民主制度的濃厚色彩，但同樣也有濃厚的中國色彩和時代特徵，可以看作是一種西方現代民主制度中國化的過程。孫中山地方自治設計與南京國民政府實踐中的得與失，對中國政治現代化和地方制度的推動與滯礙，都是值得我們深入探討的。

1.4　本文的研究方法

　　本文運用了三種研究方法：一是歷史學、法學、政治學相結合的研究方法。對孫中山地方自治思想和南京國民政府地方自治二者研究既屬於歷史學的範疇，從性質上說又屬於政治學的範疇，同時也涉及法學研究的領域，這就要求把歷史學、政治學、法學三者結合起來對本文進行綜合研究。既要求對歷史資料進行收集、整理、加工、提煉，也需要對孫中山以黨治國、革命程序論、民權主義的主張及地方自治、保甲制度等政治學的相關問題進行深入研究，同時還要對孫中山地方自治思想相關的英美法系、大陸法系有所涉獵。二是理論與實際相結合的方法。對南京國民政府地方自治過程中對孫中山地方自治思想的繼承與修正的研究不僅要考察孫中山地方自治思想的具體內容及實質，還要對南京國民政府面臨的具體情況進行分析，從中探討出理論與實際上的不同，分析出南京國民政府在地方自治過程中對孫中山地方自治思想進行修正的原因。三是運用比較研究的方法，對南京國民政府地方自治的研究不僅要對南京國民政府地方自治的法規、政策進行制度層面上的闡述，也要對各省地方治理過程中具體情況作具體的考察，對各省面臨的不同情況進行對比研究，使對此問題的認識接近於眞實的歷史。

1.5 本文的創新點、思路及框架結構

1.5.1 本文的創新點

本文的創新點主要有兩個方面：一是提出了孫中山地方自治思想的理想性與 20 世紀上半葉中國社會現實之間的衝突；孫中山地方自治思想主要是參考了西方地方自治的傳統思想和發達國家地方自治的實踐，是一種理想主義的制度設計，孫中山在世時並沒有大規模地實踐，其地方自治理論沒有與當時中國社會的具體實際結合，沒有做出符合中國具體實際的修正，僅僅是理想化的設計方案。二是提出南京國民政府一方面希望能繼承孫中山地方自治思想另一方面又意圖加強集權之間形成了矛盾；南京國民政府是國民黨一黨專政的政府，標榜遵循孫中山遺教，對於孫中山思想中的地方自治部分南京國民政府一直是以積極實施的姿態進行，但孫中山地方自治思想作為一種理想化的設計，一方面與當時的中國國情不適合，另一方面地方自治作為一種地方與中央分權為目的的制度與南京國民政府集權的要求大相逕庭，導致南京國民政府打著地方自治的旗號加強對基層的控制，兩方面的原因使得南京國民政府在地方自治的實踐過程中逐漸偏離了孫中山地方自治思想的軌道，朝著集權化的方向進行。

1.5.2 本文的思路及框架結構

本文按照孫中山地方自治思想的形成、發展變化、基本內容、來源、南京國民政府的實踐、實踐過程中對孫中山地方自治思想的修正及修正的原因這一順序進行行文。避免了文章縱橫交錯帶來的內容重複。

全文分為六個部分

第一部分是緒論。這一部分主要介紹了本文選題的意義，概念的界定，當前國內外的研究現狀，研究的方法，文章的創新點、思路、框架，資料的收集、整理等等，為後面全文的展開做好鋪墊。

第二部分是對孫中山地方自治思想進行全面分析。首先從孫中山地方自治思想的發展脈絡入手，詳細闡明了孫中山地方自治思想的內容、實質，在此基礎上對孫中山的地方自治思想的來源進行分析，並與英美法系、大陸法系地方自治進行比較。

第三部分是主要分析南京國民政府成立之初對地方自治的推行及調整。文章分兩個方面來闡述這一問題，一方面是從南京國民政府地方自治政策、

法規著手，進行分析，比較與孫中山地方自治思想的異同，另一方面從初期
地方自治的結果入手，分析南京國民政府之所以對初期地方自治政策進行調
整的原因及闡述南京國民政府如何對地方自治政策進行調整。

　　第四部分是地方自治與保甲制度的融合。首先是對保甲制度與地方自治
的關係進行闡述，然後對保甲制度在南京國民政府時期的發展進行闡述，以
新縣制的頒佈為界點分為前後兩部分。新縣制頒佈前保甲制度與地方自治是
兩種截然不同的制度，南京國民政府一方面繼承孫中山遺教實施地方自治另
一方面為了集權考慮實施保甲，新縣制頒佈前就已經有了地方自治與保甲制
度融合的傾向，新縣制的頒行標誌著南京國民政府對地方自治與保甲制度的
徹底融合，基層的鄉里閭鄰制度被保甲制度取代。

　　第五部分是南京國民政府地方自治過程中對孫中山地方自治思想的修正
及其原因。首先對南京國民政府地方自治過程中對孫中山地方自治思想的修
正方面進行闡述，列舉修正的幾個方面；其次對修正的原因進行分析，指出
南京國民政府之所以在地方自治實踐過程中對孫中山地方自治設想進行修正
是有兩方面原因，一方面孫中山地方自治思想本身過於理想化，難以落實，
另一方面南京國民政府集權化的要求與地方自治分權的目標相矛盾。

　　第六部分是結語。主要是提出了本文的研究結論和一些認識。

1.6　本文的資料搜集

　　關於孫中山地方自治思想和南京國民政府地方自治的研究，現存的史料
是非常豐富的。

　　1949 年前許多重要文獻資料如公報、文集、年鑒等就已被整理出版，為
孫中山地方自治思想及南京國民政府地方自治的研究奠定了史料基礎。此時
期中央各部公報如《中華民國國民政府公報》、《中國國民黨本部公報》、《行
政院公報》、《立法院公報》、《中央黨務月刊》、《中央黨務半月刊》等陸續被
整理編印；國民政府文官處印鑄局編印的《國民政府法規彙編》（1928 年 1 月
至 1931 年 3 月）、《地方自治法規輯要》（1936 年版）等相繼出版；各部會工
作報告、會議記錄及決議案如《國民會議實錄》、《行政院工作報告》、《政治
會議工作報告》、《中國國民黨歷次重要宣言及決議案》也相繼編撰完成；各
種文集，大事記及年鑒如內政年鑒編撰委員會編撰的《內政年鑒》、胡漢民編，
民智書局出版的《總理全集》、行政院縣政計劃委員會編的《總裁地方自治言

論》（1943 年版）、行政院所編的《國民政府年鑑》、焦如橋，劉振東編寫的《縣政資料彙編》（1939 年版）等也陸續出版。各報刊如《申報》、《東方雜誌》、《地方自治》、《國聞周報》、《中央日報》、《民國日報》、《中央周刊》等，在這一時期也發表了大量的關於地方自治的文章，甚至包括蔣介石在內的國民黨的重要領導人也對這一問題發表過評述。社會人士關於地方自治的專著更是十分豐富：陳之邁《中國政府》（商務印書館 1946 年版），錢端升《民國政制史》（商務印書館 1939 年），程方《中國縣政概論》（商務印書館 1939 年版），陳柏心《中國縣制改造》（國民圖書出版社 1942 年版），冷雋《地方自治述要》（正中書局 1935 年版），張雲伏《地方自治大綱》（華僑圖書印刷公司 1934 年版），聞鈞天《中國保甲制度》（商務印書館 1935 年版），李宗黃《現行保甲制度》（中華書局 1945 年版），黃強《中國保甲實驗新編》（正中書局 1935 年版），李宗黃《新縣制之理論與實際》（中華書局 1943 年版），阮毅成等《地方自治與保甲制度》（獨立出版社 1939 年版），趙如珩《怎樣實施地方自治》（華通書局 1934 年版），梁漱溟《中國之地方自治問題》（山東鄉村建設研究院 1935 年版）等等，這些著作對理解民國時期社會人士對於同時期的地方自治的看法有很大幫助。

新中國成立以後，尤其是 80 年代以來在廣大學者的努力下，一大批十分珍貴的資料相繼整理並出版。其中包括廣東省社會科學院歷史研究室、中國社會科學院近代史研究所中華民國史研究室、中山大學歷史系孫中山研究室合編的《孫中山全集》，對研究孫中山地方自治思想的發展脈絡有十分重要的史料價值。此外陳旭麓、郝盛潮主編，王耿雄等編的《孫中山集外集》（上海人民出版社 1990 年版）及《孫中山集外集補編》（上海人民出版社 1994 年版）也為論者提供了可靠的資料來源。

在中國人民政協會議全國委員會文史研究委員會編輯的《文史資料選輯》中，則積纍了大量的口述史料，對南京國民政府地方自治的研究有很大價值。中國科學院近代史研究所於 1978 年底整理、編輯並發行的《中華民國史資料叢稿》，中國第二歷史檔案館從 1981 年開始修訂出版了兩套大型資料：一個是系統反映民國時期歷屆政府基本狀況的檔案資料的《中華民國史檔案資料彙編》，另一個是彙集了民國時期重要事件的檔案資料的《中華民國史檔案資料叢刊》，1985 年，由榮孟源主編、光明日報社出版的《中國國民黨歷次代表大會及中央全會資料》（上、下），臺灣中央文物供應社從 70 年代陸續影印出

版的《革命文獻》，記錄了南京國民政府時期的地方治理政策的演變及國民黨對於地方自治、保甲制度的看法，這些都爲筆者研究南京國民政府的地方自治實踐提供了重要的原始材料。此外，季嘯風、沈友益編寫的《中華民國史史料外編》（廣西師範大學出版社 1996 年版），中國第二歷史檔案館整理的《中國國民黨中央執行委員會常務委員會記錄》（廣西師範大學出版社 2000 年版），萬仁元、方慶秋主編、中國第二歷史檔案館整編的《中華民國史史料長編》（南京大學出版社 1993 年出版）也爲筆者對南京國民政府地方自治的研究提供了極大的便利。

除了全國政協的《文史資料選輯》外，省市一級以上共整理出版的文史資料叢刊有 50 多種。這些也爲南京國民政府的地方自治研究提供了有參考價值的回憶史料。同時，臺灣地區編輯出版的中華民國史料書刊，如《先總統蔣公思想言論總集》（臺北中央文物供應社 1984 年版）、《總統蔣公大事長編初稿》（臺北：中國國民黨中央委員會黨史委員會 1978 年版）、《中華民國重要史料初編》（臺北：中國國民黨中央委員會黨史委員會 1981 年版）、《先總統蔣公全集》（臺北：中國文化大學出版社 1984 年版）、日記（如《王世杰日記》）等等也是研究孫中山地方自治思想與南京國民政府實踐的重要參考資料。

以上這些文獻資料爲筆者對孫中山地方自治思想及南京國民政府的實踐的研究提供了豐富的史料來源，奠定了堅實的資料基礎。

第 2 章　孫中山地方自治思想產生及背景

　　孫中山的地方自治思想是孫中山思想體系的重要部分之一，是西方地方自治理論與中國當時社會歷史條件相結合的產物。南京政府地方政治制度與國民黨維持自身統治的政治取向有關，標榜遵循孫中山地方自治思想，但受其社會條件制約，也不能不受到清末民初地方制度的影響。清末民初的地方自治實踐不僅是地方自治理論傳入中國後的一次政治嘗試，而且為孫中山地方自治思想提供了借鑒。

2.1　清末民初的社會局面及地方政治制度變革

2.1.1　中央政府面臨的困境

　　19 世紀中期至 20 世紀初，中國社會發生巨變，兩次鴉片戰爭、太平天國運動、中法戰爭、中日甲午戰爭、義和團運動使清政府內外交困。在對外戰爭中潰敗，清政府被迫簽訂一系列不平等條約，中國主權獨立、領土完整受到嚴重破壞，中國社會半殖民地半封建化逐步加深。伴隨西方列強在華特權逐漸擴大，中國社會固有的狀態被打破，外國商品在中國大量傾銷，中國的傳統經濟首先受到衝擊。

　　中國的傳統社會是自給自足的自然經濟占統治地位的社會，小農經濟與家庭手工業相結合的經濟結構是傳統社會的經濟基礎。在中國傳統市場模式下，商品交換逐漸得到發展，一些地區已經出現資本主義萌芽，但是力量還是十分弱小，未能衝破封建生產關係，不能從根本上動搖中國的傳統的經濟

制度。鴉片戰爭之後，中國市場被動開放，中國傳統的經濟結構遭到衝擊，自然經濟開始逐漸分解。

中國傳統經濟的瓦解速度由弱到強，是西方列強在華侵略勢力日漸深入的結果。中國傳統經濟的解體不是中國自身資本主義發展到一定程度而發生的質的昇華，而是受迫於西方國家的經濟侵略，強行被捲入資本主義世界市場，因此，中國傳統經濟的瓦解所帶來的是一觸即發的民族鬥爭和尖銳的階級矛盾。經濟基礎決定上層建築，伴隨中國傳統經濟的解體，中國原有的政治結構也開始發生變化。

清朝統治者入關後，為了保護滿清皇權，採取專制主義制度。在地方管理體制中，清政府設置總督、巡撫執掌地方軍民事務。總督為兼管兩省或三省事務的高級地方官，偏重於軍政，「掌釐治軍民，綜制文武，察舉官吏，修飭封疆」〔註1〕；巡撫是負責一省全面領導工作的長官，偏重於民事，「掌宣佈德意，撫安齊民，修明政刑，興革利弊，考覈群吏，會總督以詔廢置」〔註2〕。隨著清朝統治形勢的穩定和各項政治制度逐漸完善，督撫之制逐漸確立，其職權也逐步完備。乾隆十三年（1748年）議准：「外官官制，向以布政使司領之，但督撫總制百官，布按二司，皆其屬吏，應首列督撫，次列布按。」〔註3〕這樣，督撫作為地方最高長官的地位被確定下來，清朝督撫制度開始進入穩定發展軌道，全國八總督十五巡撫的格局日漸完善。

19世紀中葉，鴉片戰爭打破了滿清統治固有的穩定秩序，帝王權力走向衰弱，地方權力反之膨脹，督撫制度開始發生變化。鴉片戰爭後，清王朝被迫與西方列強打交道，對外交涉愈趨頻繁。但是清政府沒有擺脫傳統的朝貢體制，將西方人毫無例外地視為夷人，不允許其與中國高級官員往來過密。因此，清政府將對外事務交與地方官員辦理。伴隨歐美列強的進一步侵略，清政府被迫開放大批通商口岸，設立租界，並且允許外國公使進駐北京，這樣清政府同西方列強建立正式的外交關係已經無法避免。1861年，總理衙門設立，總攬全部洋務事宜，並分設南、北洋通商事務大臣，由兩江總督和直隸總督兼任，可以代表清政府與外國談判，辦理有關通商事務，地方官員的交涉權在日益擴大。19世紀60年代到90年代初，洋務運動興起。在創辦洋

〔註1〕職官志，清史稿（卷116）〔Z〕，3336。
〔註2〕職官志，清史稿（卷116）〔Z〕，3336。
〔註3〕吏部，大清會典事例（卷23）〔Z〕，石印本，清光緒34年：4。

務的過程中，以曾國藩、李鴻章、左宗棠為代表的地方督撫加強與外國列強的聯繫，逐漸形成不同的政治集團。甲午戰後，中外交涉頻繁，一些地方督撫負責辦理對外事務，地方督撫可以直接依靠西方列強，從而鞏固自身的地位，分割了中央權力，加劇了中央政府的政權衰微。

太平天國運動的興起是地方督撫權力增強的又一契機。洪秀全、楊秀清領導的太平天國運動歷時時間長，波及範圍大，建立了與清廷對峙十餘年的農民政權，給清王朝以沉重打擊，迫使其調整自身權力結構，地方督撫的權力由此擴大。早在太平天國起義前，財政窘迫就已經困擾清政府。據載，1850年底，戶部存銀僅 187 萬兩，連已撥未解及起解在途中的款項 225 萬餘兩，共 412 萬兩。〔註4〕根據清朝制度，秋撥款項是各省府庫提供給中央戶部每年 11 月至次年 5 月支出的約 450 萬兩，而現有的存庫銀和已起運的款項還不夠戶部半年的支出，入不敷出已顯而易見。正值清廷財政拮据之際，太平天國運動爆發。為了鎮壓太平軍，戶部於道光三十年（1850）、咸豐元年（1851）和咸豐二年（1852）相繼向戰亂地區和自然災害波及地區撥款 2258 萬兩，其中廣西軍需銀 1124.7 萬兩，湖南軍需銀 418.7 萬兩，廣東軍需銀 190 萬兩，湖北防堵銀 45 萬兩，貴州防堵銀 20 萬兩，江西防堵銀 10 萬兩，南河豐工銀 450 萬兩〔註5〕。加之其他開支，戶部於 1852 年底所付各種款項已逾 2963 萬兩〔註6〕。在國庫空虛，戰事緊急的壓力下，舊有的體制難以應付時局，為解燃眉之急，清政府不得不將財權下放，允許各省「就地籌餉」，令各直省督撫大吏「就本省地方情形，力籌濟時之策，權宜變通，其勢不得不然，惟須得人經理，自有實效，豈可坐視大局渙散，一籌莫展。戶部現行之官銀票，招商分設官錢鋪，俾官兵領票易錢，並購買銅斤，添爐鼓鑄，制錢之外，加鑄大錢，以為票本，京師試行，頗有實際，已飭戶部妥議章程，迅速通行各省辦理」〔註7〕。在中央的號令下，各地督撫便千方百計地籌備軍費，除了加重舊稅和開辦新稅外，捐納和釐金也成為地方督撫財政來源的重要組成部分。

捐納事宜，清制由中央戶、吏兩部掌管，舉辦捐納權操之中央，地方則均無權自辦。但到咸豐初年，此制發生明顯變化。太平天國運動爆發後，廣

〔註4〕中國人民銀行總行編輯室，中國近代貨幣史資料（上冊）〔Z〕，北京：中華書局，1964：171。

〔註5〕王慶雲，石渠餘紀〔Z〕，北京：北京古籍出版社，1985：150。

〔註6〕文宗實錄（二），清實錄（第 41 冊）〔Z〕，北京：中華書局，1986：391。

〔註7〕文宗實錄（二），清實錄（第 41 冊）〔Z〕，北京：中華書局，1986：392。

西、廣東地區一度戰事密集，兩省督撫因戰事緊張、軍費告急，奏請朝廷請求自辦捐納。隨後，太平軍一路北上，勢如破竹，各地清軍大多潰不成軍，太平軍順江攻佔南京，各地督撫紛紛上奏朝廷，以糧餉緊缺為由要求收捐自用。太平軍攻佔南京後半年，清軍江北營幫辦軍務大臣雷以諴奏請在江蘇境內泰州、寶應設局收捐，一時成效顯著。隨後，各地官府、糧臺及統兵大臣相繼就地辦捐自用。一時間，各地捐局林立，形成「內則京捐局，外則甘捐、皖捐、黔捐，設局遍各行省」〔註8〕的局面。

在自籌餉需的過程中，釐金制度應運而生。由於太平軍所到之處清廷原有的地方稅務機關癱瘓，為了籌措餉銀，戰區部分官員倡行於各交通要道設置局卡，於轉運商品中抽稅，釐金制度由此形成，其實質是在清朝國家財政稅收之外，另建的新的稅收體系。1853 年夏秋之際，刑部侍郎兼督辦江北軍務大臣雷以諴在揚州開辦釐金時，首先自派人員經理，不用原有地方財務官員。隨後不久，湖南巡撫駱秉章在長沙開設釐局，亦自行經營。1857 年，湖北巡撫胡林翼在武漢設立總糧臺，各項收入不經原有司道，都由糧臺徵收，其後任巡撫也如此。1858 年曾國藩也派人在所轄地區設立釐卡，自籌軍餉。釐金制度的出現，曾為緩解清廷財政困難起了很大作用，但太平天國運動結束後，大部分釐金局並未裁撤，而作為常設機構保留下來，成為地方財政的重要來源。此外，一些省份因經費緊張，還自設金融管理機構，鑄發錢幣。如 1854 年京師首先設立官銀錢局後，吉林、熱河、福建、廣西、直隸、山東等省都相繼開設了官銀錢號，以彌補當地財政之不足。由此可見，在太平天國運動期間，中央財政權力不斷下移，地方收支範圍不斷擴大，地方財政體繫日趨完備，這為地方督撫勢力崛起奠定了重要的經濟基礎。

地方督撫的權力增長在軍事方面的表現也是顯而易見的。清政府歷來重視軍隊，對軍權控制嚴格，在兵制上有八旗、綠營之分。清朝後期，八旗制度腐朽不堪，在對外戰爭中一擊即潰。面對太平軍遍佈疆宇、持久不息的戰火，八旗、綠營軍一敗塗地。清政府鑒於八旗、綠營腐敗無能，直接授權於地方督撫，令其組織地方武裝，督辦軍務，抗擊太平軍。於是出現了曾國藩的湘軍和李鴻章的淮軍。隨著湘淮軍的興起，一些統兵大員被委任為督撫，出現由督撫直接統領的勇營。這支軍隊不同於中央軍隊綠營，其兵士出自招募。在組建湘軍過程中，曾國藩是先選將，然而再由將募兵，形成隸屬關係，

〔註 8〕趙爾巽，清史稿〔Z〕，北京：中華書局，1976：3236。

正如湖南巡撫駱秉章所言：「近時湖南勇夫出境從征者，水陸不下十數萬之多，皆先擇將而後募勇，有將領而後有營官，有營官而後有百長，有百長而後有什長，有什長而後有散勇，其長夫又由各散勇自募，而後營官點驗歸棚。蓋均取其相習有素，能知其性情才力之短長，相距匪遙，能知其住址親屬之確實。故在營則恪守營規，臨陣則懍遵號令，較之隨營召募遊手無賴之徒以充勇夫者，稍爲可恃。……夫用勇之多流弊，人人知之矣。湖南勇丁所以稍稍可用者，原於未募之初，先擇管帶，令其各就原籍選募，取具保結而後成軍。成軍以後，嚴加訓練，層層節制，該勇丁均係土著生長之人，有家室妻子之戀，故在營則什長、百長、營官、將領得而治之，散遣歸籍，則知縣、團總、戶長得而察之，遇有私逃，則營官、將領稟知本省，得按籍捕之……」〔註9〕。由此可見，兵爲自募，將爲自選，層層的隸屬關係使全軍只服從統領一人，「一營之權，全付營官，統領不爲遙制，一軍之權，全付統領，大帥不爲遙制。統領或欲招兵買馬、儲糧製械、黜陟將弁、防剿進止，大帥有求必應，從不掣肘」〔註10〕。除外交、財政、軍事權力之外，在晚清混亂的政局下，地方督撫又相繼獲得司法權和人事權等，地方勢力迅速膨脹。

2.1.2　地方自治思想的傳入

地方自治，是一種制度形式，是一個國家在一定行政區域內的公民，依據法律和國家授權，選舉自治職員，組成自治組織，制定地方法規，在中央政府的監督之下管理當地內部事務的一種政治制度。地方自治是隨西方資本主義的發展而產生的，在西歐資產階級革命初期，爲反對封建專制，具有進步意義。地方自治作爲一種新的地方政治制度確立於工業革命時代，而後風靡於歐美及日本等國。它不僅帶來了歐美諸國開明的政治，亦促進了各國經濟的繁榮，致使各國迅速崛起和強盛。這自然是中國在鴉片戰爭後向西方學習的重要前提。

國人對地方自治的聽聞，始於鴉片戰爭前夕，主要由傳教士傳入。1837年，在華西方傳教士創辦的《東西洋考每月統記傳》上刊發一文，描繪了美國的選舉與公會制度，「自今以來，亞墨理駕民行寬政，乃以民安。十八省合

〔註9〕 援軍將領濫收遊勇償事請旨革訊摺〔Z〕／／駱秉章，駱文忠公奏稿（卷7）。刻本，清光緒17年（1891）：62、64。

〔註10〕 覆議直隸練軍事宜摺〔Z〕／／曾國藩，曾文正公全集（奏稿・卷34），清同治光緒間傳忠書局刻本，16。

總，及叫做亞墨理駕總郡，或兼合邦。各省諸郡有本憲代民理國事。則於京都有公會，治總郡之政事。每四年一回揀擇尊賢之人，爲國之魁首領，另揀公會之尚書。」〔註 11〕爾後，該刊物又發表《侄外奉叔書》一文，以書信的形式，介紹了美國地方自治制度中的地方議會制和民主選舉地方官員的情況：「當乾隆年間，其列邦各自操權，而行寬政，乃以民安，容各人任言莫礙。此居民不服王君，而每省良民立公會，自選人才忠烈縉紳，代庶民政治修舉，然統理國會與列邦首領之主，而治國綱紀。首領主在位四年遂退，倘民仰望之，歡聲載道，復任四年。百姓之所悅，思能辨眾，便超舉爲官。該國無爵，民齊平等，惟賦性慧達，財帛繁多之主，大有體面焉。」〔註 12〕《東西洋考每月統記傳》關於英國政情的描述亦有一些，如「英吉利國之公會，甚推自主之理，開諸阻擋，自操權焉。五爵不悅，爭論不止。倘國要旺相，必有自主之理。不然，民人無力，百工費，而士農商工，未知盡心竭力矣。是以英吉利良民不安，必須固執自主之利也」。〔註 13〕

1838 年，美國來華傳教士高理文在中國出版《美理哥合省國志略》一書，敘述了美國的歷史沿革、政治制度。書中對美國地方自治制度描繪道：「各省內一首領、一副領，議擬人員無定數，民選議事者，或十餘人或數十人無定。各省設一公堂，爲首領、副領及議擬、民選各人議事之所。事無論大小，必須各官合議，然後准行。即不咸允，亦須十人中，有六人合意然後可行。本省之官，由本省之民選擇公舉。」〔註 14〕此外，書中還介紹了美國縣議會的議事規則和議員的資格等內容：「惟省、府、州，道阻且長，居縣者每艱於往返，故如有事會議，亦爲商之於縣里已。議事人例無二十一歲者不可。然議事每常以三、四月爲期，如有要事，則無論何月。每年議事多少次數，亦屬無定。惟現任之縣主，曉示諭民，所議何事，集於何所，何時齊集。至期耆老通知云：今議新縣主等事，祈眾先公舉一人管理，後議一人謄錄。於是各將所欲公舉之人，寫其名於紙上放盒內，後開盒，以人多公舉者爲之。理事

〔註11〕 愛漢者等，東西洋考每月統記傳〔Z〕，黃時鑒整理，北京：中華書局，1997：231～232。

〔註12〕 愛漢者等，東西洋考每月統記傳〔Z〕，黃時鑒整理，北京：中華書局，1997：241。

〔註13〕 愛漢者等，東西洋考每月統記傳〔Z〕，黃時鑒整理，北京：中華書局，1997：186。

〔註14〕 《近代史資料》編輯部，近代史資料（總 92 號）〔Z〕，北京：中國社會科學出版社，1997：53。

之人，接前任縣令須知一本，讀於眾知。須知內或選省州縣官，或本縣內事，所有一切，皆秉公示眾。選官選人之時，領事人質於眾曰，現當選何人，祈明以對。或有人起而對曰，請自裁奪，則領事再語於眾曰，如眾中有欲吾選者，則舉手為號，當時如舉手者過半則可，如未及過半則不可。」〔註 15〕書中還對美國縣級政府的工作情況亦有涉及，即「縣官有幾人，一則以選人為首，所有縣內一切諸事，皆必盡知。即非其所管者，亦必週知焉。二則在縣內收餉，必悉知縣內人丁多寡，何人有田若干，何人有地有屋若干。三則總理縣主一年收支各數，言行各事，登錄書內存檔，不能苟且漏人漏出。其外則有總理揭借、拖欠、偷竊、捕盜、濟貧等數人。如非長任事者，則另作生業。如常任事者，然後每年有俸祿焉」〔註 16〕。1844 年，美國傳教士禕理哲在寧波傳教期間所著的《地球圖說》中，也對西方各國政情有所介紹，其中地方自治制度作為內容之一在文中也有相當文字的敘述。

　　從上述傳教士的著作中可見，傳教士對西方地方自治思想的傳入主要在地方議會制度方面，儘管如此，著作中對地方自治制度的核心內容已經有所介紹，如民眾自行選舉議員，組織議會，代表公眾的利益制定法規，由民眾選舉的區域行政長官組成地方政府，並按照法律、法規處理地方事務等，西方地方自治制度的基本框架已然明瞭。傳教士們關於地方自治的言行和著作是地方自治湧入中國的第一股波浪，讓留心於西洋的國人眼界大開，也為此後清朝士大夫了解、研究和傳播西方民主制度打開一扇窗。

　　鴉片戰爭以後，國門開啟，西學東漸。在政局經受震動之時，一些有識之士開始「開眼看世界」。他們紛紛編譯或著書，將所見所聞以中國的語言形勢予以表達。林則徐可謂是近代放眼於世界的第一人，他在廣州主持禁煙事務時，每日差人探究西方政事，購買報紙，閱讀新聞，還組織人力編譯成《四洲志》、《華事夷言》等書。《四洲志》中對美國地方自治有一定介紹：「各部落自立小總領一人，管理部落之事。每部落一議事公所，其官亦分二等：一曰西業，一曰里勃里先特底甫，即由本部落各擇一人，自理其本部之事。小事各設條例，因地制宜，大事則必遵國中律例。如增減稅餉，招集兵馬，建

〔註15〕《近代史資料》編輯部，近代史資料（總 92 號）〔Z〕，北京：中國社會科學出版社，1997：57。

〔註16〕《近代史資料》編輯部，近代史資料（總 92 號）〔Z〕，北京：中國社會科學出版社，1997：57～58。

造戰船，開設鑄局，與他部落尋釁立約等事，均不得擅專。所舉執事之人，數月一更代，如分管武事，設立章程，給發牌照，開設銀店貿易工作，教門賑濟貧窮，以及設立天文館、地理館、博物館、義學館，修整道路橋梁，疏濬河道，皆官司其事，其法律大都宗歐羅巴之律刪改而成，徵收錢糧稅餉，通酌國中經費出入，公議定額，不得多取。」〔註17〕此外，《四洲志》也介紹了瑞士的自治情況：「部眾不願立王，僅於麻尼各大部落議設總領，並小官數員權理國事，立法過嚴，復思離散，遂分二十二頭目，各自爲治，不相統屬。惟於每年集五部落會議一次，遞相輪次，周而復始，所議無非守土禦敵之策。」〔註18〕

　　早期地主階級改革派的另一代表爲徐繼畬。1843 年，徐繼畬任福建布政使，有機會與西方人士接觸，他耳聞筆錄，同時廣泛搜集西方書籍，在此基礎上，他於 1848 年撰成《瀛寰志略》一書。《瀛寰志略》是近代中國人系統介紹世界史地知識的名著之一，其中對亞洲、歐洲和北美洲的記述尤爲詳細，對中國人了解很少的南美洲、大洋洲以及非洲都有所介紹。書中還比較系統地記錄了歐美的民主政治制度，在地方自治方面，徐繼畬在介紹瑞士時指出：「初分三部，後爲十三部，皆推擇鄉官理事，不立王侯，如是者五百餘年，地無鳴吠之擾，西土人皆羨之。嘉慶三年，佛朗西攝王拿破侖（時拿破侖尙未即位）以兵力強取入版圖，改爲十九小部。拿破侖既敗，各國公使會議於維也納，十九部之外，益以牙錯之日內巴拉、牛弗砂德爾（本屬普魯士）、瓦來斯（本屬奧地利亞）三部，共二十二部，爲瑞士國。仍其舊俗，自推鄉官理事，酌地勢按戶口拔壯丁禦侮，諸大國不得鈐制」〔註 19〕。關於美國各州地方議會的情況，徐繼畬在書中記述，在美國獨立後，「仍各部之舊，分建爲國，每國正統領一，副統領佐之，（副統領有一員者，有數員者）。以四年爲任滿（亦有一年、二年一易者），集部眾議之，眾皆曰賢，則再留四年，（八年之後，不准再留）。否則推其副者爲正，副或不協人望，則別行推擇鄉邑之長，各以所推書姓名投匭中，畢則啓匭，視所推獨多者立之，或官吏、或庶民，不拘資格。退位之統領依然與齊民齒，無所異也。各國正統領之中，又

〔註17〕魏源，四洲志〔Z〕／／王錫祺，小方壺齋輿地叢鈔再補編（第十四帙）排印本，上海：著易堂，清光緒 23 年（1897）：39～40。
〔註18〕魏源，四洲志〔Z〕／／王錫祺，小方壺齋輿地叢鈔再補編（第十四帙）排印本，上海：著易堂，清光緒 23 年（1897）：27。
〔註19〕徐繼畬，瀛寰志略〔Z〕，上海：上海書店出版社，2001：157。

推一總統領專主會盟、戰伐之事，各國皆聽命，其推擇之法與推擇各國統領同，亦以四年爲任滿，再任則八年。」〔註 20〕書中敍述俄羅斯國的政情時，指出「波蘭故地尙有加拉哥維亞國，袤延百餘里，乃波蘭遺民所立，自推鄉長理事，不立君長」〔註 21〕。

　　這些士大夫們關於地方自治的著述，資料來源主要是來華的西方人士的口述和譯著，這必然存在一些局限性，以致在某些事件的表達上有偏頗。儘管如此，他們能夠在中國長期封閉的狀態下，洞察西方先進的政治制度，並將其引入中國加以傳播，已成時代的先聲。

　　洋務運動興起後，中外交往增多，一批遊歷和出使西方的知識分子開始將他們在國外耳聞目睹的西方地方自治制度告知國人。1866 年率同文館學生赴歐洲遊歷的斌椿，在其著作《乘槎筆記》中寫道：「申刻，至公議廳。高峻宏敞，各鄉公舉六百人，共議地方公事。（意見不合者，聽其辯論，必俟眾論僉同然後施行，君若相不能強也。）」「英屬各鄉鎮，皆公舉一人司地方公事，如古治郡者然。」〔註 22〕1877 年與郭嵩燾隨行的駐英副使劉錫鴻在其《英軺私記・英國地方官之制》中對英國的地方自治制度詳細介紹，並將其與中國古代的鄉官制度相類比：「英制，酌城鄉大小，各設看司勒（市議員）百數十員（倫敦則二百零六員），奧德門（市參議員）數員或十數員（倫敦則二十六員），以美亞一員統之。看司勒猶中國所謂里長也，奧德門猶所謂黨正也，美亞猶所謂鄉大夫也。奧德門分轄地段，看司勒又各按奧德門所分之地段而分理焉……凡所轄地段，教養之政，詞訟之事，以及工程興作，商賈貿易，奧德門均得舉治，上諸美亞。歲收煤、酒、牛、羊市之稅，以爲經費（其他賦稅，家部徵收）。」〔註 23〕關於地方自治人員的選舉，劉錫鴻在書中寫道：「凡舉充奧得門，必於曾任看司勒一年以上者；舉充美亞，必於曾任奧德門七年以上者。美亞定限一年更替，賢能者或再留一年，然不數數觀。退位，則仍復奧德門之職。」〔註 24〕書中還強調英國地方自治的原則是「以民治民，事歸公議」。

　　19 世紀 60 至 90 年代，十分重視經世致用思想，馮桂芬等一些開明人士

〔註 20〕徐繼畬，瀛寰志略〔Z〕，上海：上海書店出版社，2001：276。
〔註 21〕徐繼畬，瀛寰志略〔Z〕，上海：上海書店出版社，2001：129。
〔註 22〕斌椿，乘槎筆記〔Z〕，長沙：湖南人民出版社，1981：25、28。
〔註 23〕劉錫鴻，英軺私記〔Z〕，長沙：湖南人民出版社，1981：139。
〔註 24〕劉錫鴻，英軺私記〔Z〕，長沙：湖南人民出版社，1981：140。

意識到單純引進西方先進技術並不能改變中國受欺凌壓迫的現狀，在制度上取法西方，再與中國實際相結合，才可能實現強國禦辱、國家復興的願望。馮桂芬在《校邠廬抗議》中提出「治天下者，宜合治亦宜分治，不合治則不能齊億萬以統於一，而天下爭；不分治則不能推一以及乎億萬，而天下亂」。他贊成柳宗元的封建論：「有里胥而後有縣大夫，有縣大夫而後有諸侯，有諸侯而後有方伯連帥，有方伯連帥而後有天子，此合之說也。封建之合，不如郡縣之合尤固，故封建不可久。反而言之，天子不能獨治天下，任之大吏；大吏不能獨治一省，任之郡守；郡守不能獨治一郡，任之縣令；縣令不能獨治一縣，任之令以下各官；此分之說也。」馮桂芬在文中敘述周代的地方官制，藉此引出其對當時地方自治的主張，「縣留一丞或簿爲副，駐城各圖滿百家公舉一副董，滿千家公舉一正董，里中人各以片楮書姓名保舉一人，交公所彙核，擇其得舉最多者用之，皆以諸生以下爲限，不爲官，不立署，不設儀杖，以本地土神祠爲公所。……如是則眞能親民，眞能治民，大小相維，遠近相聯，無事而行保甲，必有循名責實之功；有事而行團練，更得偕作同仇之力，風俗有不日新，教化有不日上哉。」〔註 25〕馮桂芬的言論雖然仍未脫離封建制度框架，但已是當時比較進步的思想。繼馮氏之後，鄭觀應等人進一步主張中國應該實行地方自治制度。

　　報刊是近代中國傳播信息的重要途徑之一。《萬國公報》是由林樂知等傳教士於 1868 年在上海創辦，後因經濟問題停刊，1889 年復刊。《萬國公報》復刊後，從第 9 冊開始連載的《海外聞見略述》，對美國的民主制度進行了詳細的介紹：「美利堅，民主之國也。凡法制政令均由公議而出，故不特京都省會有公議院，即各縣各鄉亦必有之。議事之人亦由民間選舉，縣之議事由各鄉而來，省之議事由各縣而來，又每省二人，赴京都上議院，又隨省份大小，人數多寡，舉三四人或五六人赴下議院。議會即集，公舉一人爲會正，主理期會。每議事件必詳細辯論，反覆審度，以期盡善盡美而後已，極少須得過半人言是責爲定議。凡事下議院定呈於上議院，復由上議院定呈於國主書押爲據，然後頒發民間一體遵照。」〔註 26〕

　　地方自治是西方較爲先進的政治制度。西方列強相繼發動的幾次侵略戰

<hr>

〔註 25〕中國史學會，戊戌變法（一）〔Z〕，上海：上海人民出版社，1957：8～10。
〔註 26〕萬國公報〔N〕，1890（4）：11112（第 15 冊）。轉引自王林，西學與變法：萬國公報研究〔M〕，濟南：齊魯書社，2004：74。

爭，使國人看到西方的先進技術，洞察到歐美進步的政治制度。國內開明的士大夫和知識分子一方面欲學習西方技藝求富自強，另一方面研習西方自治制度，傳教士們的頌傳，西方著作的譯讀以及留學生們的手記，都是他們了解和研究歐美制度的途徑。地方自治制度的傳入是循序漸進的，國人對其了解也自然是點滴成線。伴隨地方自治制度的廣泛傳播，國人要求改革的呼聲越愈高昂，制度革新逐漸走上歷史舞臺。

2.1.3　清末民初地方自治實踐

甲午戰爭是中國政治革新的一個轉折點。中日之戰，影響深遠，彈丸島國竟然擊敗了泱泱大國，這給當時的中國人帶來莫大的震驚與羞辱，國人為求富自強而努力三十年的洋務運動也在這次戰爭中破產。「中體西用」的思想未達到預想的效果，越來越多的國人將目光轉向西方的政治體制。一些憂國憂民的知識分子極力倡導借鑒西方的政治制度，尤其是西方的地方自治制度，一場政治維新運動拉開序幕。

康有為和梁啓超是這一時期主張學習西方地方自治的主要倡導者。康有為在《上清帝第六書》中提出關於地方制度的主張：「夫地方之治，皆起於民。而縣令以下，僅一二簿尉雜流，未嘗託以民治。……日本以知縣上隸於國，漢制百郡以太守達天子。我地大不能同日本，宜用漢制，每道設一民政局，妙選通才，督辦其事。用南書房及學政例，自一品至七品京朝官，皆可為之。准其專折奏事，體制與督撫平等。用出使例，聽其自闢參贊隨員，俾其指臂收得人之助。其本道有才者，皆可特授；否則開缺另候簡用，即以道缺給之。先撥釐稅，俾其創辦新政。每縣設民政分局督辦，派員會同地方紳士治之，除刑獄賦稅暫時仍歸知縣外，凡地圖、戶口、道路、山林、學校、農工、商務、衛生、警捕，皆次第舉行。三月而備其規模，一年而責其成效。如此則內外並舉，臂指靈通，憲章草定，奉行有準，然後變法可成，新政有效也。」〔註27〕康有為還以俄國為例，俄國亦是專制之國，仍有縣鄉議院，實踐證明縣鄉議院「上無損於君權，中有助於有司，下大紓於民氣，利無不舉，情無不通，款無不籌」，因此康有為指出「今日救中國之第一政，莫先於是矣」〔註28〕。維新派代表人物梁啓超於 1898 年作《論湖南應辦之事》，提出應重視鄉權，「欲興民權，宜先興紳權……今欲更新百度，必自通上下之情始；欲通上

〔註27〕湯志鈞，康有為政論集（上冊）〔Z〕，北京：中華書局，1981：216。
〔註28〕湯志鈞，康有為政論集（上冊）〔Z〕，北京：中華書局，1981：580。

下之情，則必當復古意，採西法，重鄉權矣」。關於如何改革地方政治制度，梁啓超主張仿傚西方「議事與行事分而爲二」的方法，即「議事之人，有定章之權，而無辦理之權；行事之人，有辦理之權，而無定章之權。將辦一事，則議員集而議其可否；既可，乃議其章程；章程草定，付有司行之，有司不能擅易也。若行之而有窒礙者，則以告於議員，議而改之。」〔註29〕

這一時期，譚嗣同和黃遵憲也極力倡導實行地方自治。1897 年，譚嗣同在湖南主張成立南學會，提出地方事宜應該「公議而行」。黃遵憲則呼籲地方士紳「自治其身，自治其鄉……某利當興，某弊當革，學校當變，水利當籌，商務當興，農事當修，工業當勸，捕盜當講求，以鬧教滋禍者爲家難，以會匪結盟者爲己憂，先事而經畫，臨事而綢繆，此皆諸君之事……由一府、一縣推之一省，由一省推之天下，可以追共和之郅治，臻大同之盛軌」〔註30〕。

維新派的變法在政治上的一個基本內容，就是要改封建專制制度爲君主立憲制度。而實行君主立憲，就要學習和傚仿西方資本主要的議會制度，尤其是地方自治制度，以興民權。這樣的思想在當時無疑是進步的，是鴉片戰爭後中國人民爲反抗欺侮，謀求富強而踏上的更高的臺階。不幸的是，百日維新如曇花一現，設議院、開國會、定憲法等政治主張都未曾具體計劃和實施，就已夭折，維新人物或慘死於保守勢力的刀下，或流亡海外。維新派的變法只有理論，未有實踐，沒有達到其初衷，可謂失敗。可是變法的影響卻是空前的，維持百餘日的變法爲近代中國尋求政治變革的人們點亮了航燈，戊戌變法後，更多的國人要求仿行西方政治制度，地方自治成爲成爲改革的焦點之一。

1904 年日俄戰爭爆發，立憲制的小國日本戰勝君主制的龐大帝俄，這給清政府以強烈刺激。在清政府看來，日勝俄敗的原因在於日本進行了明治維新，實行立憲政治，國力大增，而俄國因固守封建舊制，國衰而敗。這一現實例證深深地觸動了清王朝，眾多官員紛紛奏請變革政體，實行立憲。清政府遂於 1905 年 10 月派載澤、端方、戴鴻慈、李盛鐸、尚其亨等五大臣出洋考察各國政治。

五大臣出洋有半年之久，先後考察了日本、美國、英國、法國、德國等

〔註29〕 梁啓超著，李華興、吳嘉勳編，梁啓超選集〔Z〕，上海：上海人民出版社，1984：75。

〔註30〕 黃公度廉訪南學會第一二次講義〔N〕，湘報，中華書局影印本，第 5 號，1965：35。

十餘個國家。他們回國後，將在外所見所聞寫成報告呈上。關於各國政治制度方面，五大臣認爲歐美各國強盛的原因在於地方自治比較系統成熟，「憲法者，行政之花。欲考其花，必先考其根本，故必先考地方自治制」〔註31〕載澤在其《考察政治日記》中記錄英國的地方自治情況：「至地方自治之制，均由各地方自治局主之。局員由居民公舉，無俸給，亦間有與俸者，但從未由中央政府派員管理。其制有二：一爲小村落、小市鎮。凡村落皆有自治局。如居民過少，則不舉局員，居民盡數至局議事，舉一首領主之。計英倫之小村落有一萬三千，合數小村落或十數爲鄉縣，各舉局員爲一自治局。局凡六百七十有二。其事以修路、衛生爲首。小市鎮有新舊之別，各有自治局。舊市鎮之制，略同於大市鎮。新市鎮皆因戶口增多而設，其自治局之權職甚大，英倫計有八百十有二。集鄉縣、新舊市鎮而爲府，英倫計六十有一府，立府自治局，於公舉眾員中推若而（干）人爲三老，一人爲局長主持之，以監督各小自治局所行衛生及修路、初中級學堂、一切地方應行之政，並按農部訓條防獸瘟等事。一爲大市鎮，不歸府統治，蓋即舊市鎮也。英倫共六十有一，各有一自治局。制亦略同於府，而權限廣於小市鎮。皆可請於議院，增定地方私律及辦事之權，而得其許允，各自治局以時聚集。府歲四集，餘視事爲衡。其財政多取於地方釐稅。先立一預算，以定來歲取稅之多寡。凡自來水、公車軌路、煤、電燈各公司之贏息，亦歸自治局。中央政府亦有所補助，於學務、巡警之給最多，衛生、恤貧次之。但恤貧之政，英倫共分爲六百五十七區，每區各有專局分辦，與各自治不相統屬。」〔註32〕

　　五大臣的考察報告引起清廷的注意，加之內憂外患，爲維繫滿清統治，改革勢在必行。1906 年 9 月 1 日，清政府正式宣佈「預備仿行憲政」。由於統治集團對地方權限和管理形式的態度沒有達成一致，地方自治的嘗試拖至 1908 年才啓動。

　　戊戌變法後，在地方自治思潮的影響下，一些自治團體和自治機構出現，尤其是清政府頒佈預備立憲後，各地紛紛開設自治局、自治研究所。這一時期的地方自治大體分爲地方紳商自發倡辦和地方官員督導兩種類型，中央政府甚少介入。1908 年，清政府憲政編查館擬定預備立憲《逐年籌備事宜清單》，對地方自治的實施開始統籌規劃，地方自治進入政府全面推行階段。

〔註31〕戴鴻慈，出使九國日記〔Z〕，長沙：湖南人民出版社，1982：131。
〔註32〕載澤，考察政治日記〔Z〕，鉛印本，清光緒 34 年（1906）：27～28。

1909 年 1 月 18 日，清政府頒佈由民政部擬定、憲政編查館核議的《城鎮鄉地方自治章程》和《城鎮鄉地方自治選舉章程》。次年 2 月頒佈《京師地方自治章程》和《京師地方自治選舉章程》，不久又頒佈《府廳州縣地方自治章程》和《府廳州縣議事會議員選舉章程》，地方自治制度初具規模。

清末地方自治分兩級進行，凡府廳州縣治城廂地方為城，其餘市鎮村莊屯集等各地方，人口滿五萬以上者為鎮，人口不滿五萬者為鄉。城鎮鄉的自治範圍包括學務、衛生、道路工程、農工商務、善舉、公共營業和籌款募捐等，涉及了民眾生活的方方面面。在自治機構設置方面，《城鎮鄉地方自治章程》規定城鎮各設議事會和董事會，鄉則設議事會和鄉董，城鎮鄉地方各設自治公所，為城鎮鄉議事會會議及城鎮董事會鄉董辦事之地。議員均由所在鎮鄉選民互選產生，凡有本國國籍、年滿 25 歲、居本城鎮鄉三年以上、年納正稅或本地公益捐二元以上的男子，即具有選民資格。城鎮議事會議員，定額為 20 名，若該地區人口較多，則酌情遞加，至多 60 名；鄉議事會議員的數量，按照人口比例定數，一般不超過 18 人。城鎮鄉議事會設議長和副議長各一名，由議員以無記名法互選，任期為兩年，任滿改選，若再次被選中，均可連任；議員亦以兩年為任期，每年改選半數。議長和議員均為名譽職，不支薪水。議事會還設有文牘、庶務等員，由議長、副議長遴選派充。議事會的職任權限，主要是議決本城鎮鄉自治範圍內應行興革整理事宜；本城鎮鄉自治規約；自治經費歲出入預算及預算正額外預備費的支出；自治經費歲出入決算報告；自治經費籌集辦法與處理辦法；決斷選舉之爭議；自治職員辦事過失的懲戒；關涉城鎮鄉全體赴官訴訟及其和解之事。議事會所議上述各項，由議長、副議長呈報該管地方官查核後，移交董事會或鄉董，按章執行。城鎮鄉議事會會議，每季一次，以二月、五月、八月、十一月為會期，每會期以 15 日為限，若議事未完，可延長 10 日。城鎮董事會設總董一名，董事一名至三名，名譽董事四名至十二名。董事以該城鎮議事會議員二十分之一為額，名譽董事以其十分之二為額。總董、董事以二年為任期，任滿改選；名譽董事以二年為任期，每年改選半數。城鎮董事會的職責有：議事會議員的選舉及其議事的準備；議事會議決各事的執行；以律例章程，或地方官示諭，委任辦理各事的執行。城鎮董事會每月舉行一次。〔註 33〕鄉議事會及鄉董與城鎮議事會及城鎮董事相似，此處不贅。

〔註33〕徐秀麗，中國近代鄉村自治法規選編〔Z〕，北京：中華書局，2004：7～14。

　　清末新政時期，滿清政府已經病入膏肓，中樞衰弱，國內各種矛盾尖銳，雖然頒行了諸多地方自治條例，但甚少真正實施，絕大多數成為一紙空文，「而且其宗旨在輔助官治，不是真正的自治。」〔註 34〕不過卻讓更多的民眾認識了地方自治。

　　1912 年，南京臨時政府成立不久政權為袁世凱竊取，地方自治經過戊戌變法、清末新政已為人熟知，被視為富國強兵的一條途徑。北洋政府於 1914 年頒行了《地方自治試行條例》，其中規定一縣之自治區域，得設四區至六區，自治區以該行政區域管縣若干，除該行政區域戶口總額，為一縣戶口之平均額，再折衷以六區除一縣戶口之平均額，為一區戶口之平均額，戶口滿一區平均額以上者，為合議制自治區，其不滿一區之平均額者，為單獨制自治區。戶口不滿一區之平均額而能籌自治經費等於他合議制自治區者，亦得為合議制自治區。合議制自治區得分為三級，以戶口多於第二項定額一倍以上者為第二級，二倍以上者為第一級。其有戶口稀少財力薄弱之偏僻村落，由縣知事詳請該管長官核准，得緩設自治區。自治內容包括：本區衛生、慈善、教育、交通及農工商事項，但屬於國家行政範圍者不在此限。不管合議制還是單獨制自治區其自治職員都是區董和自治員，只是人數上有些不同，自治員為名譽職，不支薪給，區董得由縣知事核支薪給及辦公實費。區董得雇用佐理員辦理文牘及庶務事項，合議制自治區還需設自治會議，由自治員組織之，會議時以區董為議長。自治會議分為通常會議和臨時會議，通常會議每年二次，以三月、十月為會議期；臨時會議，遇有必要事宜，縣知事得因區董或自治員三分之二以上之請求舉行之。關於自治區二區以上之公共利害關係事項，經縣知事認為必要時，得召集各關係自治區之自治職員公同會議。自治的經費主要來自於原有的公款公產及地方公益捐。區董及自治職員受到縣知事的監督。1915 年北洋政府更頒佈了《地方自治試行條例施行規則》，指導縣政府實施《地方自治試行條例》。〔註 35〕

　　1919 年北洋政府又頒佈了《縣自治法》，提出明確的縣自治規劃。縣自治團體以縣之國家行政區域為其區域。凡住居縣內者均為縣住民。縣住民依本法及公約所定，得享受權利並負擔義務。自治事務包括：一、教育；二、交通水利及其他土木工程；三、勸業及公共營業；四、衛生及慈善事業；五、

〔註 34〕王兆剛，國民黨訓政體制研究〔M〕，北京：中國社會科學出版社，2004：93。
〔註 35〕徐秀麗，中國近代鄉村自治法規選編〔Z〕，北京：中華書局，2004：50～55。

其他依法令屬於縣自治事務。縣設立縣議會，縣議會議員員額，在人數未滿十五萬之縣定為十名，人口滿十五萬者，每人口三萬遞增議員一名，但至多以三十名為限，縣議會設議長一人，副議長一人。議長維持紀律，整理議事，為縣議會之代表，由議員用元記名投票法互選，其互選規則由縣議會定之。縣議會的職權包括：一、以縣自治團體之經費籌辦之自治事務；二、縣自治團體之公約；三、縣自治團體之預算及決算；四、縣自治稅規費使用費之徵收；五、縣自治團體不動產之買入及處分；六、縣自治團體財產、營造物、公共設備之經營及處分；縣議會分通常會與臨時會。通常會每年一次，由縣知事召集，臨時會經縣知事認為有必要情事或縣議會議員總額過半數以上之請求，由縣知事召集之。此外，《縣自治法》規定在縣議會的基礎上還要設立縣參事會，置會長一人，參事四人至六人。會長以縣知事任之，參事由縣議會選舉半數，其餘半數由縣知事委任，但均須具有縣議會議員之資格者為限。縣參事會之職權如左：一、執行縣議會議決事項；二、辦理縣議會議員選舉事項；三、提出議案於縣議會；四、制定縣自治團體之規則；五、管理或監督縣自治團體之財產、營造物或公共之設備；六、管理縣自治團體之收入與支出；七、依法令及縣議會之議決徵收自治稅及規費。（一）縣自治團體財產之收入；（二）縣自治團體公共營業之收入；（三）縣自治稅；（四）使用費及規費；（五）過怠金。縣自治團體的監督者為道尹，縣自治團體以道尹為直接監督，道尹因監督之必要，對於自治團體得發命令或處分，對於前項命令或處分有不服時，得依法提起訴願；道尹認縣議會為違法越權或妨害公益時，得呈由上級監督官署核准解散之。〔註36〕

　　1921年，北洋政府又頒佈了《縣自治法施行細則》，規範《縣自治法》的施行。雖然北洋政府公佈了堪稱詳細的縣地方自治體系，但由於其統治期間，中國處於軍閥混戰局面，即使設計得再周密，地方自治也難以真正推行。況且，清末以來的所謂地方自治，並不是真正意義上的地方自治，是中央政府企圖利用自治來彌補官治的不足，是輔助官治而已，並且地方自治作為一種西方先進的制度引進其目的是為了挽救危亡和鞏固統治，真正從民主政治的角度出發，提出地方自治的政治人物是革命現行者孫中山，他所提倡的地方自治是以賦予民眾民權為目的的系統工程，是以實現民主憲政為最終目標。

〔註36〕徐秀麗，中國近代鄉村自治法規選編〔Z〕，北京：中華書局，2004：56～72。

2.2　孫中山地方自治思想的理論來源及內容

2.2.1　孫中山地方自治思想的發展演變

近代意義上的「地方自治」來源於歐洲，是一種有別於傳統的中央集權的政治制度，是西方自身社會條件下形成的產物。清末，在面臨亡國滅種的威脅下一些學者為了學習西方以達到富國強兵，紛紛對地方自治進行闡述，作為中國革命的偉大先行者孫中山對西方的地方自治思想也予以很大關注，並且提出了自己獨特的地方自治理論。孫中山年輕時期即抱有「改良祖國，拯救同群之願」，其畢生以追求民族、民權、民生為宗旨，而地方自治是民權主義的重要內容，也是孫中山建國思想的重要步驟，地方自治目的即是為了實現直接民權。

孫中山關於地方自治的主張是一個逐漸發展的過程。早在 1897 年 8 月，孫中山就提出了「自治」的主張，在與日本友人宮崎寅藏、平山周的談話中，孫中山即強調「余以人群自治為政治之極則，故於政治之精神，執共和主義。」〔註 37〕但此時只提出了人群自治，與後來的地方自治完全不同，可以看作是共和思想的一種表達，體現孫中山對民主政治的追求。

1900 年 6、7 月間，孫中山與興中會骨幹楊衢雲、陳少白等八人聯名向港督卜力上書，其中提出了「地方自治」的原則：「於都內立一中央政府，以總其成；於各省立一自治政府，以資分理。」「所謂自治政府者，由中央政府選派駐省總督一人，以為一省之首。設立省議會，由各縣貢士若干名以為議員。所有該省之一切政治、徵收、正供，皆有全權自理，不受中央政府遙制。惟於年中所入之款，按額撥解中央政府，以為清洋債、供軍餉及宮中府中費用。省內之民兵隊及警察部，俱歸自治政府節制。以本省人為本省官，然必由省議會內公舉。至於會內之代議士，本由民間選定；惟新定之始，法未大備，暫由自治政府擇之，俟至若干年始歸民間選舉，以目前各國之總領事，為暫時顧問局員。」〔註 38〕雖然此次上書是在八國聯軍侵華、滿清政府倉皇西逃的背景下孫中山面對形勢變化提出的一個革命策略，其中提到的地方自治也僅僅是孫中山應對滿清政府倒臺後，中國可能會出現的各省分裂割據的情

〔註37〕廣東省社會科學院歷史研究室，孫中山全集（第一卷）〔Z〕，北京：中華書局，1981：172。

〔註38〕廣東省社會科學院歷史研究室，孫中山全集（第一卷）〔Z〕，北京：中華書局，1981：193。

況，有很強的針對性，這種政治規劃還有其不成熟的地方，但是地方自治的思想已經初現輪廓。在早期的革命歷程中，孫中山所提的「地方自治」與在革命方略及《國民政府建國大綱》中的「地方自治」有很大不同，主要是針對當時紛亂的局勢提出的救亡圖存的策略，目的是爲了能盡快振興國家，抵禦外侮，從內容和目的上看是改良社會的一個方案，並不是將其作爲政治民主的基石，但這也表明在孫中山早期思想中就有地方自治的成份。

中山大學的桑兵教授考證孫中山的地方自治思想作爲革命程序論的一部分最早提出是在 1904 年，地方自治與先前的革命思路有所不同：「這種在聯邦共和形式下，以中央政府駕馭部勒各路英雄的設想，與後來革命程序論以地方自治約束制約諸統帥的思路還有明顯的差別。」〔註 39〕「孫中山實際上放棄了原來以滿足各路諸侯的野心爲誘餌和代價，換取他們對共和制的承認，再以中央政府控制約束的辦法，把防止專制，奠定共和基礎的目光轉向民眾和地方自治，以免『英雄』的野心過度膨脹。」〔註 40〕「可見，孫中山提出革命程序論，特別是『約法』，本旨不在剝奪本來屬於人民的權利，而是在人民尚未享有民權的情況下，爲避免重兵在握的『軍帥』割據稱雄，將國家民族引向危難，欲通過『約法』實現民權。」〔註 41〕

1905 年同盟會成立，孫中山在同盟會機關刊物《民報》發刊詞中闡明了三民主義的要義，並於 1906 年制定了革命方略。革命方略中將革命次序分爲三期，軍法之治、約法之治、憲法之治，指出：

> 第一期爲軍法之治。義師既起，各地反正，土地人民，新脫滿洲之羈絆，其臨敵者，宜同仇敵愾，內輯族人，外禦寇讎，軍隊與人民同受治於軍法之下。軍隊爲人民戮力破敵，人民供軍隊之需要及不妨其安寧。既破敵者及未破敵者，地方行政，軍政府總攬之，以次掃除積弊。政治之害，如政府之壓制、官吏之貪婪、差役之勒索、刑罰之殘酷、抽捐之橫暴、辮髮之屈辱，與滿洲勢力同時斬絕。風俗之害，如奴婢之畜養、纏足之殘忍、鴉片之流毒、風水之阻害，亦一切禁止。並施教育，修道路，設警察衛生之制，興起農工商業之利源。每一縣以三年爲限，其未及三年，已有成效者，皆解軍法，

〔註 39〕桑兵，孫中山的活動與思想〔M〕，廣州：中山大學出版社，2001：290。
〔註 40〕桑兵，孫中山的活動與思想〔M〕，廣州：中山大學出版社，2001：292。
〔註 41〕桑兵，孫中山的活動與思想〔M〕，廣州：中山大學出版社，2001：293。

布約法。第二期爲約法之治。每一縣既解軍法之後，軍政府以地方自治權歸之其地之人民，地方議會議員及地方行政官皆由人民選舉。凡軍政府對於人民之權利義務，及人民對於軍政府之權利義務，悉規定於約法，軍政府與地方議會及人民各循守之，有違法者，負其責任。以天下平定後六年爲限，始解約法，布憲法。第三期爲憲法之治。全國實行約法之治六年後，制定憲法，軍政府解兵權、行政權，由國民公舉大總統及公舉議員以組織國會。一國之政事，依於憲法以行之。此三期，第一期爲軍政府督率國民掃除舊污之時代；第二期爲軍政府授地方自治權於人民，而自總攬國事之時代；第三期爲軍政府解除權柄，憲法上國家機關分掌國事之時代。俾我國民循序以進，養成自由平等之資格，中華民國之根本胥於是乎在焉。
〔註 42〕

孫中山在革命方略中提出的約法之治，否定了 1900 年提出的由中央政府選派總督的提法，規定地方議會議員及地方行政官員皆由人民選舉，並明確規定了地方自治是革命過程中必不可少的部分，將地方自治單位由原先的省一級改定爲縣一級，至此，孫中山地方自治的設想初步形成。

　　1912 年，中華民國建立後，孫中山對民國的前途充滿信心，但強調實施地方自治的重要性，指出：「且國家之治，原因於地方，深望以後對於地方自治之組織，力爲提倡讚助。地方自治之制既日發達，則一省之政治遂於此進步，推之國家亦然。」〔註 43〕此後，袁世凱篡奪了辛亥革命的勝利果實後，立意獨裁，使得民國徒有虛名，1914 年爲了反對袁世凱倒行逆施，孫中山成立了中華革命黨，發表《中華革命軍大元帥檄》，指出袁世凱「非法攘擭正式總統，而祭天祀孔，議及冕旒，司馬之心，路人皆見。又其甚者：改毀約法，解除國會，停罷自治，裁併司法，生殺由己，予奪唯私。」〔註 44〕在反思革命失敗的教訓同時，孫中山仍不忘要切實實行地方自治，在《中華革命黨總章》中他重新強調革命程序論的三個時期：「一、軍政時期，此期以積極武力，

〔註 42〕廣東省社會科學院歷史研究室，孫中山全集（第一卷）〔Z〕，北京：中華書局，1981：297。

〔註 43〕廣東省社會科學院歷史研究室，孫中山全集（第二卷）〔Z〕，北京：中華書局，1982：362。

〔註 44〕廣東省社會科學院歷史研究室，孫中山全集（第三卷）〔Z〕，北京：中華書局，1984：130。

掃除一切障礙，而奠定民國基礎。二、訓政時期，此期以文明治理，督率國民，建設地方自治。三、憲政時期，此期地方自治完備之後，乃由國民選舉代表，組織憲法委員會，創制憲法；憲法頒佈之日，即爲革命成功之時。」〔註45〕孫中山將原先革命程序論的軍法之治——約法之治——憲法之治改爲軍政——訓政——憲政，「在破壞時則行軍政，在建設時期則行訓政。」「所謂訓政者，即訓練清朝之遺民，而成爲民國之主人翁，以行此直接民權也。有訓政爲過渡時期，則人民無程度不足之憂也。」訓政的對象是清朝遺民，訓政的主體是「革命志士自負爲先知先覺者，即新進國民之父兄，有訓導之責任者。」〔註46〕訓政時期的主要工作就是指導民眾實行地方自治，以縣爲自治單位，努力除舊布新，訓練民眾行使民權。對於之前防範獨裁專制的《臨時約法》卻不再提及，其中原因，孫中山在 1924 年 9 月 24 日的《制定〈建國大綱〉宣言》中說：「辛亥之役，汲汲於制定臨時約法，以爲可以奠民國之基礎，而不知乃適得其反。論者見《臨時約法》施行之後，不能有益於民國，甚至並《臨時約法》之本身效力亦已消失無餘，則紛紛然議《臨時約法》之未善，且斤斤然從事於憲法之制訂，以爲藉此可以救《臨時約法》之窮。曾不知癥結所在，非由於《臨時約法》之未善，乃由於未經軍政、訓政兩時期，而即入於憲政。……可知未經軍政、訓政兩時期，《臨時約法》決不能發生效力……軍政時代已能肅清反側，訓政時代已能扶植民治，雖無憲政之名，而人人所得權利與幸福，已非（借）口憲法而行專政者所可同日而語。」〔註47〕從孫中山的話中可以看出，以訓政代替約法之治是他對 1912 年民國成立後的反思，他認爲民國成立後之所以亂象不斷，是因爲沒有眞正落實革命程序論，而以《臨時約法》作爲民國基礎。在民眾沒有普遍提高民主程度之前，《臨時約法》並不能阻止獨裁專制，只有以訓政將受專制統治數千年的愚昧民眾變爲掌握民權的現代國民，才能保證不再出現獨裁專制的局面，才能建立眞正民國。

　　1916 年袁世凱敗亡後，孫中山總結民國初年袁世凱復辟的教訓，認爲中

〔註45〕廣東省社會科學院歷史研究室，孫中山全集（第三卷）〔Z〕，北京：中華書局，1984：97。

〔註46〕廣東省社會科學院歷史研究室，孫中山全集（第五卷）〔Z〕，北京：中華書局，1985：189。

〔註47〕廣東省社會科學院歷史研究室，孫中山全集（第十一卷）〔Z〕，北京：中華書局，1986：103。

國當時之所以能發生復辟，是因爲辛亥革命後沒有實行地方自治，民主共和制度沒有基礎。在他回國後的演講中大力宣揚其地方自治主張，強調實行地方自治，才能建立眞正的民國。

　　1916 年 7 月，孫中山在上海演講時，指出「言地方分權而以省爲單位者，仍不啻爲集權於一省也。故不爲此問題之研究則已，苟欲以精密之研究，則當以縣爲單位。」「若底於直接民權，則有創制權，廢制權，退官權。但此種民權，不宜以廣漠之省境施行之，故當以縣爲單位，地方財政完全由地方處理之，而分任中央之政費。」〔註 48〕對於以縣一級來實行地方自治的意義，孫中山指出現在世界上的民主國家實行的共和制大多是代議政體，以縣爲地方自治的單位是爲了實現直接民權，「今假定民權以縣爲單位，吾國今不止二千縣，如蒙、藏亦能漸進，則至少可爲三千縣。三千縣之民權，猶三千塊之石礎，礎堅則五十層之崇樓不難建立。」〔註 49〕

　　孫中山認爲中國與西方相比，「國人築屋先上梁，西人築屋先立礎。」而要建立一個眞正的民國，必須從地方自治做起，「地方自治者，國之礎石也。礎不堅，則國不固。」「既立之後，永不傾仆，故必築地盤於人民之身上，不自政府造起，而自人民造起也。」〔註 50〕此外，孫中山還詳細介紹了美國最新式的地方自治制度即三年前克利浮萊城施行的地方自治制度，可以歸納爲：（1）人民行使主權；（2）人民選舉 26 名議員組成縣議會，行使立法權；（3）縣長由人民選舉，根據縣議會的法令行使行政權，縣政府下設執法局、公務局、公益局、財政局、公安局、公用局六局，由縣長領導；（4）十分之一以上人民連署可以召開國民大會，半數人民同意，即可成爲法律，不須議會同意，此爲人民享有創制權；（5）人民對於議會所定法律有疑點，可以行使復決權；（6）縣長對於議會所定法令有否決權，但議會覆議後，三分之二或四分之三多數通過後，縣長必須遵循。孫中山介紹美國克利浮萊城實行地方自治制度的目的，是爲了讓國民接受此最先進的制度，讓中國能夠「取法乎上」，孫中山樂觀的預計：「我國以舊有自治之基礎，合諸今日人人尊重民

〔註 48〕廣東省社會科學院歷史研究室，孫中山全集（第三卷）〔Z〕，北京：中華書局，1984：323。

〔註 49〕廣東省社會科學院歷史研究室，孫中山全集（第三卷）〔Z〕，北京：中華書局，1984：329。

〔註 50〕廣東省社會科學院歷史研究室，孫中山全集（第三卷）〔Z〕，北京：中華書局，1984：325～326。

權之心理，行之十年，不難達此目的。今故以此最好之民權制度，介紹於國民。」〔註 51〕在地方自治實施的步驟上，孫中山指出首先要設立地方自治學校，「各縣皆選人入學，一二年學成後，歸爲地方任事。」其次要定地方自治制度，「一調查人口，二清理田畝，三平治道路，四廣興學校，而其他諸政，以次進行。至自治已有成績，乃可行直接民權之制矣。」〔註 52〕

同年 8 月孫中山在浙江演講時，再次強調了民國建設基礎的是地方自治：「地方自治，乃建設國家之基礎。民國建設後，政治尚未完善，政治之所以不完善，實地方自治未發達。若地方自治既完備，國家即可鞏固，兄弟此次返國，即注意於此。」「建築共和國家，亦極注意地方自治，可見人民欲鞏固國家，須先將地方自治建設完備。」〔註 53〕「蓋政治與社會，互有關係，而政治之良必導源於社會，欲社會進步，必行地方自治。」〔註 54〕

此時，孫中山對地方自治的設計是依託現有政治體制的框架，地方自治的目的是爲了促進民主，是對現有基礎上的政治革新。雖然民國名義上是回歸到《臨時約法》的體制，但此時中央政權一直掌控在北洋軍閥手中，孫中山希望通過地方自治來達到直接民權進而實現民主只是一個美好的理想，在現實面前，孫中山的認識有了改變。

在 1918 年下半年，孫中山在覆陳賡如函中哀歎：「蓋民國之名雖存，而其實之亡久矣。」〔註 55〕民國建立以後，歷經袁世凱稱帝、張勳復辟等鬧劇，「民生凋敝已極，斯雖由於政治不良，亦由國內賢者對於民生問題素未注意。國民生計既絀，舉凡地方自治暨教育實業諸大端，自無從而謀發展。今日國事之愈趨愈下，其根原實由於此。」〔註 56〕1919 年 10 月，在上海青年會的演說中，針對時人提出的改造國家三種途徑：教育、實業、地方自治，孫中山

〔註51〕廣東省社會科學院歷史研究室，孫中山全集（第三卷）〔Z〕，北京：中華書局，1984：328。

〔註52〕廣東省社會科學院歷史研究室，孫中山全集（第三卷）〔Z〕，北京：中華書局，1984：330。

〔註53〕廣東省社會科學院歷史研究室，孫中山全集（第三卷）〔Z〕，北京：中華書局，1984：345。

〔註54〕廣東省社會科學院歷史研究室，孫中山全集（第三卷）〔Z〕，北京：中華書局，1984：350。

〔註55〕廣東省社會科學院歷史研究室，孫中山全集（第四卷）〔Z〕，北京：中華書局，1985：537。

〔註56〕廣東省社會科學院歷史研究室，孫中山全集（第五卷）〔Z〕，北京：中華書局，1985：43。

指出這三種都不是改造國家的第一步方法，對於地方自治，孫中山強調「現在的官僚，何嘗願意人民有自治的能力？大家只須看各地方自治經費統被他們揮霍盡淨，致自治不能舉辦。」〔註57〕孫中山認爲改造中國的第一步方法「只有革命」。「如使國會不能恢復以從事其本來之職分，則惟有重新革命，以盡去此篡竊之人，同時蕩滌一切舊官僚腐敗之系統」〔註58〕重新建立民國的基礎，才能建設眞正的民國。同月在上海寰球學生會的演說中，孫中山進一步強調了解決當前問題的根本之法是「南北新舊國會，一概不要它，同時把那些腐敗官僚、跋扈武人、作惡政客，完完全全掃乾淨它，免致它再出來搗亂，出來作惡，從新創造一個國民所有的新國家，比現在的共和國家還好得多。這就是根本解決的辦法了。」〔註59〕之後，孫中山所提出的地方自治不再是以北洋軍閥政府爲基礎，而是在以革命手段徹底推翻政客、武人專權之後，在新的基礎上實行地方主義。

　　1920 年 3 月，孫中山發表了《地方自治施行法》一文，對地方自治進行詳細系統的規劃，提出地方自治的實施範圍應該從一縣或數村聯合成爲一個試行單位，目的是爲了實現民權主義和民生主義，「若自治之鼓吹已成熟，自治之思想已普遍」則推行下列六項事務：一、清戶口，不論土著或客居，都以現居住地爲準，一律登記入冊；二、立機關，戶口清理後組織自治機關；三、定地價，將所得經費作爲地方自治之需；四、修道路，促進地方進步；五、墾荒地，開發自治區域；六、設學校，文明開化。孫中山強調，地方自治團體，不但是一個政治組織，還是一個經濟組織，指出：「今日文明各國政府之職務，已漸由政治兼及於經濟矣。」在文中，孫中山號召民衆「速從地方自治，以立民國萬年有道之基，宜取法乎上，順應世界之潮流，採擇最新之理想，以成一高尙進化之自治團體，以謀全數人民之幸福。」〔註60〕同年11 月，孫中山在廣州重組了軍政府，並自兼任內政部長，下設地方自治局，主要負責「甲、調查人口；乙、擬定地方自治法規；丙、監督各級地方自治

〔註57〕廣東省社會科學院歷史研究室，孫中山全集（第五卷）〔Z〕，北京：中華書局，
　　　　1985：125。
〔註58〕廣東省社會科學院歷史研究室，孫中山全集（第五卷）〔Z〕，北京：中華書局，
　　　　1985：142。
〔註59〕廣東省社會科學院歷史研究室，孫中山全集（第五卷）〔Z〕，北京：中華書局，
　　　　1985：148。
〔註60〕廣東省社會科學院歷史研究室，孫中山全集（第五卷）〔Z〕，北京：中華書局，
　　　　1985：225。

機關。」〔註61〕「他還指導護法諸省恢復自治，促進民治發展，特別要求廣東恢復縣議會，屬行民治，以民治來改造廣東。」〔註62〕可見，孫中山在地方自治思想發展的基礎上對地方自治進行了實踐。

　　1923年1月29日，孫中山在《申報》五十週年紀念專刊上發表了《中國革命史》一文，再次重申了革命成功所必經的三個程序，他在文中指出：「從事革命者，於破壞敵人勢力之外，不能不兼注意於國民建設能力之養成，此革命方略之所以必要也。余之革命方略，規定革命進行之時期爲三：第一爲軍政時期，第二爲訓政時期，第三爲憲政時期。」主要是強調將原先約法之治改爲訓政，文中稱：「第二爲過渡時期，在此時期內，施行約法（非現行者），建設地方自治，促進民權發達，以一縣爲自治單位，每縣於敵兵驅除戰事停止之日，立頒佈約法，以規定人民之權利義務與革命政府之統治權。」〔註63〕孫中山針對辛亥革命後民國名存實亡的局面而明確指出：「由軍政時期一蹴而至憲政時期，絕不予革命政府以訓練人民之時間，又絕不予人民以養成自治能力之時間，於是第一流弊，在舊污未能蕩滌，新治無由進行。第二流弊，在粉飾舊污，以爲新治。第三流弊，在發揚舊污，壓抑新治。更端言之，即第一爲民治不能實現，第二爲假民治之名，行專制之實。第三，則並民治之名而去之也。」〔註64〕

　　二十年代一度盛行聯省自治的觀點，其主要內容是容許各省實行自治，由各省制定省憲，依照省憲自組省政府，管轄本省；由各省制定省憲後選派代表，組織聯省會議，制定聯省憲法，進而建立聯邦制國家，聯省自治所提倡的各省自治得到了地方實力派的廣泛響應，其目的是以聯省自治作爲對抗中央，割地自保的一種口實。對此，孫中山先後多次予以批判，1924年4月，孫中山在作民權主義的演講時指出，有人認爲中國要富強，就應該學習美國的聯邦制度，各省自定憲法，分省自治，等到省憲實行以後，然後再行聯合成立國憲，孫中山認爲這種見解和思想是謬誤到極點，他強調「中國各省，

〔註61〕廣東省社會科學院歷史研究室，孫中山全集（第五卷）〔Z〕，北京：中華書局，1985：432。
〔註62〕孫東河，略論孫中山的地方自治思想〔J〕，唯實，2000（8～9）：71。
〔註63〕廣東省社會科學院歷史研究室，孫中山全集（第七卷）〔Z〕，北京：中華書局，1985：62。
〔註64〕廣東省社會科學院歷史研究室，孫中山全集（第七卷）〔Z〕，北京：中華書局，1985：67。

在歷史上向來是統一的，不是分裂的，不是不能統屬的；而且統一之時就是
治，不統一之時就是亂的。美國之所以富強，不是由於各邦的獨立自治，還
是由於各邦聯合後的進化所造成的一個統一國家。」對於唐繼堯割據雲南、
陸榮廷割據廣西、陳炯明割據廣東卻倡言聯省自治，孫中山斥責說：「這種搞
割據式的聯省，是軍閥的聯省，不是人民自治的聯省；這種聯省不是有利於
中國的，是有利於個人的。」〔註65〕在國民黨一大召開過程中，孫中山在《中
國國民黨第一次全國代表大會宣言》裏也對聯省自治進行批判，他指出：「吾
人不謀所以毀滅大軍閥之暴力，使不得挾持中央政府以爲惡，乃反欲藉各省
小軍閥之力，以謀削減中央政府之權能，是何爲耶？推其結果，不過分裂中
國，使小軍閥各占一省，自謀利益，以與挾持中央政府之大軍閥相安於無事
而已。」〔註66〕眞正的自治，只有等待中國全體獨立之後才能成功，「中國全
體尚未能獲得自由，而欲一部分先能獲得自由，豈可能耶。……則各省眞正
自治之實現，必在全國國民革命勝利之後，亦已顯然，願國人一思之也。」〔註
67〕在一大宣言中，還提到了國民黨的對內政策，再次強調了以縣爲自治單位，
「其人民有直接選舉及罷免官吏之權，有直接創制復決法律之權。」〔註68〕
關於中央和地方的權限劃分，既不是集權制也不是分權制，而是採用均權制，
「凡事務由全國一致之性質者，劃歸中央；有因地制宜之性質者，劃歸地方。」
〔註69〕

在國民黨一大通過的《建國大綱》，系統全面地闡釋了孫中山關於實施地
方自治的完整方案：

　　一、在訓政期間，政府派遣經過訓練考試合格的人員到各縣協
助籌備自治。其程度以全縣人口調查清楚，全縣土地測量完竣，全
縣警衛辦理妥善，四境縱橫道路修築成功，且人民曾受「四權」使

〔註65〕廣東省社會科學院歷史研究室，孫中山全集（第九卷）〔Z〕，北京：中華書局，
　　　　1986：304～305。

〔註66〕廣東省社會科學院歷史研究室，孫中山全集（第九卷）〔Z〕，北京：中華書局，
　　　　1986：116。

〔註67〕廣東省社會科學院歷史研究室，孫中山全集（第九卷）〔Z〕，北京：中華書局，
　　　　1986：117。

〔註68〕廣東省社會科學院歷史研究室，孫中山全集（第九卷）〔Z〕，北京：中華書局，
　　　　1986：123。

〔註69〕廣東省社會科學院歷史研究室，孫中山全集（第九卷）〔Z〕，北京：中華書局，
　　　　1986：123。

用的訓練，而完畢其國民之義務，誓行革命主義者，得選舉縣官執行一縣之政事，選舉議員以議立一縣之法律，這樣才成為一完全自治縣。

二、一完全自治縣，其國民有直接選舉官員之權，有直接罷免官員之權，有直接創制法律之權，有直接復決法律之權。

三、每縣開創自治之時，先規定全縣私有土地之價。其法由地主自報之，地方政府則照價徵稅，並可隨時照價收買。自此次報價之後，若土地因政治之改良、社會之進步而增價者，則其利益為全縣人民共享，原主不得而私之。

四、土地之歲收，地價之增益，公地之生產，山林川澤之息，礦產水利之利，皆為地方政府之所有，而用以經營地方人民之事業，及育幼、養老、濟貧、救災、醫藥與夫種種公共之需。

五、各縣之天然富源與及大規模的工商事業，本縣之資力不能發展與興辦，而須外資乃能經營者，當由中央政府為之協助。而所獲之純利，中央與地方政府各得其半。

六、各縣對於中央政府之負擔，當以每縣之歲收百分之幾為中央歲費，每年由國民代表定之，其限度不得少於百分之十，不得加於百分之五十。

七、每縣地方自治政府成立以後，選舉國民代表一員，以組織代表會，參與中央政事。

八、凡一省全數之縣皆達完全自治者，則為憲政開始時期，國民代表會選舉省長，為本省自治之監督，至於該省內之國家行政，則省長受中央指揮。

九、在此期間，中央與省之權限採均權制度。凡事物有全國一致之性質者，劃歸中央，有因地制宜之性質者，劃歸地方，不偏於中央集權或地方分權。

十、縣為自治單位，省立於中央與縣之間，以收聯絡之效。〔註70〕

〔註70〕廣東省社會科學院歷史研究室，孫中山全集（第九卷）〔Z〕，北京：中華書局，1986：127～128。

孫中山強調：「先以縣爲自治單位，於一縣之內，努力於除舊布新，以深植人民權力之基本，然後擴而充之，以及於省。如是則所謂自治，始爲眞正之人民自治，異於僞託自治之名，以行其割據之實者。而地方自治已成，則國家組織始臻完善，人民亦可本其地方上之政治訓練以與聞國政矣。」〔註71〕

　　《國民黨一大宣言》和《建國大綱》的發表，標誌著孫中山地方自治思想的成熟，成爲一套比較完整的體系。

　　1924 年 10 月，在第二次直奉戰爭期間，原直系將領馮玉祥率部包圍總統府，迫使直系控制的北京政府下令停戰，並解除吳佩孚的職務，囚禁了賄選總統曹錕，宣佈所部成立「國民軍」，史稱「北京政變」。「北京政變」後馮玉祥邀請孫中山北上共商國事，孫中山接受邀請，在北上途中於同年 11 月 10 日發表《北上宣言》，其中提出要召開國民會議，解決軍閥、帝國主義問題，在劃分中央與省的權限時，要使國家統一與省自治，各逐其發達而不相妨礙。同時確定縣爲自治單位，以深植民權之基礎，且當以全力保障人民之自由，輔助農工實業團體之發達〔註72〕。從孫中山革命經歷來看，隨著他革命實踐的進行和認識水平的提高以及世界局勢的變化，其地方自治思想是不斷向前發展，從模糊到逐漸清晰，日益完善，從革命初期的鬥爭策略到革命理論的一個不可或缺部分，逐漸成爲一個體系化的理論，不管如何演變，其中關於民主政治、民權主義的追求一直沒有改變。

2.2.2　孫中山地方自治思想的理論來源及實質

　　孫中山地方自治思想可以總結爲兩個方面，一個是如何實施地方自治，一個是地方自治的主要內容。

　　對於如何實施地方自治，孫中山著重強調的是革命程序論，即軍政——訓政——憲政三階段。辛亥革命勝利後中華民國名爲民國，實權卻操於軍閥手中，民主共和根基不牢，甚至上演了帝制復辟的鬧劇，面對這種情況，孫中山強調，造成這種結果的原因是辛亥革命後沒有切實實行地方自治，培養民眾自治能力，只是頒佈了《臨時約法》就直接由軍政過渡到憲政，導致民國基礎不牢，也因此孫中山在此後的很多場合，都重申了必須認眞實行革命

〔註71〕廣東省社會科學院歷史研究室，孫中山全集（第十一卷）〔Z〕，北京：中華書局，1986：103。

〔註72〕廣東省社會科學院歷史研究室，孫中山全集（第十一卷）〔Z〕，北京：中華書局，1986：295。

程序的三個階段，尤其是訓政階段承上啓下的重要作用。早在 1905 年同盟會成立時，孫中山即《民報》發刊詞中闡明了三民主義的要義，並於 1906 年制定了革命方略。革命方略中規定的第二期即約法之治，其重要內容就是軍政府將地方自治權歸於人民，地方議會議員及地方行政官由人民選舉。軍政府對於人民的權利義務，及人民對於軍政府的權利義務，都在約法中規定，軍政府與地方議會及人民都必須遵守，約法之治的主要內容就是人民實施地方自治。此後，孫中山將約法之治改爲訓政，認爲人民「素爲專制君主之奴隸，向來多有不識爲主人、不敢爲主人、不能爲主人者……民國之主人者，實等於初生之嬰兒耳，革命黨者即產此嬰兒之母也。既產之矣，則當保養之，教育之，方盡革命之責也。」〔註73〕孫中山認爲中國人民在專制奴役之下奴性根深蒂固，思想嚴重僵化，落後愚昧，沒有實行自治的能力，革命黨通過引導民眾實行地方自治，培養民眾行使國家主人的權利，使民眾由滿清統治下的愚民轉變成爲具有民主意識、能行使直接民權的中華民國國民。

　　對於地方自治的具體推行步驟，孫中山在 1916 年介紹美國克利夫蘭城的地方自治制度時就指出：「欲行此制，先定規模。首立地方自治學校，各縣皆選人入學，一二年學成後，歸爲地方任事。次定自治制度，一調查人口，二清理地畝，三平治道路，四廣興學校，而其他諸政，以次舉行。至自治已有成績，乃可行直接民權之制矣。」〔註74〕1920 年 3 月孫中山發表的《地方自治實行法》詳細闡述了自治縣內的六項基本自治工作：一、清戶口，不論土著或客居，都以現居住地爲準，一律登記入冊；二、立機關，戶口清理後組織自治機關；三、定地價，將所得經費作爲地方自治之需；四、修道路，促進地方進步；五、墾荒地，開發自治區域；六、設學校，文明開化。1923 年，孫中山在《中國革命史》一書中指出：訓政時期爲過渡時期，三年之內，該縣如「能得過半數人民能了解三民主義而歸順民國者，能將人口清查，戶籍釐定，警察、衛生、教育、道路各事照約法所定之低限程度而充分辦就者，亦可立行自選其縣官，而成完全之自治團體。……建設完成時期，在此時期施以憲政，此時一縣之自治團體，當實行直接民權。人民對於本縣之政治，

〔註73〕廣東省社會科學院歷史研究室，孫中山全集（第六卷）〔Z〕，北京：中華書局，
　　　　1985：210。
〔註74〕廣東省社會科學院歷史研究室，孫中山全集（第三卷）〔Z〕，北京：中華書局，
　　　　1984：330。

當有普通選舉之權、創制之權、復決之權、罷官之權。而對於一國政治，除選舉權之外，其餘之同等權則付託於國民大會之代表以行之。」〔註75〕1924年1月，在國民黨一大開會期間孫中山提出了《國民政府建國大綱》，其中指出：「在訓政期間，政府派遣經過訓練考試合格的人員到各縣協助籌備自治。其程度以全縣人口調查清楚，全縣土地測量完竣，全縣警衛辦理妥善，四境縱橫道路修築成功，且人民曾受『四權』使用的訓練，而完畢其國民之義務，誓行革命主義者，得選舉縣官執行一縣之政事，選舉議員以議立一縣之法律，這樣才成為一完全自治縣。一完全自治縣，其國民有直接選舉官員之權，有直接罷免官員之權，有直接創制法律之權，有直接復決法律之權。」〔註76〕孫中山的這些設想說明，地方自治並不是一蹴而就的，而是必須經過一番步驟和一定階段後才能實現，並且地方自治的實施是與直接民權的實現緊密相連的，在推行地方自治的同時也在訓練民眾行使直接民權的能力，地方自治實施的同時民眾也同時可以行使直接民權。

對於地方自治的實質，關係到孫中山對中華民國將來政體設計的問題。孫中山在規劃中華民國將來的政體時，提出的一個重要原則就是權能分治、以權制能，五權憲法也是以此為基礎建立起來的。孫中山的權能分治理論將國家權力一分為二，一為政權、一為治權，人民享有政權，政府享有治權，「政是眾人之事，集合眾人之事的大力量，便叫做政權；政權就可以說是民權。治是管理眾人之事，集合管理眾人之事的大力量，便叫做治權；治權就可以說是政府權。所以政治之中，包含有兩個力量，一個是政權，一個是治權。這兩個力量，一個是管理政府的力量，一個是政府自身的力量。」〔註77〕孫中山發明權能分治、以權制能的理論就是要解決近代民主政治中的弊端，即如何真正實現民權。孫中山在考察了歐美各國的政治之後，認為「在民權發達的國家，多數的政府都是弄到無能的；民權不發達的國家，政府多是有能的。」〔註78〕並指出「外國政治的進步，比較物質文明的進步是差得很遠的，速度是很慢的。」英、

〔註75〕廣東省社會科學院歷史研究室，孫中山全集（第七卷）〔Z〕，北京：中華書局，1985：62～63。

〔註76〕廣東省社會科學院歷史研究室，孫中山全集（第九卷）〔Z〕，北京：中華書局，1986：127。

〔註77〕廣東省社會科學院歷史研究室，孫中山全集（第九卷）〔Z〕，北京：中華書局，1986：345。

〔註78〕廣東省社會科學院歷史研究室，孫中山全集（第九卷）〔Z〕，北京：中華書局，1986：321。

法、美等國實行民權上百年，但是現在所實行的民權與百年前沒有多大區別。歐美對於民權問題還沒有解決的方法，「如果仿傚歐美，一定是辦不通的。歐美既無從仿傚，我們自己便應該想一種新方法來解決這個問題。」〔註79〕孫中山稱：「革命不能夠單說是爭平等，要主張爭民權。如果民權不能夠完全發達，就是爭到了平等，也不過是一時的，不久便要消滅的。」〔註80〕中國要實行民權，必須在借鑒歐美的基礎上，重新想出一個新的辦法，這個新的方法就是孫中山提出的權能分治，以權制能，其目的是為了避免歐美代議民主制的弊端，改變人民對政府的態度，在中國建立一個能為人民節制的萬能政府，「人民分開了權與能，才不致反對政府，政府才可以望發展。」〔註81〕如何保證以權制能，高度集權的政府不至於發展成為獨裁政府？孫中山指出「因為政府的力量過大，人民便不能管理政府，要被政府來壓迫，從前被政府的壓迫太過，所受的痛苦太多，現在要免去那種壓迫的痛苦，所以不能不防止政府的能力。」〔註82〕所謂的權便是直接民權，即國民享有選舉、復決、創制、罷免四項直接民權，「近世各國所謂民權制度，往往為資產階級所專有，適成為壓迫平民之工具。若國民黨之民權主義，則為一般平民所共有，非少數者所得而私也。」〔註83〕孫中山指出，國民黨的民權主義，於間接民權外國民還享有選舉、創制、復決、罷免四項直接民權，以此來制約政府，孫中山認為「人民有了這四個權，才算是充分的民權；能夠實行這四個權，才算是徹底的直接民權。」〔註84〕人民對直接民權的行駛是通過地方自治體現出來的，在地方自治實施過程中，人民掌握了選舉、創制、復決、罷免四項直接民權，實現對政府的制約，達到孫中山提出的以權制能。地方自治所體現的直接民權，和中央行政機關的五權憲法構成了孫中山的權能分治理論。

〔註79〕 廣東省社會科學院歷史研究室，孫中山全集（第九卷）〔Z〕，北京：中華書局，1986：324。

〔註80〕 廣東省社會科學院歷史研究室，孫中山全集（第九卷）〔Z〕，北京：中華書局，1986：298。

〔註81〕 廣東省社會科學院歷史研究室，孫中山全集（第九卷）〔Z〕，北京：中華書局，1986：329。

〔註82〕 廣東省社會科學院歷史研究室，孫中山全集（第九卷）〔Z〕，北京：中華書局，1986：339。

〔註83〕 廣東省社會科學院歷史研究室，孫中山全集（第九卷）〔Z〕，北京：中華書局，1986：120。

〔註84〕 廣東省社會科學院歷史研究室，孫中山全集（第九卷）〔Z〕，北京：中華書局，1986：350。

　　孫中山地方自治思想的主要內容包括：（一）以縣爲實施地方自治的基本單位。縣作爲主權國家的基本自治區域，擁有完全自治權，民眾擁有創制、復決、選舉、罷免四種直接民權，對本縣之事有決定權，變官治爲民治。在孫中山向港督卜力上書中，曾提出的是以省爲自治的單位，但在以後這一主張被改爲以縣爲單位，1916 年，孫中山指出「言地方分權而以省爲單位者，仍不啻爲集權於一省也。故不爲此問題之研究則已，苟欲以精密之研究，則當以縣爲單位。」〔註85〕1923 年，在撰寫《中國革命史》中孫中山再次強調「建設地方自治，促進民權發達，以一縣爲自治單位。」〔註86〕在 1924 年頒佈的《國民政府建國大綱》中更是以綱領性文件確定了以縣爲自治單位，孫中山之所以以縣爲地方自治單位，而不是以省，是由以下兩點原因：「其一，縣爲中國傳統的國家行政管理單位，人民對縣有深厚的觀念認同，『事之最切於民者，莫如一縣以內之事』，從政治與人文環境來說，縣比省更適合作自治單位。其二，縣自治有利於實現眞正的民主政治。孫中山從民國以後的政治畸變中受到啓發，認爲民國成爲軍閥的玩物，徒有空招牌的原因在於，民國建設沒有從地方自治入手。因此，他力主實行以縣爲單位的民主自治，以使民國名實相符。」〔註87〕（二）地方自治是建立民主共和的中華民國的基礎。孫中山在生平多次強調，地方自治是中華民國的基礎，「基礎不必外求，當求諸全國國民之心中。國民而身受民權之庇護，識其爲無上光榮，則自必出死力以衛民權……國民者，民國之天子也。吾儕當以叔孫通自任，制定一切，使國民居於尊嚴之地位，則國民知所愛而視民權如性命矣。然其道必自以縣爲民權之單位始也。」〔註88〕辛亥革命之後，封建君主專制被推翻，但同時，人民長久處於封建奴役之下，沒有民主意識，要建立一個眞正的民國，必須從地方自治做起，培養人民地方自治的能力同時也培養人民參政、議政等政治能力，正所謂「地方自治者，國之礎石也。礎不堅，則國不固。」「既立之後，永不傾僕，故

〔註85〕 廣東省社會科學院歷史研究室，孫中山全集（第三卷）〔Z〕，北京：中華書局，1984：323。
〔註86〕 廣東省社會科學院歷史研究室，孫中山全集（第七卷）〔Z〕，北京：中華書局，1985：62。
〔註87〕 李德芳，民國鄉村自治問題研究〔M〕，北京：人民出版社，2001：134。
〔註88〕 廣東省社會科學院歷史研究室，孫中山全集（第三卷）〔Z〕，北京：中華書局，1984：323～324。

必築地盤於人民之身上，不自政府造起，而自人民造起也。」〔註 89〕只有縣為單位的地方自治成功後，才能有效地實行以權制能，才能糾正西方代議制的弊端。（三）地方自治實施後，每縣選舉一名國民大會代表，組成國民大會，參與中央政事。「全國有過半數省份達至憲政開始時期，即全省之地方自治完全成立時期，則開國民大會，決定憲法而頒佈之。憲法頒佈之後，中央統治權則歸於國民大會行使之，即國民大會對於中央政府官員有選舉權、有罷免權，對於中央法律有創制權、有復決權。」〔註 90〕雖然國民大會形式上是間接民權，但孫中山認為這是在實質上仍屬於直接民權之列，「今此三千縣者各舉一代表，此代表完全為國民代表，即用以開國民大會，得選舉大總統，其對於中央之立法，亦得行使其修改之權，即為全國之直接民權。」〔註 91〕（四）地方自治採取「均權主義」：中央與地方之間既不用集權主義，也不用分權主義，而是採取均權主義。孫中山在 1922 年發表的《中華民國建設之基礎》一文中說：「夫所謂中央集權、或地方分權、甚或聯省自治者，不過內重外輕、內輕外重之常談而已。權之分配，不當以中央或地方為對象，而當以權之性質為對象。權之宜屬於中央者，屬之中央可也；權之宜屬於地方者，屬之地方可也。例如軍事、外交，宜統一不宜分歧，此權之宜屬於中央者也。教育、為生，隨地方情況而異，此權之宜屬於地方者也。更分析以言，同一軍事也，國防固宜屬之中央，然警備隊之設施，豈中央所能代勞，是又宜屬之地方矣。同一教育也，濱海之區，宜側重水產；山谷之地，宜側重礦業、或林業，是固宜予地方以措置之自由，然學制及義務教育年限，中央不能不為劃一範圍，是中央亦不能不過問教育事業矣。……事之非舉國一致不可者，以其權屬於中央，事之應因地制宜者，以其權屬於地方，易地域的分類，而為科學的分類，斯為得之。」〔註 92〕據此，在 1924 年公佈的《國民政府建國大綱》中指出：「凡

〔註89〕廣東省社會科學院歷史研究室，孫中山全集（第三卷）〔Z〕，北京：中華書局，
　　　　1984：325～326。
〔註90〕廣東省社會科學院歷史研究室，孫中山全集（第九卷）〔Z〕，北京：中華書局，
　　　　1986：129。
〔註91〕廣東省社會科學院歷史研究室，孫中山全集（第三卷）〔Z〕，北京：中華書局，
　　　　1984：329～330。
〔註92〕中華民國建設之基礎〔Z〕／／王耿雄，孫中山集外集，上海：上海人民出版
　　　　社，1990：35～36。

事務有全國一致之性質者，劃歸中央；有因地制宜之性質者，劃歸地方，不偏於中央集權或地方分權。」〔註93〕

　　從孫中山前半生的經歷來看，西方政治經濟文化各方面對他有很大的影響，在 1879 年以後，大多數中國人還處於封建愚昧狀態下，孫中山已經在檀香山讀書，接受的是西方式的教育，在此後的學習生涯中，他廣泛涉獵了西方的政治、歷史等書籍，在 1896 年前後還對英國政治制度、歷史文化等方面進行考察，這些經歷使得孫中山受到西方民主主義思想的很大影響，其中也包括他在革命程序論中提出的地方自治思想，孫中山指出其地方自治思想主要是來自於西方，「中國人的民權思想都是由歐美傳進來的，所以我們近來實行革命，改良政治，都是仿傚歐美。」〔註94〕同時，孫中山還聯繫了中國具體國情，指出中國自古就有自治的傳統，「我們中國人不是不能自治的，也不是沒有自治的，觀察過去的歷史和現在社會的風俗，就可以明白了。」〔註95〕「自古以來，中國就有鄉村自治的存在。」〔註96〕具體表現在中國古代長期以來鄉族「自行斷訟、自行保衛、自行教育、自行修理道路等事，雖不及今日西歐之美，然可證中國人秉有民權之性質也。」〔註97〕只是中國的自治還不是現代意義上的地方自治，「要把我們中國舊社會的自治拿來和西洋文明比較，那的確是比不上。我們中國人的自治，是敷衍的，是沒有研究的。」〔註98〕孫中山提出的中國自古有自治傳統，是有一定根據的，自秦朝統一中國實行郡縣制以來，中央政府的行政權力只能到達縣一級，在縣以下的廣大鄉村社會，主要是由鄉紳作為官府與民眾的中介，鄉村日常事務實際上是由鄉紳處理的，此外，中國傳統的宗法制度對安定社會，教化民眾也有一定作用，但這些與西方現代意義上的地方自治相距甚遠。孫中山認為實行西方式的地

〔註93〕廣東省社會科學院歷史研究室，孫中山全集（第九卷）〔Z〕，北京：中華書局，1986：128。

〔註94〕廣東省社會科學院歷史研究室，孫中山全集（第九卷）〔Z〕，北京：中華書局，1986：315。

〔註95〕廣東省社會科學院歷史研究室，孫中山全集（第五卷）〔Z〕，北京：中華書局，1985：173。

〔註96〕廣東省社會科學院歷史研究室，孫中山全集（第六卷）〔Z〕，北京：中華書局，1985：528。

〔註97〕廣東省社會科學院歷史研究室，孫中山全集（第一卷）〔Z〕，北京：中華書局，1981：235。

〔註98〕廣東省社會科學院歷史研究室，孫中山全集（第五卷）〔Z〕，北京：中華書局，1985：173。

方自治對國家發展是有積極作用的，他尤爲欣賞日本的地方自治，認爲「日本的市、町、村都很健全。日本之強，非強於其堅甲利兵，乃強於其地方組織之健全。」他要求去日本考察的李宗黃著重考察日本的地方自治，但同時孫中山也指出，日本的地方自治側重於官治，「官治氣息很重，是不合乎吾黨民權主義全民政治的要求；但他們的某種精神和方法，在訓政時期卻很可參考。」〔註99〕

　　關於地方自治所要達到的直接民權的思想，孫中山指出這不是英美式的民權，而是來源於瑞士，孫中山之所以要地方自治所達到直接民權的目的，就是爲了解決英美代議制下間接民權的弊端，要求「取法乎上」，他認爲代議制下的民權不是眞正的民權，只有國民享有選舉、創制、復決、罷免等直接民權才是眞的民權，1921年3月在《中國國民黨本部特設駐粵辦事處的演說》中，孫中山明確提出直接民權的主張是通過向瑞士學習而不是英美，「美、法、英雖主張民權主義，仍不是直接民權。兄弟底民權主義，係採瑞士底民權主義，即直接底民權主義。」〔註100〕孫中山通過地方自治達到直接民權的設想在思想源頭上受到盧梭社會契約論的影響，盧梭認爲主權和政府是兩個完全不同的概念，主權是人民享有的國家最高權力，「主權既然不外是公意的運用，所以就永遠不能轉讓；並且主權者既然只不過是一個集體的生命，所以就只能由他自己來代表自己；權力可以轉移，但是意志卻不可以轉移。」〔註101〕而政府只是人民的代理人，「政府就是在臣民與主權者之間所建立的一個中間體，以便兩者得以互相適合，它負責執行法律並維持社會的以及政治的自由。」〔註102〕人民隨時有權收回主權，對於洛克和孟德斯鳩分權學說，盧梭更傾向於直接民權，反對主權分割。但盧梭同時也強調，建立達到直接民權非常困難，必須在一個很小的國家裏「使人民容易集會並使每個公民都能很容易認識所有其他的公民。」〔註103〕而且整個社會民風淳樸、公民之間財富、地位平等，盧梭也意識到這是很難實現的，顯然是一種理想的社會制度。

〔註99〕廣東省社會科學院歷史研究室，孫中山全集（第四卷）〔Z〕，北京：中華書局，1985：491。

〔註100〕廣東省社會科學院歷史研究室，孫中山全集（第五卷）〔Z〕，北京：中華書局，1985：476。

〔註101〕〔法〕盧梭，社會契約論〔M〕，何兆武譯，北京：商務印書館，1982：35。

〔註102〕〔法〕盧梭，社會契約論〔M〕，何兆武譯，北京：商務印書館，1982：76。

〔註103〕〔法〕盧梭，社會契約論〔M〕，何兆武譯，北京：商務印書館，1982：88。

瑞士的直接民權是有著很長的歷史，「這種允許公民採用直接投票行使立法的創制權與復決權的方式起源於 13 世紀的露天議會，當時人們集會直接舉手選舉州長等政府官員，決定地方法律事務。」〔註104〕

地方自治一詞用英文翻譯爲 local autonomy，是國家結構形式的一部分，國家結構形式是國家制度的重要內容，它指的是特定國家統治階級根據什麼原則，採取何種形式劃分國家內部的組成以及調整國家整體與組成部分之間的相互關係。

在《中國大百科全書中》定義爲：在一定的領土單位之內，全體居民組成法人團體（地方自治團體），在憲法和法律規定的範圍內，並在國家監督之下，按照自己的意志組織地方自治機關，利用本地區的財力，處理本區域內公共事務的一種地方政治制度，這種制度最早出現於古羅馬時代。從地方自治思想和自治制度的發展來看，近代以來存在英美法系和大陸法系兩種不同的地方自治理論，其理論的形成及實踐都先於中國，各成體系，對於地方自治的解釋也各有不同：

英美法系國家的地方自治制度以「人民自治」理論爲基礎，認爲自治的權利是天賦的，是人民所固有的，先於國家而存在。原始社會由自由個人結合的自由公社便具有自治權。國家出現後，這種固有的自治權仍然存在，國家不但不能干涉，而且應予保護。在英美法系國家，地方自治機關行使由法律確認的自治權時，中央政府一般不加過問，地方自治機關形式上獨立於中央政府之外。自治機關的官員直接或間接地由當地居民選舉產生，他們只具有地方官員的身份，中央政府不得撤換他們。中央政府對地方自治機關的監督以立法監督爲主，一般避免對其發佈強制性的指示。如果地方自治機關逾越法定權限，中央政府可訴請司法機關加以制止。大陸法系國家的地方自治制度以「團體自治」理論爲基礎。認爲地方自治的權利不是天賦的，不是地方人民所固有的，而是由主權國家所賦予的，國家可隨時收回這種權利。在大陸法系國家，地方自治權具有委託性質，中央政府對於自治事務有最終決定權。地方官員不論爲中央直接任命或爲地方居民選出，都同時兼具中央官員和地方自治機關官員的雙重身份，中央政府有權隨時撤換他們。中央政府對地方自治機關的監督以行政監督爲主，中央政府可隨時向地方機關發出強

〔註104〕王麗，孟軍，孫中山地方自治思想述評〔J〕，學術論壇，2005（10）：138。

制性指示，地方機關必須執行；否則，中央政府可採取強制性措施。〔註105〕

　　英美法系國家尤其是美國，在還沒有形成國家之前，社會內部已經有了地方自治的事實，地方自治團體普遍存在，國家統一後，以原來自治為基礎，地方議會被賦予地方法規制定權和自行執行權。德國、法國為代表的大陸法系國家，地方自治一般是在國家統一後，中央政府為統治需要而自上而下創設地方自治團體，並自然而然地視地方自治機關為國家機構的一部分，必須受國家監督。孫中山的地方自治思想既受到英美法系地方自治影響，也受到大陸法系地方自治的影響，三者關係如下圖：

表 2.1〔註106〕

	英美法系地方自治	大陸法系地方自治	孫中山 地方自治思想
地方自治權力來源	自治權是固有的、天賦的	自治權是主權國家賦予的	依據訓政，政府指導民眾實施自治，可以看出自治權是國家賦予的
地方自治機構官員產生方式	自治區域民眾選舉產生	民眾選舉或者政府任命（但不管如何產生，其官員都具有政府關於及自治機關官員雙重身份）	自治區域民眾選舉產生
中央政府與地方自治機關關係	中央不干涉自治區域事務，以立法監督為主	中央對地方事務有決定權，	中央不干涉自治區域事務，以立法監督為主
人民享有的自治權利	選舉權	選舉權	選舉權、罷免權、創制權、復決權

　　從孫中山地方自治思想的內容上看，其地方自治不是簡單的本地人治理本地人，如是則封建時代的保甲、鄉紳對農村的管理等也是本地人治理本地人，但卻與孫中山思想差之千里，孫中山地方自治的真髓是將地方自治看作民主政治的基石，以地方自治來培養民眾的民主觀念，以地方自治的實現來

〔註105〕中國大百科全書出版社編輯部，中國大百科全書‧政治學〔M〕，北京：中國大百科全書出版社，1992：56～58。

〔註106〕資料來源於中國大百科全書出版社編輯部，中國大百科全書‧政治學〔M〕，北京：中國大百科全書出版社，1992。廣東省社會科學院歷史研究室，孫中山全集〔Z〕，北京：中華書局。

構建五權憲法，達到民主憲政。從孫中山地方自治思想和英美法系、大陸法系地方自治比較來看，其地方自治思想體系是一種混合了大陸法系與英美法系的新的地方自治模式，是孫中山根據中國國情，結合中國社會特點，以已有的地方自治爲參照，形成的獨具特色的地方自治思想。總體看來，孫中山對地方自治的重視是從實現民權主義的立場出發，始終將地方自治看作達到民主共和的必然途徑，將地方自治作爲中華民國建國的基礎，看做是中華民國政體的一部分，是建國方略中必不可少的組成部分，是實現民主憲政的必然途徑，更是避免西方代議制弊端的手段，反映了孫中山對民主主義的追求。在地方自治的推行過程中，革命黨起到至關重要的作用，黨國體制下的執政黨的能量空前強大，用執政黨的力量從上到下指導民眾，培養民眾自治能力，進而引導民眾走向自治，是孫中山地方自治思想的另一大創舉。

第 3 章　南京國民政府抗戰前的地方自治實踐

　　1927 年 9 月，經過國民黨內部各方激烈爭鬥之後，以南京、武漢、上海為基地的三個國民黨中央黨部，在共同放棄孫中山「聯俄、聯共、扶助工農」三大政策、一致反共的基礎上，逐步走向聯合。9 月 16 日，在南京成立了國民黨特別委員會，緊接著對南京國民政府進行改組，將武漢的國民政府和原南京國民政府聯合起來，9 月 20 日，新選任的國民政府委員、常務委員在南京宣誓就職，武漢國民政府、南京國民政府正式合併，史稱「寧漢合流」。南京國民政府成立後宣稱繼承孫中山遺教，進入訓政時期，開始實施地方自治。

3.1　南京國民政府成立之初的地方自治實踐

3.1.1　國民黨中央及國民政府的地方自治規劃

　　1928 年 8 月 8 日至 15 日，國民黨第二屆第五次中央全會在南京舉行，蔣介石在開會詞上說：「從今天起，就是從五次全會開會之日起，我們要繼續國民革命，開始去作訓政時期的工作。」〔註1〕在這一次會議還通過了《訓政時期頒佈約法案》，決議在訓政時期，應遵照總理遺教，頒佈約法〔註2〕。10 月 3 日，國民黨中央常務委員會委員蔣介石、譚延闓、胡漢民、孫科和戴季陶 5 人召開第二屆中央第 172 次常務委員會，會上通過了《中國國民

〔註 1〕 榮孟源，中國國民黨歷次代表大會及中央全會資料（上）〔Z〕，北京：光明日報出版社，1985：532。
〔註 2〕 秦孝儀，革命文獻（第 79 輯）〔Z〕，臺北：中央文物供應社，1979：99。

黨訓政綱領》，1929 年 3 月 19 日在國民黨第三次全國代表大會上又予以確認，其內容主要是：「（一）中華民國於訓政期間，由中國國民黨全國代表大會，國民大會領導國民行使政權。（二）中國國民黨全國代表大會閉會時，以政權付託中國國民黨中央執行委員會執行之。（三）依照總理建國大綱所定選舉、罷免、創制、復決四種政權，應訓練國民逐漸推行，以立憲政之基礎。（四）治權之行政、立法、司法、考試、監察五項，付託於國民政府總攬而執行之，以立憲政時民選政府之基礎。（五）指導監督國民政府重大國務之施行，由中國國民黨中央執行委員會政治會議行之。（六）中華民國國民政府組織法之修正及解釋，由中國國民黨中央執行委員會政治會議決行之。」〔註3〕《中國國民黨訓政綱領》確定的原則就是將政權交給國民黨全國代表大會或國民黨中央執行委員會，將治權交給國民政府，國民黨中央委員會政治會議指導監督國民政府，實際上是國民黨將政權與治權全部掌控在其一黨手中。國民黨之所以施行訓政的理論基礎在於，「由國民革命所產生的中華民國人民，在政治的知識與經驗之幼稚上，實等於初生的嬰兒；中國國民黨者，即產生此嬰兒之母；既產之矣，則保養之、教育之，方盡革命之責；而訓政之目的，即以保養、教育此主人成年而還之政，為其全部之根本精神。」〔註4〕國民黨三大在《對於政治報告之決議案》中指出：「過去十七年間，本黨經歷軍政時期，負建國大責，其主要之革命工作，為掃除政治上之軍閥官僚及社會上之一切障礙。今後本黨入於訓政時期，受治國之重託，其主要任務則在一方面賡續軍政時期已成之緒業，使軍閥官僚永無再起之日；一方面萃全國之治入於一黨，以實行治法於全國。而其進行之方針，則為於中央必須建設治權所賴以付託之政府；於地方必須培養政權所賴以行使之國民。」〔註5〕

在孫中山的建國思想中，訓政是一個相當重要的階段，對軍政與憲政起到承上啟下的作用，在訓政階段的主要工作是「政府當派曾經訓練考試合格之員，到各縣協助人民籌備自治，其程度以全縣人口調查清楚，全縣土地測

〔註 3〕榮孟源，中國國民黨歷次代表大會及中央全會資料（上）〔Z〕，北京：光明日報出版社，1985：658。
〔註 4〕榮孟源，中國國民黨歷次代表大會及中央全會資料（上）〔Z〕，北京：光明日報出版社，1985：658。
〔註 5〕榮孟源，中國國民黨歷次代表大會及中央全會資料（上）〔Z〕，北京：光明日報出版社，1985：636。

量完竣，全縣警衛辦理妥善，四境縱橫之道路修築成功；而其人民曾受四權使用之訓練，而完畢其國民之義務，誓行革命之主義者，得選舉縣官以執行一縣之政事，得選舉議員以議立一縣之法律，始成爲一完全自治之縣。」〔註6〕訓政時期的重要內容就是實施地方自治，孫中山明確要求政府進入訓政狀態後，能夠指導民眾實施縣自治，半數縣自治後才進入憲政，南京國民政府從成立開始就標榜繼承孫中山遺教，1929 年 3 月 15 日，在國民黨三大的開幕大會上胡漢民就鼓吹：「總理給我們的遺教，關於黨的，關於政的，已非常完全，而且事實上都已條理畢具。我們只要去奉行，只要摸著綱領，遵循著做，不要在總理所給的遺教以外，自己再有什麼創作。」〔註7〕三大的決議案中聲明：「確定總理所著三民主義、五權憲法、建國方略、建國大綱及地方自治開始實行法，爲訓政時期中華民國最高之根本法。舉凡國家建設之規模，人權、民權之根本原則與分際，政府權力與其組織之綱要，及行使政權之方法，皆須以總理遺教爲依歸。」「總理生時，本黨黨員之努力，一以總理之言行爲依歸；總理既逝，則吾黨同志之努力，一以總理全部之遺教爲準則。」〔註8〕同年 6 月召開的國民黨三屆二中全會，在第二次全體會議宣言中強調訓政時期國民黨的主要工作就是「確遵總理遺教，實行三民主義之具體建設，訓練人民行使政權……總理遺教，如建國大綱、地方自治開始實行法，言之已詳……本會議確認以推行地方自治爲訓政工作之重心，故一面規定推行地方自治及限期完成縣自治案，而同時復決定以促成地方自治爲黨員必要之工作。凡吾黨同志，苟自認爲總理忠實之信徒，即應以全副精神、全部能力貢獻於地方自治之推進」〔註9〕12 月召開的內政部第一期民政會議上通過的決議案再次提出：「由內政部依據總理手定之地方自治開始實行法，參照原案各點，擬具實行條例，以利推行。」〔註10〕國民黨中央和南京國民政府在這些決議案中反

〔註 6〕　廣東省社會科學院歷史研究室，孫中山全集（第九卷）〔Z〕，北京：中華書局，1986：127。

〔註 7〕　榮孟源，中國國民黨歷次代表大會及中央全會資料（上）〔Z〕，北京：光明日報出版社，1985：619。

〔註 8〕　榮孟源，中國國民黨歷次代表大會及中央全會資料（上）〔Z〕，北京：光明日報出版社，1985：654。

〔註 9〕　榮孟源，中國國民黨歷次代表大會及中央全會資料（上）〔Z〕，北京：光明日報出版社，1985：752～754。

〔註10〕　焦如橋，劉振東，縣政資料彙編〔Z〕，影印本，重慶：中央政治學校，1939：329。

覆強調訓政、地方自治是根據孫中山遺教實行，其目的既是爲了動員國民黨員投身訓政、引導民眾地方自治，也是南京國民政府借繼承孫中山遺教名義維護自身統治合法性。

　　根據《中國國民黨訓政綱領》，國民黨第三次代表大會通過了《確定訓政時期黨、政府、人民行使政權治權之分際及方略案》：「今本此原則，對黨、政府、人民行使政權、治權之實際的分際與方略，更爲明確之規定如左：第一，培植地方自治之社會的基礎，宣傳訓政之方針，開導人民接受四權使用之訓練，指導人民努力完成地方自治所必備之先決條件，並促進一切關於地方自治之工作，由中國國民黨中央執行委員會指揮並監督下級黨部推行之。第二，依據總理遺教，決定縣自治制之一切原則及訓政之根本政策與大計，由中國國民黨中央執行委員會政治會議行之；但政治會議行使四項職權時，對外不發生直接之關係。第三，實施縣自治制及執行一切訓政之根本政策與方案，由國民政府及其所屬主管機關行之。第四，中國國民黨中央執行委員會政治會議，在決定訓政大計指導政府上，對中國國民黨中央執行委員會負責；國民政府在實施訓政計劃與方案上，對中國國民黨中央執行委員會政治會議負責。第五，中國國民黨最高權力機關，爲求達訓練國民使用政權、弼成憲政基礎之目的，於必要時，得就於人民之集會、結社、言論、出版等自由權，在法律範圍內加以限制。第六，中華民國人民須服從擁護中國國民黨，誓行三民主義，接受四權使用之訓練，努力地方自治之完成，始得享受中華民國國民之權利。第七，實施訓政之成績，由中國國民黨最高權力機關考覈之，至訓政終了，憲政開始之時，由中國國民黨最高權力機關負責召集國民大會，決定憲法而頒佈之。」〔註11〕訓政時期，關於地方自治的大政方針由國民黨中央決定；國民黨中央及地方各級黨部主要負責訓政時期對於訓政工作的宣傳及指導人民完成地方自治的先決條件，配合政府完成地方自治；國民政府及所屬機關負責對地方自治政策、法令的執行，是地方自治的施行機關；中國國民黨中央執行委員會有權對人民基本自由權利進行限制；對於訓政是否完成，中國國民黨中央執行委員會擁有最終解釋權；「凡是不服從、不擁護國民黨的中國人民，是沒有國民權利的，因此亦無集會結社的自由，當

〔註11〕榮孟源，中國國民黨歷次代表大會及中央全會資料（上）〔Z〕，北京：光明日報出版社，1985：659。

然不能公開組黨；凡享有國民權利的人，既都服從並擁護中國國民黨，那麼縱使不是黨員，也不會去另行組黨。」〔註12〕

　　同時第三次全國大會還通過了《確定地方自治之方略及程序以立政治建設之基礎案》：「確定其實行之方略及程序如下：一、確定縣爲自治單位，努力扶植民治，不得阻礙其發展。二、制定地方自治法，規定其強行辦法，使地方自治成爲經濟、政治的組織體，以達到眞正民權、民生之目的。三、由國民政府選派曾經訓練考試及格之人員（限於黨員），到各縣協助人民，籌備自治。四、地方自治之籌備，宜逐漸推行，不宜一時並舉。以自治條件之成就，選舉完畢，爲籌備自治之終期。本條根據建國大綱第八條之規定，以清查人口、測量土地、妥辦警衛、修築道路爲自治完成之條件。並根據同條，應以曾受四權之訓練，完畢國民之義務，誓行革命之主義，爲審查選民資格之標準。縣長、議員依法選出，即協助籌備自治之工作告終，而該縣達於完全自治之域。但自治之籌備，宜分行不宜並舉，應於各省選擇一二縣試辦，逐漸推行，則人才易於集中，而組織始克完密。」〔註13〕議案確定了地方自治推行的方針，開啓了南京國民政府時代的地方自治。對於國民黨地方黨部在地方自治中的作用，1929 年 6 月國民黨第三屆二中全會根據《確定訓政時期黨、政府、人民行使政權治權之分際及方略案》通過了《訓政時期黨務進行計劃案》，強調中央黨部指揮並監督下級黨部推行下列各事：「（1）培植地方自治之社會的基礎；（2）宣傳訓政方針；（3）開導人民接受四權使用之訓練；（4）指導人民努力完成地方自治所必備之先決條件；（5）促進其他關於地方自治之工作。」〔註14〕同年 11 月 6 日，國民政府內政部發出《通告各級黨部一致努力訓政時期實際工作以完成黨的使命》，要求各級黨部不但要完成《訓政時期黨務進行計劃案》中提出的幾點要求，還要努力宣傳國民黨黨義、進行社會調查、督促政府地方自治，極力在地方倡導識字、造林、築路、保甲、合作、衛生等直接或間接與地方自治有關的各項運動。

　　對於地方自治的施行時間及分段進程，國民黨中央於 1929 年 6 月 15 日，

〔註12〕李時有，中國國民黨訓政的經過與檢討〔J〕，東方雜誌，1948－2（第 44 卷，第 2 號）。

〔註13〕榮孟源，中國國民黨歷次代表大會及中央全會資料（上）〔Z〕，北京：光明日報出版社，1985：661。

〔註14〕榮孟源，中國國民黨歷次代表大會及中央全會資料（上）〔Z〕，北京：光明日報出版社，1985：757。

在第三屆第二次中央全會上又通過了《訓政時期之規定案》和《完成縣自治案》，提出訓政時期規定為六年，地方自治的具體實施時間：「於民國十九年內依照縣組織法完成縣組織，同時訓練人員初期訓練完畢；二十一年底以前，初期調查戶口、清丈土地完畢；二十二年底，各地籌備自治機關完全設立；二十三年底以前，完成縣自治。」〔註15〕同時，國民政府內政部也制定了《訓政時期完成縣自治實施方案分年進行程序表》，並在第207次中央政治會議通過，詳細規定了訓政時期縣自治的內容，甚至具體年份自治事業應該達到何種程度都做了細緻規定，以十八年份為第一期，十九年份為第二期，二十年份為第三期，二十一年份為第四期，二十二年份為第五期，二十三年份為第六期，所要完成的自治事項如下：

（甲）釐定自治系統：（一）劃一縣市制，廢除道及縣佐，限十九年份辦竣工；（二）確定自治組織，第一步頒定縣市組織法，第二步督促各省依法組織，十九年份辦竣。

（乙）儲備自治人才：（一）考試訓練及任用地方行政人員：十九年份以前督促各省設立地方行政人員訓練機關，考試及訓練縣長以下地方行政人員，二十年份至二十二年份繼續考試及訓練地方行政人員，監督各省依法定程序，任用地方行政人員；（二）考試訓練及任用地方自治人員：十八年份，由內政部商承考試院考試區長，或由考試院酌量情形，委託各該省政府辦理，同時由內政部監督各省政府訓練區長，其鄉鎮閭鄰長之訓練，由省政府分飭所屬各縣市政府辦理，並得分區為之；十九年份：一、各省訓練合格人員分派各縣市；二、區長分期訓練完畢，陸續派用；三、各縣市訓練鄉鎮辦理自治人員；四、各區訓練各閭鄰辦理自治人員，初期訓練完畢；二十年份至二十三年份：各省縣市陸續辦理訓練機關，養成全省縣市自治人才。

（丙）確定自治經費：（一）確定經常費：十八年份，凡縣市原有屬於各縣市之收入應一律作為自治經費，由各縣市政府將其收入數目，詳細羅列，編造自治經費預算書，送由各該省政府審定，其有不敷者，再就屬於省賦稅項下請各該省政府核准劃撥。十九年份

〔註15〕榮孟源，中國國民黨歷次代表大會及中央全會資料（上）〔Z〕，北京：光明日報出版社，1985：762。

確定縣市地方及自治經費數額。二十年份至二十三年份，就整理土地、山林、礦產、水利以及地方公共事業之收入，擴充地方行政及自治經費。（二）確定臨時費：十八年份，分行各省從速指定收入，儲備辦理自治各項臨時經費。十九年份，分行各省將劃分縣區市區、成立區鄉鎮各公所及自治選舉各必要費用，限期籌齊。二十年份至二十三年份，就整理土地、山林、礦產、水利及公共事業各收入，按期指發專款，儲作各項臨時費用。

（丁）肅清盜匪；（一）肅清股匪：十八年份釐定各省劃區剿匪辦法，呈請中央派隊嚴剿，同時實行清鄉，十九年份完成清鄉。（二）整頓團防：十八年份至十九年份，一方化除地方不正當團會，由地方實行改編或編練地方保衛團。二十年份至二十三年份，繼續實行改編或編練地方保衛團。（三）肅清匪源：自十九年份至二十三年份，籌設各種工廠，籌辦修路、濬河、開礦等事業，以安插無業遊民，同時實行開墾。

（戊）整頓警政；（一）劃一警察編製並確定其經費：十八年份，一、編製縣市公安局；二、劃設公安分局；三、劃設分駐所及巡邏區；四、編練警察；五、釐定各級公安局、警官及警士數額；六、編定警察預算；七、確定警察經費。十九年份，一、嚴行考覈各級公安機關之成績；二、擴充各項警察之設備；三、同上年份第二、三、四、五、六、七各項。二十年份至二十三年份，繼續嚴行考覈各級公安機關之成績，擴充各項警察設備，並編練警察隊。（二）統一警官警士之任用及訓練：十八年份，一、考覈警官警士之任用；二、督促各省籌備訓練機關；三、審定警察訓練課本。十九年份，除繼續辦理上年份所辦各項外，並督促各訓練機關切實訓練。二十年份，繼續考覈警官及警士之任用，督促各訓練機關切實訓練。二十一年份至二十三年份，警官及警士，非經考試及訓練合格者，概不錄用。（三）整頓特種警察：十八年份至十九年份，一、釐定各種特務警察規程；二、分別考覈實施獎懲。二十年份至二十三年份，繼續分別考覈，實施獎懲。

（己）調查戶口；（一）預備期內辦理戶口調查：十八年份，一、

各縣市依照戶口調查統計報告規則及表式，辦理戶口調查；二、依前款調查結果，以為按照縣市組織法劃定區鄉鎮閭鄰之根據。十九年份至二十一年份，各縣市依照人事登記條例及表式，辦理各項人事登記。（二）正式辦理戶口大調查：自二十年份起辦理。一、依照戶籍法組織或指定辦理戶籍機關；二、劃定戶籍經費；三、開始大調查。二十一年份，各縣市舉辦初期戶口大調查，確定人民之權利義務，本年份初期調查完畢。二十年份至二十三年份，依照戶籍法繼續辦理。

（庚）完成縣市組織，訓練人民：（一）組織縣市政府：十八年份，依照縣市組織法，釐定縣市等級，改組縣市政府；十九年份，縣市政府及各局組織完竣。至二十三年份，實行縣市長民選，完成縣市自治，縣市人民使用四權。（二）組成區鄉鎮閭鄰：十八年份，整理各縣市疆界，依縣市組織法劃分區及鄉鎮各自治區域。十九年份，一、劃定各區域之區公所，遴派區長；二、劃定鄉鎮成立鄉鎮公所，選任鄉長鎮長；三、各鄉鎮選任鄉鎮監察委員，成立鄉鎮監察委員會；四、各鄉鎮所定閭鄰，選任閭長鄰長；五、區鄉鎮閭鄰完竣。二十一年份至二十二年份，一、各省政府，斟酌各地方情形，咨准內政部實行區長民選；二、實行區長民選時，並選組區監察委員會；三、實行區長民選時，並選舉縣參議員，成立縣參議會；四、實行區長民選時，鄉長鎮長之選任罷免，由鄉民大會或鎮民大會直接行之。

（辛）訓練人民，實施訓練：十八年份，一、縣市政府協同黨部提倡識字運動；二、編定白話刊物，廣為宣傳；三、縣市政府派員，分赴各地舉行巡迴演講。十九至二十三年份，一、區鄉鎮閭鄰成立後，由區鄉鎮閭鄰各長協同黨部共任宣傳工作，並屬行人民識字運動；二、繼續十八年份二三兩款。

（壬）初期清丈土地：（一）養成清丈人才：十八年份咨行各省市籌設養成清丈人才之局所，養成清丈人才，至十九年份前兩個月辦成。（二）：釐定清丈土地法規，並籌設土地專管機關。十八年份，一、呈請行政院咨立法院頒佈土地登記法，釐定各種清丈土地規則；

二、咨行各省市籌設土地專管機關，同時飭縣城裏土地局；三、實行初期清丈。十九年份至二十年份，一、各縣市組織清丈隊，備置清丈一切用具；二、實施土地登記，同時報價；三、各縣市實施清丈。二十一年份至二十二年份，各縣市繼續辦理清丈。二十三年份完成各縣市清丈，並預備編製全國土地總冊及圖記。

（癸）舉辦救濟事業：（一）固定救濟事業：十八年份就各縣市現有之慈善機關分別整頓。十九年份各縣市籌設救濟院。二十年至二十三年份，各區鄉鎮就養老、育幼、救貧、救災事項擴充辦理。（二）臨時救濟事業：十八年份辦理賑災，實施工賑。十九年份以後，各省有被災者隨時辦理。〔註16〕

國民黨中央在第三次全國大會及之後的全會上制定了地方自治的相關政策後，國民政府依照國民黨中央政策要求，相繼出臺了一系列地方自治的法律、法規，總結如下：

表 3.1〔註17〕

法規名稱	公佈日期	法規施行日期	備　考
縣組織法	1928 年 9 月 15 日公佈，1929 年 6 月 5 日修正公佈，1930 年 7 月 7 日再修正公佈	1929 年 10 月 10 日起施行	此法規係經過立法程序由國民政府明令公佈
縣組織法施行法	1929 年 10 月 2 日公佈	1929 年 10 月 10 日起施行	此法規係經過立法程序由國民政府明令公佈
區自治施行法	1929 年 10 月 2 日公佈，1930 年 7 月 7 日修正公佈	1929 年 10 月 10 日起施行	此法規係經過立法程序由國民政府明令公佈
鄉鎮自治施行法	1929 年 9 月 18 日公佈，1930 年 7 月 7 日修正公佈	1929 年 10 月 10 日起施行	此法規係經過立法程序由國民政府明令公佈

〔註16〕焦如橋，劉振東，縣政資料彙編〔Z〕，影印本，重慶：中央政治學校，1939：148～152。
〔註17〕資料來源於內政年鑒編撰委員會，內政年鑒〔Z〕，上海：商務印書館，1936。焦如橋，劉振東，縣政資料彙編〔Z〕，影印本，重慶：中央政治學校，1939。

法規名稱	公佈日期	法規施行日期	備　考
市組織法	1928 年 7 月 3 日公佈		此法規係經過立法程序由國民政府明令公佈
特別市組織法	1928 年 7 月 4 日公佈		此法規係經過立法程序由國民政府明令公佈
市組織法	1930 年 5 月 20 日公佈	此法規公佈後，1928 年 7 月 3 日、4 日公佈的《市組織法》、《特別市組織法》同時廢止	此法規係經過立法程序由國民政府明令公佈
鄉鎮坊自治職員選舉及罷免法	1930 年 7 月 19 日公佈	1932 年 11 月 1 日起施行	此法規係經過立法程序由國民政府明令公佈
縣參議會組織法	1932 年 8 月 10 日公佈	1933 年 2 月 12 日起施行	此法規係經過立法程序由國民政府明令公佈
縣參議員選舉法	1932 年 8 月 10 日公佈	1933 年 2 月 12 日起施行	此法規係經過立法程序由國民政府明令公佈
市參議會組織法	1932 年 8 月 10 日公佈	1933 年 2 月 12 日起施行	此法規係經過立法程序由國民政府明令公佈
市參議員選舉法	1932 年 8 月 10 日公佈	1933 年 2 月 12 日起施行	此法規係經過立法程序由國民政府明令公佈
鄉鎮坊自治職員選舉及罷免法施行細則	1932 年 8 月 15 日公佈		此法規係內政部制定後，呈請行政院核准公佈
各縣市辦理地方自治人員考覈及獎懲暫行條例	1933 年 5 月 1 日公佈，1933 年 9 月 16 日修正公佈		此法規係內政部制定後，呈請行政院核准公佈
鄉鎮閭鄰選舉暫行規則	1930 年 2 月 25 日公佈		此法規係內政部制定後，呈請行政院核准公佈
鄉鎮公民宣誓登記規則	1929 年 12 月 20 日公佈		此法規係內政部制定後，呈請行政院核准公佈

法規名稱	公佈日期	法規施行日期	備　考
市公民宣誓登記規則	1930 年 9 月 25 日公佈		此法規係內政部制定後，呈請行政院核准公佈
各縣頒發區鈐記（舊時機關團體使用的圖章）及鄉鎮閭鄰圖記章程	1930 年 9 月 10 日公佈		此法規係內政部制定後，呈請行政院核准公佈
各市頒發區鈐記及坊閭鄰圖記章程	1930 年 9 月 10 日公佈		此法規係內政部制定後，呈請行政院核准公佈
各縣劃區辦法	1929 年 3 月 16 日公佈		此法規係內政部制定後，呈請行政院核准公佈
區長訓練所條例	1929 年 8 月 30 日公佈，1931 年 9 月 5 日修正公佈		此法規係內政部制定後，呈請行政院核准公佈
區鄉鎮現任自治人員訓練章程	1930 年 6 月 11 日公佈		此法規係內政部制定後，呈請行政院核准公佈
自治訓練所章程	1931 年 4 月 22 日公佈，1931 年 9 月 5 日修正公佈		此法規係內政部制定後，呈請行政院核准公佈
自治訓練分所規則	1931 年 4 月 22 日公佈，1931 年 9 月 5 日修正公佈		此法規係內政部制定後，呈請行政院核准公佈
區鄉鎮坊調解委員會權限規程	1931 年 4 月 3 日公佈		此法規係內政部制定後，呈請行政院核准公佈
各縣區公所與公安局劃分事權辦法	1931 年 6 月 16 日公佈		此法規係內政部制定後，呈請行政院核准公佈 內政部會同司法行政部公佈
市縣地方自治機關行文辦法	1931 年 9 月 1 日公佈		此法規係內政部制定後，呈請行政院核准公佈

法規名稱	公佈日期	法規施行日期	備　考
區丁制服章程	1930 年 10 月 9 日公佈		此法規係內政部制定後，呈請行政院核准公佈
市參議會籌設程序	1932 年 4 月 26 日公佈		此法規係內政部制定後，呈請行政院核准公佈　行政院第 24 次會議決議通過
省自治籌備委員會組織規程	1932 年 6 月 25 日公佈		此法規係內政部制定後，呈請行政院核准公佈
修正省自治籌備委員會組織規程施行細則	1932 年 8 月 4 日公佈，1932 年 9 月 1 日修正公佈		此法規係內政部制定後，呈請行政院核准公佈
省自治籌備委員會內政部委員服務規約	1932 年 7 月 5 日公佈		此法規係內政部制定後，呈請行政院核准公佈
市參議會議事規則	1933 年 7 月 6 日公佈		
各省縣市地方自治改進辦法大綱	1934 年 3 月公佈		此法規係內政部制定後，呈請行政院核准公佈
改進地方自治原則要點之解釋	1934 年 4 月 13 日公佈，1934 年 5 月 23 日修正公佈		此法規係內政部制定後，呈請行政院核准公佈
促進地方自治及注重區鄉鎮組織與人選辦法	1931 年 4 月 2 日公佈		中央執行委員會第 134 次常務會議通過施行
改進地方自治原則	1934 年 3 月 17 日公佈		中央政治會議第 396 次會議議決通過(此原則為一切地方自治最高原則,如原有法規與之有衝突，則以此原則為準)
扶植自治時期縣市參議會暫行組織辦法	1934 年 8 月 11 日		行政院制定公佈

法規名稱	公佈日期	法規施行日期	備　　考
縣市參議員、議員違法失職暫行處分辦法	1934 年 8 月 11 日		行政院制定公佈
直屬市參議會、議會暫行監督辦法	1934 年 8 月 11 日		行政院制定公佈
市參議員宣告喪失資格程序暫行辦法	1934 年 6 月		行政院通令施行
訓政時期完成縣自治實施方案內政部主管事務分年進行程序表			中央政治會議第 207 次會議通過
修正民選區坊長及區民代表等因死亡成因故去職時補選辦法	1933 年 9 月 26 日公佈		行政院修正通行

　　這其中最重要的是 1928 年 9 月公佈的《縣組織法》（1929 年 6 月 5 日二次公佈，1930 年 7 月 7 日國民政府對《縣組織法》進行修正並公佈），共分爲七章五十三條，對縣及縣以下的行政機構及自治單位進行詳細規劃，其中規定，縣爲國家行政區域，其存廢、變更與否，「由省政府咨內政部呈行政院請國民政府核准公佈之。」〔註18〕縣設立縣政府，在省政府的監督指導之下，處理全縣行政，監督全縣的地方自治事務。縣下面分爲區、鄉（鎮）、閭、鄰四級自治組織，區爲最大一級自治單位，區、鄉（鎮）可以在不牴觸中央、省、縣法令規則的前提下制定自治公約，區設立區公所，鄉（鎮）設立鄉（鎮）公所，公所，設立區長、鄉（鎮）長管理區、鄉（鎮）的自治事務，「區民對於自治事項有創制及復決之權，區長違法失職時，區民得罷免改選之。」〔註19〕「鄉長副鄉長鎮長副鎮長由鄉民大會或鎮民大會選任，並由區公所呈報縣政府備案。鄉長副鄉長鎮長副鎮長違法失職時，鄉民大會或鎮民大會得罷免改選之。」〔註20〕並且在區、鄉（鎮）一級各自選舉出監察

〔註18〕焦如橋，劉振東，縣政資料彙編〔Z〕，影印本，重慶：中央政治學校，1939：
　　　　207。
〔註19〕焦如橋，劉振東，縣政資料彙編〔Z〕，影印本，重慶：中央政治學校，1939：
　　　　211。
〔註20〕焦如橋，劉振東，縣政資料彙編〔Z〕，影印本，重慶：中央政治學校，1939：
　　　　213。

委員數人，監察該地區財政，並監察區長、鄉（鎮）長是否有違法失職等事。

《縣組織法》實際上是構建了縣及縣以下的地方自治體系，1929 年 11 月 2 日國民政府又頒佈了《縣組織法施行法》，根據全國各省不同情況，因地制宜做了具體規定，規定各省政府奉到縣組織法施行日期命令後，應於下列期限內，完成縣之組織：「（一）江蘇、浙江、山西、河北、廣東五省限於十九年（1930）六月終完成；（二）江西、安徽、湖北、湖南、福建、山東、河南、遼寧、吉林、陝西、雲南、廣西十二省，限十九年（1930）八月終完成；（三）四川、貴州、甘肅、新疆、黑龍江、熱河、察哈爾、綏遠八省，限十九年（1930）十月終完成；（四）寧夏、青海、西康三省，限於十九（1930）年 12 月終完成。」另外第三條規定：「各省如因特別故障不能於前條期限內完成縣組織時，各該省政府應詳敘理由咨請內政部呈由行政院轉請國民政府核准展期，但除前條第（四）款所列各省外，其展期均不得逾兩個月。」〔註 21〕之後，國民政府陸續頒佈了《縣組織法施行法》、《區自治施行法》、《鄉鎮自治施行法》等相關法規，其中的一些條款部分地反映了地方自治的意義，由本地人管理本地事情，對本地區負責，相對於傳統官僚體系官員由上級任命是一種積極的變化。

對於這一階段實行地方自治的目的，國民黨中央聲稱：「各級辦理地方自治的人員是代表黨來施行訓政的，各級人員雖然不一定都是黨員，但都受過黨的考試或訓練，他們的任務不僅籌備地方自治的機關，同時要以黨的主義和黨的政綱、政策訓練民眾，使純粹為黨的政治的基礎。所以，地方自治在表面上是由黨治到民治，而實際上則使民眾黨化，使民眾誓行革命的主義，終久決不能妨礙革命的進展，而且地方自治的完成，同時便是革命的完成，這一種精神假如不能貫徹，則地方自治的意義，便會完全消失。」〔註 22〕

3.1.2　南京國民政府對孫中山地方自治思想的繼承

從這一時期南京國民政府地方自治的政策和法規來看，大部分繼承了孫中山地方自治思想，主要表現在以下幾個方面：

〔註 21〕 焦如橋，劉振東，縣政資料彙編〔Z〕，影印本，重慶：中央政治學校，1939：215～216。

〔註 22〕 軍事委員會委員長行營政訓處，地方自治與自衛〔M〕，出版地、出版者、出版時間不詳。

（1）以縣為地方自治的基本單位，符合孫中山地方自治思想

孫中山多次強調實行地方自治要以縣為自治單位，在國民黨一大通過的國民黨對內政策即指出：「確定縣為自治單位。」〔註23〕南京國民政府在地方自治政策法規制定時始終是以縣為地方自治的基本單位，國民黨第三次代表大會通過《對於政治報告之決議案》中提出：「吾人今後必須糾正從前重省輕縣之傳統觀念，而易以總理重縣輕省之新觀念……凡地方自治與建設，悉歸各縣辦理；省只為縣自治之監督，立於中央與縣之間，以收聯絡之效。」〔註24〕在大會上通過的《確定地方自治之方略及程序以立政治建設之基礎案》中更是明確提出：「確定縣為自治單位，努力扶植民治，不得阻礙其發展。」〔註25〕《縣組織法》中規定：縣政府必須在省政府的監督之下，處理全縣行政，監督地方自治事務。此時縣政府還不是自治機構，是屬於省政府派出機構，從縣長、區長的選任就可以看出，此時還不是民選階段，但是以縣為地方自治的單位已經確定下來。

至 1934 年 12 月，國民政府立法院第 85、86 次會議，通過了《縣自治法》、《縣自治法施行法》，更以法律形式明確了縣作為自治單位。

（2）在地方自治中規劃實施的具體事項大部繼承了孫中山地方自治思想。

孫中山對地方自治開始時期需要辦理的具體事務的闡述集中體現在 1920 年 3 月發表的《地方自治實行法》一文，其中提到地方自治的六項具體措施，即清戶口、立機關、定地價、修道路、墾荒地、設學校，孫中山指出：「自治開始之六事，如辦有成效，當逐漸推廣，及於他事。此後之要事，為地方自治團體所應辦者。」〔註26〕

在《區自治施行法》中規定，區公所要辦理的事項有：「一、戶口調查及人事登記事項；二、土地調查事項；三、道路橋梁公園及一切公共土木工程

〔註23〕廣東省社會科學院歷史研究室，孫中山全集（第九卷）〔Z〕，北京：中華書局，1986：123。

〔註24〕榮孟源，中國國民黨歷次代表大會及中央全會資料（上）〔Z〕，北京：光明日報出版社，1985：638～639。

〔註25〕榮孟源，中國國民黨歷次代表大會及中央全會資料（上）〔Z〕，北京：光明日報出版社，1985：661。

〔註26〕廣東省社會科學院歷史研究室，孫中山全集（第五卷）〔Z〕，北京：中華書局，1985：225。

建築修理事項；四、教育及其他文化事項；五、保衛事項；六、國民體育事項；七、衛生療養事項；八、水利事項；九、森林培植及保衛事項；十、農工商業之改良及保護事項；十一、糧食儲備及調節事項；十二、墾牧漁獵保護及取締事項；十三、合作社組織及指導事項；十四、風俗改良事項；十五、育幼養老濟貧救災等設備事項；十六、公營業事項；十七、區自治公約制定事項；十八、財政收支公款公產管理事項；十九、預算決算編造事項；二十、縣政府委辦事項；二十一、其他依法賦予該區應辦事項。」〔註 27〕《鄉鎮自治施行法》中對鄉鎮公所要辦理的事項與《區自治施行法》中基本一致，從以上二十一條區、鄉、鎮所要辦理的事項中可以看出，除了設立機關、定地價外，清戶口、修道路、墾荒地、設學校都包括在內，而設立自治機關，則在《縣組織法施行法》中另有詳細規定，可以說在地方自治具體實施事項上南京國民政府大部繼承了孫中山地方自治思想，並做了補充。

（3）發展了自縣以下的自治機構，是對孫中山地方自治思想的發展。

孫中山多次強調要以縣為地方自治基本單位，但對於如何構建縣及縣以下自治機構，只是在《地方自治實行法》中提出在戶口清理之後便可以從事組織自治機關，「而地方自治草創之始，當先施行選舉權，由人民選舉職員，以組織立法機關，並執行機關。執行機關之下，當設立多少專局，隨地方所宜定之，初以簡便為主。」〔註 28〕1924 年在《國民政府建國大綱》中提出軍政結束後，進入訓政階段，由政府派遣訓練考試合格人員，到各縣協助民眾籌備地方自治，至於籌備到什麼程度才能實行地方自治，大綱中規定四個方面，人口清查清楚、土地測量完畢、警衛辦理妥善、道路修築成功、人民受過四項直接民權使用的訓練能夠明白國民的義務並實行革命的主義，此後該縣「得選舉縣官以執行一縣之政事，得選舉議員以議立一縣之法律，始成為一完全自治之縣。」〔註 29〕孫中山強調縣級自治機構主要是主管執行的縣官及主管立法的縣議會，在地方自治達到以前還有一個地方自治籌備階段，但縣及縣以下自治機構是什麼樣的具體形式，孫中山並未有詳細闡述，南京國

〔註27〕 焦如橋，劉振東，縣政資料彙編〔Z〕，影印本，重慶：中央政治學校，1939：222～224。

〔註28〕 廣東省社會科學院歷史研究室，孫中山全集（第五卷）〔Z〕，北京：中華書局，1985：221。

〔註29〕 廣東省社會科學院歷史研究室，孫中山全集（第九卷）〔Z〕，北京：中華書局，1986：127。

民政府在成立之初制定的政策法規從制度層面試圖解決這一問題。南京政府
1928 年 9 月公佈的《縣組織法》（1929 年 6 月 5 日二次公佈，1930 年 7 月 7
日國民政府對《縣組織法》進行修正並公佈）和 1929 年 10 月公佈的《縣組
織法施行法》系統地構建了一套縣以下自治機構，並設計了構建程序。對於
縣及縣以下地方自治機構，《縣組織法》中做了詳細規定，見下圖：

表 3.2〔註 30〕

	自治區域	行政機關	自治 立法機構	監察機構	其　他	司法機構
縣	依據現有的行政區域。	縣政府，設立縣長一人，設秘書一人，政府內依據事務繁簡設一科或二科，各科設科長一人，科員二至四人。	縣長上級選任，並非民選，縣政府在省政府監督下處理縣行政，可以看出縣級行政仍為官治，非自治機構。	縣參議會，由民選參議員組成。主要職責：議決縣預算、決算及募捐事宜；議決縣單行規則；審議縣長交議事項；建議縣政改革事項。	縣政會議，參加人員為縣長、秘書、科長、局長，以縣長為主席，審議縣預算、決算事項，縣公債事項，縣公產處分事項，縣公共事業之經營管理事項。	
區	全縣分為若干區，以十鎮或十五鎮組成。	區公所，設立區長一人。	區民大會，由區長召集，每年召開一次。	區監察委員會，監察鄉財政，糾察區長違法失職事，民選3～5人組成。	區務會議，由區長召集，區助理員、本區內鄉長、鎮長、監察委員參加，審議區公所經費及制定規則，議決區內自治事務。	區調解委員會，調解鄉鎮調解委員會未曾調解或不能調解的民事調解事項及撤回起訴的刑事事項，其成員半數從區公民選舉產生，半數從各鄉鎮調解委員會中產生。

〔註 30〕 資料來源於焦如橋，劉振東，縣政資料彙編〔Z〕，影印本，重慶：中央政治
學校，1939。

	自治區域	行政機關	自治立法機構	監察機構	其　他	司法機構
鄉	百戶以上村莊爲鄉、不滿百戶聯合各村莊編爲一鄉。	鄉公所，設立鄉長一人。	鄉民大會，由鄉長每年召集兩次。選舉、罷免鄉長或其他職員，制定或修正自治公約，議決單行公約、預算決算，議決鄉公所交議事項、所屬各閭鄰或公民所提事項。	鄉監察委員會，監察鄉財政，糾察鄉長違法失職事，民選3～5人組成。	鄉務會議，由鄉長召集，副鄉長、鄉公所內閭長、監察委員參加，必要時鄰長列席，每月召開一次，議決鄉自治事務。	鄉調解委員會，調解民事調解事項及撤回起訴的刑事事項，由鄉民大會選舉產生。
鎮	百戶以上街市地方編爲鎮、不滿百戶編爲鄉。	鎮公所，設立鎮長一人。	鎮民大會，由鎮長每年召集兩次。選舉、罷免鎮長或其他職員，制定或修正自治公約，議決單行公約、預算決算，議決鄉公所交議事項、所屬各閭鄰或公民所提事項。	鎮監察委員會，監察鄉財政，糾察鎮長違法失職事，民選3～5人組成。	鎮務會議，由鎮長召集，副鎮長、鎮公所內閭長、監察委員參加，必要時鄰長列席，每月召開一次，議決鎮自治事務。	鎮調解委員會，調解民事調解事項及撤回起訴的刑事事項，由鎮民大會選舉產生。
閭	鄉鎮居民以二十五戶爲閭。	閭設閭長一人，執行上級機關命令。	閭居民會議，由閭長召集，或有十戶以上要求閭長必須召集，對閭長有選舉、罷免之權。			

	自治區域	行政機關	自治立法機構	監察機構	其　他	司法機構
鄰	每五戶爲一鄰。	鄰設鄰長一人，執行上級機關命令。	鄰居民會議，由鄰長召集，或有兩戶以上要求鄰長必須召集，對鄰長有選舉、罷免之權。			

　　從上表可以看出，縣以下自治組織，共分爲四級，區爲一級，鄉鎮爲一級，閭爲一級，鄰爲一級，此時縣仍不是自治機關，只是省政府的派出機構，辦理縣政，指導縣以下辦理地方自治，嚴格地說，閭、鄰並不是一級自治組織，關於自治組織，當時的法學專家金鳴盛指出必須符合四個條件才能算是自治組織，一、「單位內的分子必定有一個集議體的組織或代表機關，以表見各分子間的共同意思，就是意思機關的存在；」二、必須有執行機關；三、必然要有經費來源，每年必須有預算決算；四、對內部的社會事業、經濟事業及其他公共事業有獨自經營權〔註 31〕。閭、鄰沒有預算、決算，也沒有獨立經營公共事務的權限，所以只能看作是鄉鎮下的區劃編製。關於縣以下的這套自治體系如何構建，在《縣組織法施行法》中規定：縣長民選前由民政廳提出後選人二到三人，由省政府確定最後人選，縣長就職後組織縣政府，下設立公安局、財政局、建設局、教育局，辦理縣政。「各縣政府奉到《縣組織法》施行日期命令後，應在兩個月內，依《縣組織法》第十六條、第七條之規定，劃定各自治區域，編定各自治鄉鎮。」〔註 32〕自治區域劃定後，各省民政廳選擇訓練合格的人充任區長，區長就職後，「應於一個月內，應依《縣組織法》第八條、第三十五條、第三十六條之規定劃定鄉鎮區域並組織區公所。」〔註 33〕區長就職後，還要在兩個月內召開鄉民大會、鎮民大會，選舉鄉長、副鄉長、鎮長、副鎮長及鄉鎮監察委員，並組織鄉公所、鎮公所，鄉

〔註31〕金鳴盛，縣市自治組織問題〔J〕，東方雜誌，1934－4－16（第 31 卷，第 8 號）。

〔註32〕焦如橋，劉振東，縣政資料彙編〔Z〕，影印本，重慶：中央政治學校，1939：216。

〔註33〕焦如橋，劉振東，縣政資料彙編〔Z〕，影印本，重慶：中央政治學校，1939：216。

長、鎮長就職後，「應於兩月內，依《縣組織法》第十條、第四十八條、第四十九條之規定，劃定閭鄰，分別召集閭鄰居民會議，選舉閭長、鄰長。」〔註34〕《縣組織法》施行一年以後，由省政府派人考覈各縣區鄉鎮組織情形呈報內政部，「並將其合格者咨請核准區長民選。」內政部核准區長民選時，須召集區民大會選舉區長、區監察委員，並組織縣參議會，「內政部於各縣區長民選一年後，應據各省政府冊報，考覈其戶口、土地、警衛、道路及人民使用四權情形，有合於《建國大綱》第八條規定之程序者，准其成爲完全自治之縣。」〔註35〕

從這些設置中可以看出，南京國民政府對建立縣以下自治機構是有著詳細的規劃，縣長、區長剛開始不是民選，而是由省政府選任，縣長到任後組織縣政府，劃定自治區域，區長到任後劃定鄉鎮區域並組織區公所，此後便是推行地方自治階段，由區長召開鄉民大會、鎮民大會，民選出鄉長、鎮長，鄉長、鎮長選出後再劃定閭鄰，召開閭鄰會議，民選出閭長、鄰長，等到省政府考覈鄉鎮組織合格後再民選出區長，區長民選之後一年內政部考覈其是否達到《建國大綱》中自治要求，如果符合要求，則准許成爲完全自治的縣。綜上而言，南京國民政府的自治機構設計及推行程序是繼承了孫中山關於縣自治的思想，並做了一定程度的發展。

（3）從制度層面進行設計試圖達到孫中山要求的直接民權。

民眾能夠行使選舉、罷免、創制、復決四項直接民權是孫中山民權主義的重要內容，他要求在地方自治的推行過程中培育民眾行使直接民權，在《地方自治施行法》中明確提出：「凡成年之男女，悉有選舉權、創制權、復決權、罷免權」〔註36〕。國民黨一大確立的國民黨對內政策中強調：「自治之縣，其人民有直接選舉及罷免官吏之權，有直接創制及復決法律之權」〔註37〕在《國民政府建國大綱》中再次提出：「一完全自治之縣，其國民享有直接選舉官吏

〔註34〕 焦如橋，劉振東，縣政資料彙編〔Z〕，影印本，重慶：中央政治學校，1939：216。
〔註35〕 焦如橋，劉振東，縣政資料彙編〔Z〕，影印本，重慶：中央政治學校，1939：217～218。
〔註36〕 廣東省社會科學院歷史研究室，孫中山全集（第五卷）〔Z〕，北京：中華書局，1985：221。
〔註37〕 廣東省社會科學院歷史研究室，孫中山全集（第九卷）〔Z〕，北京：中華書局，1986：123。

之權，有直接罷免官員之權，有直接創制法律之權，有直接復決法律之權。」
〔註38〕

南京國民政府在地方自治推行之初，強調所推行的制度就是爲了達到孫中山提出的四項直接民權，《訓政綱領》中第三條指出：「依照總理建國大綱所定選舉、罷免、創制、復決四種政權，應訓練國民逐漸推行，以立憲政之基礎。」〔註39〕在國民黨三大的政治決議案中指出，雖然《國民政府建國大綱》中規定憲政時期的國民大會也擁有行使選舉、罷免、創制、復決的權利，但國民大會所行使的這四種政權，仍然是間接民權，「唯有縣及縣以下之地方自治團體所行使之四種政權，乃爲眞正之直接民權。以是之故，本黨今後之實際工作，不特必須確立縣以下之自治制度，而尤當扶植地方人民之自治能力。」〔註40〕在制定的法規中，南京國民政府力圖體現出直接民權，《鄉鎮自治施行法》中規定：「中華民國人民，無論男女，在本鄉鎮居住區域內居住一年，或有住所達兩年以上，年滿二十歲，經宣誓登記後，爲鄉鎮公民，有出席鄉民大會或鎮民大會及行使選舉、罷免、創制、復決之權。」〔註41〕《區自治施行法》中規定：「經鄉公所或鎮公所登記爲鄉鎮公民者，即爲區公民，有出席區民大會，行使選舉、罷免、創制、復決之權」〔註42〕從中可以看出，這些法律法規並沒有對公民、選民的資格進行財產限制、性別限制，並且明確提出，鄉長、鎮長、閭長、鄰長由民眾直接選舉產生，並且民眾可以通過選舉直接罷免，甚至在選舉中引用了差額選舉辦法，「在區長民選實行以前，鄉民大會或鎮民大會選舉鄉長副鄉長或鎮長副鎮長時，應選出加倍之人數，報由區公所轉請縣長擇任。」〔註43〕在鄉鎮一級自治實現後，區長也即民選產生，待到全縣基本達到《建國大綱》第八條要求後，即成爲完全自治之縣，

〔註38〕廣東省社會科學院歷史研究室，孫中山全集（第九卷）〔Z〕，北京：中華書局，1986：127。

〔註39〕榮孟源，中國國民黨歷次代表大會及中央全會資料（上）〔Z〕，北京：光明日報出版社，1985：658。

〔註40〕榮孟源，中國國民黨歷次代表大會及中央全會資料（上）〔Z〕，北京：光明日報出版社，1985：638。

〔註41〕焦如橋，劉振東，縣政資料彙編〔Z〕，影印本，重慶：中央政治學校，1939：230。

〔註42〕焦如橋，劉振東，縣政資料彙編〔Z〕，影印本，重慶：中央政治學校，1939：219。

〔註43〕焦如橋，劉振東，縣政資料彙編〔Z〕，影印本，重慶：中央政治學校，1939：214。

完全自治之縣得以民選縣長，並且在自治籌備階段，民眾即可民選縣參議員、區監察員、鎮監察員、鄉監察員，對縣政府、區公所、鎮公所、鄉公所進行監督。南京國民政府這些設計至少從制度設計的出發點來看是與孫中山直接民權主張相似的。

3.2　前期施行結果及南京國民政府的改進與調整

3.2.1　南京國民政府地方自治的前期施行結果

　　南京國民政府在推出《縣組織法》、《縣組織法施行法》、《縣自治法》等一系列地方自治相關法律法規後，在自治區域劃分及自治機構設置方面做了很多努力，但是因爲各方面的原因，自治事項的辦理一直充滿坎坷。1930 年11 月，南京召開的國民黨三屆四中全會上內政部提出了政治報告，其中提到：「計自十九年三月以來，如改組縣政府，劃編自治區，訓練自治人員，調查戶口，訓練人民成立區鄉鎮閭鄰，籌定自治經費各事項，除河北、河南、察哈爾、綏遠四省，自軍事發生後，未准咨報。山西、陝西、廣西、甘肅、寧夏、青海六省，迄未咨報，及西康一省，尚未成立省政府外，其他各省，率因軍事方股，共匪滋擾，以致自治事務，同時停頓。」〔註 44〕各地紛紛要求展期。

　　1931 年 1 月，內政部召集第一次全國內政會議，其中關於地方自治的決議案中提出《縣組織法施行法》中規定的完成縣以下地方自治組織時間限制太過嚴苛，「事實上又因軍事災難各種關係，難以一蹴完成，轉致令出不行，法同虛設，不如轉請中央修改縣組織法施行法第三條。」〔註 45〕要求根據各省的實際情形，分別設定期限，但最終期限仍定在預定的自治完成時期即 1934年。

　　1931 年 11 月，內政部政治報告中對地方自治推行情況作了系統總結，其中包括自治區域劃分情況，自治經費籌集情況，自治人才訓練情況等。（一）自治區域劃分：「計先後據報，各縣劃編自治區劃完竣者，有江蘇、浙江、安徽、江西、福建、湖北、山東、河北、綏遠、察哈爾等省。其已劃編一部分自治區域者，有河南、遼寧、熱河等省。其已經計劃，而尚在劃編中者，有

〔註44〕秦孝儀，革命文獻（第 71 輯）〔Z〕，臺北：中央文物供應社，1977：28。
〔註45〕焦如橋，劉振東，縣政資料彙編〔Z〕，影印本，重慶：中央政治學校，1939：334。

廣東、吉林等省。其餘各省，現正督促趕辦，限期告竣。」〔註 46〕（二）自治經費籌集：已經劃撥專款確定自治經費的有江蘇、浙江、廣東、江西、湖北、貴州、山東、黑龍江、新疆等省，已經劃撥專款但仍然在核定的有安徽、河南等省，正在劃撥專款的有湖南、察哈爾、熱河等省，「此外各省，則以各種原因進行推遲，未能劃定款項，尚需分別督促。」〔註 47〕（三）自治人才訓練：兩年多以來，先後建立區長訓練所，用於培養自治人才的共有江蘇、江西、安徽、福建、湖北、河南、河北、山東、遼寧、吉林、熱河、綏遠、察哈爾、黑龍江、貴州、陝西、新疆、青海等省，設立了自治專修學校或者自治訓練班的有浙江、湖南，其餘各省在籌設當中。至 1933 年，全國自治區域劃定如下：「各省劃定自治區域：6875 區、121105 鄉鎮、289414 閭、1610863 鄰。」〔註 48〕

　　1932 年 12 月，內政部召集第二次全國內政會議，通過關於地方自治的決議改革案，要求關於自治法令，中央應該注重原則方面，並注意富有彈性，使各地方有伸縮的餘地，其中指出：「（一）、現行縣以下區鄉鎮閭鄰各組織，得有各省斟酌情形存廢之，但不得少於二級或多於四級，其各組織之名稱（如鄉鎮閭鄰或保甲等）亦得由各省自行決定，彙報內政部備案。（二）、確認縣政府為行政機關而兼自治機關，區以下自治組織為自治機關而兼夏季行政之輔助機關。國家之地方行政事務，由縣行政機關辦理之，縣長一面為地方政府之官吏，一面為高級地方自治團體之首領，縣之自治職權，應按法律規定之，以區以下之自治能力所不及者為限。（三）、各縣自治團體，均具有法人資格，在法律範圍內，得使行其獨立之意思與政策。（四）、省縣對下級自治機關的行政監督主要集中在辦理各種行政，是否符合法律程序，法定的委任職務，是否切實執行，辦理各種行政，是否超出法律限度以外。（五）省縣政府對於各級自治團體之監督。其發放為責令報告，發佈命令，強制加入預算項目，代行被馳怠之職務。」〔註 49〕對於各省自治經費籌措困難的情況，這次會議上通過關於自治經費的決議指出：（一）、各省原有的地方自治經費，如果被挪用他處，必須發還，仍然作為地方自治經費；（二）、各級自治機關

〔註 46〕秦孝儀，革命文獻（第 71 輯）〔Z〕，臺北：中央文物供應社，1977：54。
〔註 47〕秦孝儀，革命文獻（第 71 輯）〔Z〕，臺北：中央文物供應社，1977：55。
〔註 48〕秦孝儀，革命文獻（第 71 輯）〔Z〕，臺北：中央文物供應社，1977：135。
〔註 49〕焦如橋，劉振東，縣政資料彙編〔Z〕，影印本，重慶：中央政治學校，1939：336～337。

之經費，在過渡時期，國家機關得以協款方法輔助，但輔助的金額不能超過
自治機關年收入的總額的40％；（三）區以下各級自治機關應有確定的財源，
其收入的範圍，為該自治團體公有財產的利息，公營事業的利潤。此外還有
本區內地主及房主、企業家對於公營事業的捐款，上級機關的補助金，公債
的募集。〔註 50〕對於自治人才的訓練，會議認為地方自治的各級協助人才，
應該分科分組訓練，訓練專門技能，加強區以下自治人才訓練。〔註 51〕

　　至 1935 年左右，各項自治事項取得一定成效，各省雖然環境不一，進展
程度不同，但大體都完成了縣以下自治區域劃分，一定程度上建立了鄉鎮行
政工作。各省縣以下自治區域劃分進展如下圖：

表 3.3〔註 52〕

省 別	區 數	鄉 數	鎮 數	閭 數	鄰 數
江蘇	608	17423	3028	231718	1175191
安徽	417	7510	1549		
江西	402	6923	516	44082	216110
南昌市	10		90（坊）		
湖北	324	5733	786	15744	86794
湖南	491	1（直屬鄉）	2（直屬鎮）		
山東	796				
濟南市	10				
山西	424	10933（鄉鎮坊）	37634（村）	86103	384268
河南	744	18281	2575	214798	1032826
河北	796	30706（鎮鄉合計）			
天津市	8		183（坊）	2953	14283

〔註 50〕焦如橋，劉振東，縣政資料彙編〔Z〕，影印本，重慶：中央政治學校，1939：339。
〔註 51〕焦如橋，劉振東，縣政資料彙編〔Z〕，影印本，重慶：中央政治學校，1939：339。
〔註 52〕內政年鑒編撰委員會，內政年鑒（B）〔Z〕，上海：商務印書館，1936：645～646。

省　別	區　數	鄉　數	鎮　數	閭　數	鄰　數
陝西	84	1460	131	10529	51922
浙江	419	11290	1227		
杭州	13		58		
福建	350				
雲南	652	6171	992		
昆明市	6		66		
貴州	613	5773	1430	63360	313239
貴陽市			36		
甘肅	162	1703（鄉鎮）	525	21（堡）	
青海	47	527	33	2299	11229
熱河	87	1763	129		
察哈爾	82	2620	118		
綏遠	78	1482	72		
南京市	8		209		
上海市	40				
北平市	15		462	5165	25416
青島市	12		220		
威海衛	8		75		

　　各省在劃分縣以下自治區域的同時，對於區鄉（鎮）閭鄰自治組織也在積極籌建，如下圖：

表 3.4〔註 53〕

省別	縣以下自治組織進展情況
江蘇省	江蘇省當區長訓練所第一期學員訓練完畢後，即通令各縣組織區公所，依據各區人口之多少及事務之繁簡，釐定組織標準，將區分為四個等級，10 萬以上人口為甲等區，8 萬以上為乙等區，5 萬以上為丙等區，不滿 5 萬為丁等區，

〔註 53〕資料來源於內政年鑒編撰委員會，內政年鑒（B）〔Z〕，上海：商務印書館，1936：752～762。

省別	縣以下自治組織進展情況
江蘇省	甲等區公所設置助理員 5 人，雇員 4 人，區丁 4 人，依區的等級人數遞減。各縣區公所於 1929 年 8 月間先後組織成立。鄉（鎮）長、副鄉（鎮）長先由區長遴選，再經過縣長考覈，到任後組織鄉鎮公所，進行自治事項，並依據法規進行鄉鎮長民選。1930 年 6 月有 7 縣完成縣組織法要求，另有 7 縣於 1931 年，44 縣於 1932 年底，完成縣組織法要求；泗陽、高郵、灌雲等 3 縣於 1933 年 3 月完成縣組織法要求，至此，全省完成縣各級自治組織。
安徽省	1931 年 1 月間，各縣區公所先後成立，共計有 417 所，並由各區長聘定籌備員，組織鄉鎮公所籌備處，相繼成立鄉鎮公所，在 1932 年 9 月，未該辦保甲以前，曾依法召集鄉（鎮）民大會，其選定鄉（鎮）長、副鄉（鎮）長者，有寧國、婺源、太湖、秋浦、蕪湖、青陽、無爲等八縣。
江西省	從 1928 年 9 月開始分期辦理組織區公所，第一期爲南昌等 16 縣，第二期爲贛縣等 37 縣，第三期爲吉安等 28 縣，至 1931 年 6 月底已經劃成自治區域者共計有 67 縣，共 402 區，組織成立區公所 379 所。原定 1931 年 8 月前完成縣以下自治組織，但各縣匪患不靖，一再展限，多有限於停頓狀態者，1931 年 7 月，寧都等 43 縣劃分爲剿匪區，其餘各縣依據縣組織法辦理縣以下自治組織，有 30 縣成立了鄉鎮公所，1932 年該辦保甲之後，鄉鎮閭鄰自治組織限於停頓。
湖北省	湖北依據縣組織法施行法之規定，應於 1931 年 8 月完成縣以下自治組織，但各縣均未能如期完成，1932 年豫鄂皖三省剿匪總司令部命令緩辦自治以前，成立區公所的縣共有 66 個，區以下各級自治組織均未辦理。
湖南省	湖南省常受匪禍，自治進行因之遲緩，原定在全省各縣設立區公所、劃分自治區域、編製閭鄰等自治工作因環境特殊，多數未能順利推行。
山東省	1930 年底至 1931 年春，各縣陸續成立區公所，每一區公所設區長一人，助理員二人，區丁二人。1931 年開始組織鄉鎮公所，至 1932 年陸續成立，《改進地方自治原則》公佈後，擬定山東縣參議會籌設程序表，規定於 1934 年 11 月，各縣參議會一律成立，並且各縣區公所陸續取消，在鄉鎮以下的村莊內，設立村長或莊長一人，以佐理鄉鎮長辦理本村莊內一切自治事務。
山西省	山西省自 1918 年即有區的設置，是縣政府派出的行政機構，1931 年依照中央法規，改組爲區公所，並設置區調解委員會，並將原有的村公所改組爲鄉鎮公所，原有的各村息訟會改組爲鄉鎮調解委員會。
河南省	河南省原定 1930 年 8 月完成縣組織法，但以地方不靖，迭請展期。嗣後設置區公所，並成立鄉鎮公所者，有開封等九十九縣，但南陽、唐河、汝陽、鄧縣、新野、信陽、光山、固始、官陽、嵩縣、鎮平、商城等縣仍未能完成。河南省曾經公佈了各縣區公所設置辦法，規定每區區公所除區長外，設助理員一人或二人，區丁四人至八人，但以經費不濟未能完全照章辦理。1932 年 11 月間，河南省豫鄂皖剿匪總司令部訓令，辦理保甲，自治工作停頓。

省別	縣以下自治組織進展情況
河北省	1930 年 3 月，設立區長教練所，分三期訓練至 11 月，分發學員充任各縣區長，依法組織區公所，並制定區鄉鎮調解委員會章程及選舉規則，並分六期督促各縣完成自治，但由於環境限制未能如期舉行。1928 年，河南省將各縣原有村莊凡滿百戶或聯合數村在百戶以上者，劃爲一編村，城市編製爲里，設置村里公所。1929 年，依照法規改村里爲鄉鎮。《改進自治原則》通行後，擬定了《河北各縣裁撤自治區公所實施辦法》及《河北省各縣自治指導員暫行辦法》等法規，各縣裁撤了區公所，設置了自治指導員，輔佐縣長處理自治事務。
陝西省	1930 年冬季擬定了關中地區各縣推行自治暫行辦法大綱及實施程序、委任關中區各縣區長暫行辦法及區公所辦事通則等各項章則，先就關中區各縣推行，委任各區區長，組織區公所，至二十二年三月止，組織成立者有三十餘縣，鄉鎮組織也有少數縣同時成立，其後以旱災嚴重爲理由不得已暫行停辦。
浙江省	各縣自治區域劃定後，浙江省依法組織了區公所，區長係由自治專修學校畢業學生遴選充任，1930 年 7 月，各縣區公所一律成立。全省區公所依據區域面積、村里數目及經濟狀況酌情分爲五等，依等次規定其內部組織，並規定二等縣所屬各區等級，最高不得過二等區，三等縣所屬等級最高不得過三等區。自縣組織法公佈後，浙江省將村里改編爲鄉鎮坊。1932 年底，全省鄉鎮坊公所一級閭鄰編製均分別組織完成。《改進自治原則》通行後，原有區公所一律撤銷，代以自治巡迴協助員。
福建省	福建省由於地方不靖，地方自治進展緩慢，1931 年 3 月，福建省政府議決先將閩侯等二十一縣提前辦理地方自治，陸續成立區公所 126 處，區公所設置區長一人，助理員一人，雇員二人，區丁四人。區公所成立後，依據《縣組織法施行法》之規定，由區長聘定籌備員，組織鄉鎮公所籌備處，辦理人事登記及戶口調查等各項事業，但經費困難，區鄉鎮自治事務從 1933 年以後進行甚爲遲緩，福建全省只有閩侯一縣完成了鄉鎮閭鄰組織建設。
廣東省	廣東省各縣於區公所未成立時，由縣政府於區公民中遴選籌備委員三至五人，組織區公所籌備委員會，所屬各鄉鎮長選定後，呈請縣政府召集區民代表大會，選舉區委員，每一區設委員五人至七人，設立一年以後，得改用區長制，設立區長一人，副區長二人，均由區民代表大會選舉產生。鄉（鎮）公所未成立時，由區公所籌備委員會於鄉（鎮）公民中遴選籌備委員三人至五人，組織鄉（鎮）公所籌備委員會，於所屬各里長、副里長選定後，呈由區公所籌備委員會核准，召集鄉（鎮）民大會，選舉鄉（鎮）長、副鄉（鎮）長。里長、副里長的選舉與鄉（鎮）長選舉類似。
廣西省	縣參議會未設立以前，設自治籌備委員會，縣以下各區設立區公所，受縣政府的監督指揮，處理國家及省縣行政事務，區公所設區長一人，助理員一人，辦事員二人至四人。鄉鎮設立鄉鎮公所，受縣政府或區政府監督指揮，辦理地方自治行政事務，鄉（鎮）公所設置鄉（鎮）長、副鄉（鎮）長各一人，村街設村街公所，受區、鄉、鎮公所監督指揮，村街公所設村長一人，副村長一人至三人，甲設甲長一人，副甲長一人至三人，受村街公所監督指揮，辦理地方自治行政事務。

省別	縣以下自治組織進展情況
雲南省	雲南於 1930 年擬定了完成縣自治分年進行程序表，分三期進行。至 1933 年 8 月，完成縣組織者為昆明等十四縣，有一百縣成立了區公所，14 縣成立了鄉鎮坊公所，《改進地方自治原則》公佈後，以雲南籌備自治規模已見雛形，故自治仍按原定計劃進行。
貴州省	1930 年 9 月設立自治籌備處，督促各縣實施自治，但因為自治人才缺乏，自治經費緊張，自治事項不能按期完成。至 1935 年，全省縣區鄉鎮公所均已正式成立，《改進地方自治原則》通行後，以貴陽一縣為自治開始時期，其他十八縣為自治扶植時期。
遼寧省	1930 年以前曾擬定縣組織條例，與中央頒行的《縣組織法》大抵相同，該省為避免多事紛更，仍依舊法辦理。
吉林省	1930 年 10 月開始委任區長，組織區公所。
黑龍江省	原定分期舉辦各級自治組織，但以經費無著，於 1930 年 11 月請求緩辦。
寧夏省	寧夏省原有已經設立的區鄉公所編製紊亂，且經費無定，業經決定於 1935 年加以整頓，對於編製及經費等項均須劃一，以期組織完善。
甘肅省	甘肅省原定自 1930 年起至 1931 年止，依照縣組織法分五期，組織各級自治機關，但甘肅原本地瘠民貧，人才經費都感到困難，自治進展緩慢，到 1932 年底，各縣劃區完成者分別組織區公所，也有少數組織了成立了鄉鎮公所，《改進地方自治原則》通行後，以各縣區公所成績不佳，決定予以裁撤。並因辦理保甲，自治事務已經停頓。
青海省	1929 年，由民政廳擬定促進地方自治計劃，分期辦理，至 1932 年底除了玉樹、同仁、都蘭三縣外，其餘各縣區鄉鎮公所均已完成，《改進地方自治原則》通行後，湟源、大通、民和三縣區公所取消。
熱河省	1932 年，熱河全省各縣的區鄉鎮公所相繼完成。後因國難緊急，省裏沒有自治經費支持，自治事業停辦。
察哈爾省	1931 年，全省區鄉鎮公所均一律成立，區公所設區長一人，助理員一人，書記一人，區丁四人至六人，

省別	縣以下自治組織進展情況
綏遠省	1931 年 9 月，全省各縣區公所均成立，後續訂各縣局辦理地方自治進行程序表，全省鄉鎮公所均依次成立。《改進地方自治原則》通行後，將各縣區公所改爲縣行政輔佐機關，鄉鎮村及閭鄰暫仍沿襲舊制。
南京市	1931 年劃區完成後，6 月各區區長經過內政部正式委任，各區區公所相繼組織，之後暫設區坊二級自治機構，以利自治推行。
上海市	1930 年設立區委會，劃定全市爲四十區，暫時遴選熟悉地方情形者爲籌備自治委員，至 1932 年 11 月，各區公所籌備就緒，提出全市四十區區長人選，咨請內政部正式委任，進而設置區公所，但由於上海租界眾多，環境複雜，日本挑起「一二八事變」，致使區以下自治組織進展緩慢。
北平市	1928 年即成立自治籌備機關，劃分自治區域仍採用村街制度，後依據《縣組織法施行法》的規定改村爲坊，設立區公所、坊公所，聘籌備員一人，助理若干人，會同各閭長、鄰長組成坊務會議，爲處理坊的議決機關，《改進地方自治原則》通行後，取消坊公所，並改組區公所爲區辦事處，成爲行政輔助機關而不是自治機關。
青島市	青島外國僑民較多，推行自治困難。1932 年 2 月成立地方自治籌備委員會，至 1933 年 1 月，青島市劃分區完竣，即組織區公所，並分派各區區長至各區，組織區自治籌備處，試辦數月，期滿後，擇其成績優良者，請部加委。至 7 月間，全市各區公所，均組織成立。繼於坊區劃定後，即於每坊設立籌備處，由當地住戶，或原任村長三名至五名組織之，辦理公民調查及籌備選舉等事，惟坊公所至今尚未能正式成立。
威海衛行政區	1931 年 12 月，青島行政署委派區長訓練所畢業學員八人爲區公所籌備員，先就劃定之各區內選擇地點爲區公所辦事處，所有各區公所所需設備由籌備員擬具計劃，開列預算，逐漸舉辦，1932 年 1 月各區公所籌備就緒，正式成立。原有籌備人員呈請內政部委任爲區長。區公所成立後，即進行劃分街坊事物，街坊劃分完竣後，再續辦公民宣誓登記，並派員組織街坊長資格委員會，擬定威海衛街坊長候選人資格暫行辦法，1933 年冬舉行街坊長選舉，同年 10 月 1 日，一律宣誓就職，組織街坊公所完成。

　　對於自治人才培養，南京國民政府內政部在 30 年代前後曾陸續公佈《區長訓練所條例》、《區鄉鎮現任自治人員訓練章程》、《自治訓練所章程》等各項法規，對於區長及區長以下各級自治人員的分別訓練，均規定了詳細方案。各個省辦理地方自治人才訓練時，有的遵照規定辦法，有的根據本地區實際情形另訂立了單行章程，但大部分省份限於經費，很難做到同時訓練區長及區長以下各級自治人員，又因爲按照《縣組織法施行法》規定區公所必須最

先組織成立，區長訓練顯得尤爲重要，可以說是刻不容緩，所以很多省份多是先舉辦區長訓練所，以適應自治的進展。全國各省因爲各地情形不同，在自治人才培訓上程度不一：

表 3.5〔註 54〕

省別	地方自治人才培訓情況
江蘇	江蘇省辦理劃定區的時期內，同時舉辦區長訓練所，1928 年 12 月間，先後公佈區長訓練所組織簡則，區長訓練所章程，區長考試委員會章程，區長考試資格審查委員會章程，區長考試事務所章程等。1929 年 4 月 1 日，設所開始訓練，第一期 3 個月，至 7 月 1 日完畢，訓練合格人員 682 人，畢業後分別發回原縣各區公所作爲實習區長或者區助理員，滿 3 個月後，由各縣縣長依據考覈結果呈報省政府，改爲實授。第二期培訓於同年 10 月 15 日開始，至 1930 年 3 月 20 日完畢，訓練合格人員 150 名，畢業分配同第一期培訓班一樣。江蘇省各縣臨時委任的鄉鎮長、副鄉鎮長都是依照該省制定的各縣鄉鎮長副訓練所臨時簡章，通行各縣設所調集訓練，由縣長兼任所長，施以 1 個月的訓練。 　　江蘇省設所訓練各級自治人員，在內政部頒行區長訓練所條例及區鄉鎮現任自治人員訓練章程之前，所以各項訓練所章程均是由該省自訂大致與內政部續頒行者相同。 　　1934 年，江蘇省的通榆、淮海、銅五行政督察區所屬各縣的鄉鎮長，悉數集中到專員所在地，進行訓練。長江以南及江都區所屬各縣的鄉鎮長也定於 1935 年同樣施以訓練。並擬定於省會所在地設區長訓練班，各縣區長、區助理員分批進行培訓。
安徽	1929 年 9 月，依照內政部條例，成立區長訓練所，要求各縣保送學員 300 人，1930 年 5 月訓練完畢，畢業學員 280 餘人，同年 9 月續辦第二期，仍由各縣保送學員 300 人，至 12 月，畢業學員 290 餘人，兩期學員 576 人，均按各縣所劃區數委充區長，計 400 餘人，其餘均分發各縣原籍侯委。 　　1930 年 11 月，安徽省民政廳擬定了安徽省各地地方自治研究所規程，通飭此項研究所由縣長擔任所長，每個鄉鎮推薦 4 人，由縣裏圈定 2 人爲學員，進入所裏研究，以 2 個月爲期，共有懷寧、和縣、廬江、無爲、東流等 14 個縣，畢業學員總計有 2900 餘人，大半充任區助理員及各鄉鎮籌備員。
江西	江西省 1928 年 5 月擬定江西訓政人員養成所章程，旨在訓練辦理自治人才，招收學員 237 名，全省總計一等縣 17 縣，每縣選送 4 人，二等縣 41 縣，每縣選送 3 人，三等縣 23 縣，每縣選送 2 人，均由各縣縣政府依照額定人數考驗選送，學習期分爲 6 個月，1929 年 2 月訓練期滿，畢業學員 211 人。第一期畢業後又召集第二期，錄取學員 240 名，畢業了 222 人。

〔註 54〕資料來源於內政年鑒編撰委員會，內政年鑒（B）〔Z〕，上海：商務印書館，1936：747～753。

省別	地方自治人才培訓情況
江西	訓政人員養成所結束後，依法籌備區長訓練所。錄取了 321 人，訓練期滿後，共有 279 人合格畢業。1928 年 10 月間，江西省還曾辦理了鄉鎮自治人才。1930 年 1 月，為了適應修正縣組織法起見，江西省擬定了各縣鄉鎮長副訓練所簡章，訓練各區鄉鎮長副，就縣政府科長、各局局長及就近區長、曾經訓練合格以及明瞭黨義並對於地方行政素有煙酒及經驗之人充任教員，訓練時間定為 1 個月，共有吉安、瑞昌等 11 個縣循此辦理。 　　1935 年 5 月，江西省成立公民訓練委員會，預定 3 年內完成訓練境內公民訓練，並先行決定南昌等 10 各縣為試驗區，總共舉辦了三期，受訓人員達到了 30316 人。
湖北	湖北省從 1928 年至 1931 年陸續辦理自治講習班，共有三次，第一次為訓政講習班，共畢業學員 127 人，第二次為參照內政部設立區長訓練班，由各縣保送合格學員 400 人中錄取 160 人，畢業學員 150 人，第三次為 1930 年 3 月間在地方行政人員訓練所停辦以後，復擬增訂湖北省區長訓練所章程，其內容與內政部制定條例大體相同，只是增設了副所長一職務，於 6 月間錄了 180 人，4 個月培訓期滿後畢業了 174 人。畢業學員分別以區長、區助理員委任。
湖南	湖南地方自治籌備處於 1928 年擬定了地方自治訓練所章程，籌設自治訓練所，其學員由各縣考選，該所於 1928 年 11 月開始舉辦，原定 8 個月畢業，後延長至 1929 年 10 月完畢，自治班學員 480 人，分派到各縣成立自治籌備處，協助縣政府籌辦區鄉鎮自治事項。
山東	1930 年 1 月起，依照內政部頒行之區長訓練所條例，開辦區長訓練所，預計 5 月畢業，年底辦理第二期訓練，予以 1931 年 3 月畢業，並於 4 月舉辦第三期，前後三期訓練及格人員共 1196 人，除委任為各區區長外，其餘均候補區長。
山西	山西省自縣組織法公佈以後，以其現行的區制與舊有的制度大致相同，當即依法改組，並依照區長訓練所條例，擬定訓練區長辦法，1931 年 12 月至 1932 年 11 月前後共訓練了 4 期，畢業學員 500 多人。 　　鄉鎮長副及閭鄰長等，於前辦村政時代，已經規定訓練簡章，於每年春季，新選各員須訓練一次，其訓練科目，大致為黨義、現行法令及村長副須知等，計前後訓練及格人員，已經超過現任人數 6 倍以上。
河南	河南省 1929 年 9 月依照內政部頒行的區長訓練所條例舉辦區長訓練所，擬定招考學員辦法，但以財政艱難，酌情先令豫東、開封等 39 縣，豫北安陽等 25 縣，每縣選錄 5 人，共有 320 人，經過復試錄取了 317 人，同年 11 月 1 日第一期開學，1930 年 2 月期滿畢業。其後，由豫南、豫西各縣選送學員 5 人並由豫東、豫北各縣增送 2 名，於 3 月間開始訓練，共計 319 人，其後又召集 349 人是為第三期。 　　1931 年 11 月河南生依照內政部頒行的自治訓練所章程，籌設自治訓練所，畢業時期定為一年，考試合格畢業者共 430 人。

省別	地方自治人才培訓情況
河北	河北省共計要訓練區長 1200 餘人，因人數太多及各地情況不一，故決定分 3 期，每期訓練約 400 名，每期 2 個月，前後共訓練了 1206 人，畢業學員分別委任為各地區長。
陝西	陝西省原定各縣區長訓練班分兩期辦理，第一期於 1931 年訓練學員擬任關中地區各縣區長，第二期訓練學員擬任陝南、陝北的各縣區長。原定這批學員畢業後委任為各地區長，但第一批畢業安排後，第二批未能按照預定安排。
浙江	浙江省於 1928 年公佈了浙江省地方自治專修學校章程，舉辦地方自治專修學校，該校分為前後兩期，每期為 6 個月，前期修滿後即派往各縣市實習，在任內經過一定時間鍛鍊後再調迴學校繼續進行後期訓練，畢業後即正式委任為各縣市區長。 　　1929 年內政部頒佈區長訓練所條例，浙江省政府認為本省地方自治專修學校培養的學員已經足夠供給各縣擔任區長職務，所以沒有對其進行改組，該校前後招生 744 人，均已通過兩期訓練，現基本充任各縣市自治巡迴協助員及區長。
福建	福建省於 1930 年 1 月開始籌設區長訓練所，但不久因事停辦，1931 年 11 月依照內政部頒行自治訓練所章程，舉辦自治訓練所，通令各縣每區選送 1 人如所訓練，總計 170 餘人，畢業學員共 151 人，分別委任各縣區長，第二屆於 1932 年 12 月繼續辦理，名額定為 160 人，考試合格共 117 人。
雲南	雲南省於 1930 年 4 月依照雲南省訓政講習所章程開辦雲南訓政講習所，分為行政、公安、自治三班，自治班的設立目的在於訓練協助各縣籌備自治的人才，共訓練 132 人。依照內政部頒行的區長訓練所條例，開辦區長訓練所，要求全省各縣選送學員，分期入所進行訓練，從 1930 年 8 月開始一直到 1931 年 9 月 30 日總共開設了 15 班，畢業學員達到 1117 人。 　　該省各縣鄉鎮自治人員的訓練也有一定成效，共有 37 個縣進行辦理，共訓練人員達到 3000 人。
貴州	貴州省於 1929 年開始籌辦區長訓練所，原定 1930 年 1 月成立，但以各地選送學員交通不便延期至 3 月才開始開班訓練，共訓練學員 1300 餘人，皆委任各縣區長、副區長。另外，貴州省還設立自治講習所，學員由各縣不同民族中遴選，畢業學員 300 餘人，分派回原籍，共有 63 個縣辦理了地方自治訓練分所，共畢業學員達到 5000 餘人。
遼寧	遼寧省於 1930 年 7 月間辦理區長訓練所，時間定為 3 個月，第一期畢業學員共有 86 人。
吉林	吉林省於 1930 年 1 月成立縣自治人員訓練所，依照內政部頒佈條例，辦理區長訓練所，前後兩期，畢業學員 340 人。
黑龍江	黑龍江省是由各縣自行設訓練所訓練區長，期限定為 3 個月，前後共訓練區長 239 人。

省別	地方自治人才培訓情況
新疆	新疆於 1930 年依照內政部頒行的區長訓練所條例，並根據新疆特殊情況，擬定了區長訓練所簡章。規定在各行政長官駐所，各自設立訓練所一所，每所暫設一班，其學員由各縣政府保送，一等縣 8 人，二等縣 6 人，三等縣 4 人，以學員名額多餘各縣所劃區數標準，訓練期限爲 4 個月，自 3 月起，至 7 月爲止，全省共設立了 8 所，畢業學員，阿克蘇地區爲 48 人，伊犁地區爲 22 人，阿山地區爲 10 人，迪化地區爲 55 人，塔城地區爲 19 人，加上其他地區全部是 310 人，畢業成績達到甲等、乙等者，均以區長任用，丙等者作爲區長候補或者委任各區鄉鎮長。
寧夏	寧夏省曾於縣地方行政人員訓練所內附設立區長訓練班，1934 年 10 月辦理第二期縣地方行政人員訓練所，仍繼續附設區長訓練班，令飭各縣選送現任區長入所訓練，3 個月畢業。
甘肅	甘肅省在地方自治開始時候以地方財力困難，多年戰亂爲由未能進行自治人才訓練。1933 年 2 月才成立區長訓練所，擬定甘肅省區長訓練所組織大綱、訓練大綱等各項規則。學員分爲兩種，一種是依照內政部條例，由各縣保送，經考試合格後進入訓練所訓練，另一種由現任區長中抽調部分進行訓練。訓練所共分爲三班，每班 40 人至 60 人不等。訓練期限定爲 6 個月，並擬定新民自治實驗區組織大綱，由全所學員組織新民自治實驗區，學員畢業後分發回原籍，由縣長根據考覈成績指派赴各區服務。
青海	青海省於 1929 年舉辦地方自治訓練班，共畢業 51 人，1930 年開辦警官、區長訓練所，區長班學員入學時間從 1930 年 11 月至 1931 年 2 月止，訓練 3 個月，共畢業 23 人，其後又舉辦了地方行政人員訓練所，共有 71 人畢業，先後訓練及格人數共爲 155 人，均分發各縣聽任縣長委任。
熱河	熱河省從 1929 年 10 月開始辦理區長訓練所，訓練期限定爲 3 個月，於 1930 年 1 月畢業，畢業學員共有 140 人。
察哈爾	察哈爾省從 1929 年起舉辦區長訓練所，訓練期限定爲 3 個月，9 月開辦第一期，畢業學員 26 人，12 月開辦第二期，畢業學員 39 人，1930 年 4 月又舉辦了第三期，畢業學員 43 人，前後畢業學員共有 108 人，陸續被委任爲區長。但是自治效果不彰，所以在 1933 年又訂立了訓練區長及選送辦法，通行各縣按區選送學員入所訓練，時間定爲 40 天，從 10 月 6 日開學至 11 月 12 日畢業，共有畢業生 86 人，分別委任爲各縣區長。
綏遠	綏遠省 1930 年 1 月 15 日成立區長訓練所，由各縣選送學員，每區定爲一名，共計 88 人，訓練合格者一共 86 人，先後以區長任用。1933 年 3 月又舉辦第二期，招收學員 50 人，全數畢業後又於 10 月舉辦第三期訓練班，招收學員 43 人，畢業 40 人，前後 3 此訓練班共畢業 176 人。 　　綏遠省還曾舉辦各縣自治講習所，由各縣招收學員進行 2 個月的訓練，畢業後在本縣境內辦理地方自治事宜。全省畢業學員一共 170 人。

省別	地方自治人才培訓情況
威海衛行政區	威海衛行政區在 1931 年 5 月依照內政部頒行的條例，擬定威海衛行政區區長訓練所簡章，辦理區長訓練所，由各區保送學員，經考驗合格後進入訓練所訓練，至 8 月訓練完畢，一共畢業學員 36 人。

　　從各省自治人才訓練的情況來看，大多數省份只是舉辦了區長訓練班，訓練了一部分學員充任區長、區長助理，至於區以下的鄉鎮一級自治人員訓練極少。按照自治機關組織程序，是先由政府委任區長組織區公所，從這一點可以看出區長訓練只是地方自治人才訓練的第一步，區公所組織完成後，還要組織鎮公所，相應地就必須對鄉鎮自治人員進行訓練，但區長訓練還沒有完全結束，自治就逐漸讓位於保甲了，鄉鎮自治人員訓練就無從談起。另外，各地自治人才培養方面雖然培養了一些自治人員但是因為不注重實際，叢生弊端，「現查由訓練所畢業之人員，出面任自治事務，往往鄉望不符，經驗缺乏，未著大效，此後對於區鄉鎮長副領袖人才，應就地方鄉望素孚，或有正當職業，而能熱心任事者物色之，並加以相當之訓練。」〔註 55〕

　　施行地方自治的一個重要條件便是自治經費，自治人才培養、自治機關組織、自治事項舉辦等無一不需要經費，只有經費充足才能有力地推動地方自治，「國民政府為求地方自治易於進展起見，曾根據中央關於自治經費之各決議案，令由內政部督促各省遵照辦理。其辦法係由解省賦稅項下劃撥專款，作為自治經費。」〔註 56〕第一次全國內政會議上的決議又重申：「各省自治經費，仍按照內政部通行各省劃撥縣自治經費辦法，就解省賦稅項下酌量劃撥，如有不能劃撥，應由各縣設法籌措。」〔註 57〕當時不但組織自治機關需要經費，維持自治人員開支需要辦公經費，更多是舉辦自治事業需要大量的事業經費，而需要舉辦的地方事業在 1933 年 5 月 18 日國民黨中央第四屆中央執行委員會第 71 次會議上通過的《地方自治指導綱領》中詳細規定的有二十二項之多：「一、調查戶口及人事登記；二、測量土地及規定地價；三、辦理警

〔註 55〕秦孝儀，革命文獻（第 71 輯）〔Z〕，臺北：中央文物供應社，1977：233。

〔註 56〕秦孝儀，革命文獻（第 71 輯）〔Z〕，臺北：中央文物供應社，1977：232。

〔註 57〕焦如橋，劉振東，縣政資料彙編〔Z〕，影印本，重慶：中央政治學校，1939：336。

衛或組織保衛團消防隊等；四、建築道路橋梁及一切公共土木工程等；五、興辦教育及文化事業等；六、開墾荒地及培植森林等；七、農工商業改良及保護；八、興辦或改良水利；九、漁牧及狩獵之保護及改良；十、開採各種礦產設立各項工廠等；十一、組織各種合作社；十二、糧食儲備及調節；十三、設立感化院救濟院並促進公共衛生；十四、育幼養老濟貧救災等設備；十五、公共營業；十六、自治公約之擬定；十七、財政收支及公款公產管理；十八、設立圖書館、博物館及學術研究會等；十九、設立各種陳列館及舉行展覽會、競賽會等；二十、設立公共體育場公園及俱樂部等；二十一、提倡國貨及改良風俗習慣等；二十二、其他。」〔註 58〕但當時各地面臨著嚴重的經費困難，《內政年鑒》上指出：「其時正當軍事之後，各地元氣未復，財政困難，籌款不易。繼而匪亂相乘，災荒迭見，以致眞能籌擴充裕款項，充作自治經費者，實爲少數者。」〔註 59〕各地政府一般都鑒於經濟困難，對經費籌措多採取延緩態度，在實際推行過程中因爲各地的歷史條件、經濟狀況各有不同導致各地經費籌措情況也參差不齊：

表 3.6〔註 60〕

省別	地方自治經費籌措情況
江蘇	江蘇省在清末及民國初年籌備自治，曾有專款，但是多年來均被挪用他處，參議會籌備經費被挪用於黨務，區公所行政經費一再節縮，即使是每月二三十元維持都困難，以至於要求各區公所自行籌措。行政經費不及規定數額之半，（定額是 2072400 元，實際 954199 元）事業費更無從籌集，稍有區事業費的，僅僅是松江、常熟、蘇江等數縣。
安徽	1931 年，安徽省政府劃撥自治經費之初，曾依據標準計算全省各縣區公所所需經費總額爲 638154 元，但安徽省省政府無力撥款，要求鄉鎮公所自定籌款辦法。
江西	關於區公所經費，在賦稅較多的縣份，可以按照一級 175 元，二級 143 元，三級 110 元的標準分配，賦稅較少的縣份，區公所經費每月僅僅爲 30 到 40 元，「至於匪患較深之各縣，則更無從造具預算矣。」各鄉鎮公所開支的公雜費，多數都由各鄉鎮閭鄰長按照人口多寡分別擔任。

〔註 58〕 焦如橋，劉振東，縣政資料彙編〔Z〕，影印本，重慶：中央政治學校，1939：165～166。
〔註 59〕 內政年鑒編撰委員會，內政年鑒（B）〔Z〕，上海：商務印書館，1936：701。
〔註 60〕 資料來源於內政年鑒編撰委員會，內政年鑒（B）〔Z〕，上海：商務印書館，1936：701～747。

省別	地方自治經費籌措情況
湖北	1930 年湖北省規定各縣區公所成立以後，每區公所月支 262 元，但各縣財政非常困難，自治經費不足。1932 年度湖北省政府實行統一財政方案，但不久改辦保甲，自治經費更無下文。
湖南	湖南省原定自治經費，多就田賦附加項下劃撥，間有畝捐及其他收入，但是為數甚微，全省總額僅為 588430 餘元，不足支配，省政府制定了 4 條籌措方法：1、區制既經實行，原設之區務公所及類似機關，即須一律撤銷，所有產業，應由縣政府查明擴充區自治經費；2、各縣於自治籌備分處撤銷後，原有之自治經費，應即全數收回，分配於各區；3、各縣於不超過正供範圍內，得呈請就田賦契稅及畝捐項下附加自治經費；4、縣地方財政，應由縣政府依照縣財政整理辦法切實整理，於可能範圍內劃撥一部份為自治輔助費。但湖南省連年疲於災荒，一直未能實行。
山東	山東省原無地方自治經費，及至區公所組織後，決定每區公所月支經費 100 元，年支經臨時費 200 元，全省各縣一共 820 區，1932 年，地方預算規定自治經費 1134000 餘元，由縣在丁漕附捐項下撥給。至區以下鄉鎮公所之經費，僅規定每年開鄉鎮民大會二次，每次支 80 元，以及辦理選舉時所需經費均列入鄉鎮預算、決算中，作為正式開支，由鄉鎮自行負擔，就地籌措，
山西	山西省各縣自治經費，在區者由縣地方款項下開支，依照省政會議議決，區公所分為三等，在各鄉鎮者，則有於開支後由人民地畝項下攤收者，亦有預為攤集者。鄉鎮公所多係量入為出，並未規定專款，亦不由稅捐項下附徵或指發。
河南	河南省各縣原定自治經費，由契稅附捐抽四成，間有由舊日差捐改發，或由串票附加者，各地情形不同，且大都為數極其微小，1929 年內政部通行各省劃撥自治專款，只有河南生財政極其困窘，無力劃撥，遂規定每丁銀一兩，附徵二角五分，連同原有經費作為自治專款，但因為各地貧富不一，其數目也不一致。
河北	河北省在清末民初舉辦縣自治，曾令各縣按年籌備自治專款作為自治局及參議會經費，其後參議會取消，此經費多挪作他用，1928 年，各縣國民黨黨部成立後，將剩餘的自治經費盡數劃撥為黨部活動經費，使得各縣舉辦自治事務時經費毫無著落，並且河北省財政十分困難，稅收所得只能勉強與開支相抵，更沒有專款來作為自治經費。自治各種費用，由各縣政府按照當地不同情形，提出籌集辦法，呈請省政府核准施行。
陝西	陝西省政府將各區分為三等，規定自治款項由地方支付，不得向人民攤派，但是實際上各縣財政都很困難，拿不出錢來支持自治，到 1933 年各縣自治均告停止。
浙江	浙江省原有的地方自治經費以縣稅為大宗，係在田賦項下附加帶徵，分作十成支配，一成為準備金，二成為公益費，三成為警察費，四成為教育費，按月截交縣款產會分別撥用。至 1913 年，城鎮鄉自治機關停止，自治經費被移充

省別	地方自治經費籌措情況
浙江	教育及其他公益事業經費。1930 年，浙江省政府通令各地分別籌措資金劃還自治經費以充區鄉鎮自治組織之用，但是認真落實撥還者極少，各縣以經費仍然不足，請求就地丁抵補金等項帶徵附捐，在可能範圍內均經酌量核定准予加徵。一面依照中央決議案於省預算內列入補助費 15 萬元，按照各縣狀況分別撥補，其他則以鄉鎮自治戶捐及畝捐等充之。 在施行中，全省縣以下區自治經費除了平湖等縣財力富裕，略有事業費外，其餘各縣區公所本身開支尚且不足。
福建	福建省清末民初的地方自治經費是由各縣地丁每兩，糧米每石各附加二角撥充，後自治停辦，改款項被移充各縣警費或學款，至 1928 年南京國民政府成立後辦理自治已無經費，必須另行籌措。1931 年 3 月，福建省以各縣財力不足、治安惡化為由，認為各縣不能同時舉辦自治，遂就閩侯等 21 縣先行辦理自治，其經費由省庫補助三分之一外，其餘由丁糧帶徵二成撥用。 閩侯等 21 縣，共有 158 區，每區公所按規定經常費時每月 150 元，收入僅僅供給區公所開支之用。區以下鄉鎮的經費，只有閩侯縣以茉莉、珠蘭花捐所收的 15000 餘元分配給所劃的 187 個鄉鎮，其餘地方均是另行籌集。
廣西	廣西省各縣所屬區公所經費以區地方之規定收入為主，但其所辦事物屬於省及縣者，其費用由省庫或縣庫支付。屬於區地方者，其費用由區地方收入項下支付。萬戶以上的區及與國防、省防有關或地形險要者，其區公所費用由省庫補助。區經營各項地方事業需用資本時，得募集公債或借債以充之。村街經營各項地方事業，需用資本時得請由區或縣補助或者借貸之。街村公所為執行省縣區鄉鎮之命令，辦理民團訓練，調查戶籍登記，或其他事務所需之經費，分別由省縣區或鄉鎮支付。
雲南	雲南省各縣固有自治經費，係由前參議兩會經費移充，多者年有舊滇票數千元，少者僅數百元。而每年每區公所應需經費，至少亦需 4000 元，每縣平均以 6 區計算，則每年約需經費舊滇票 24000 元，但實際上經費不足，缺口很大。省庫也不富裕，難以補助。曾將裁撤縣佐餘款 90000 元撥補，但全省 100 餘縣，按款分配，所得無幾，另由各縣就地自行籌集，或臨時設法籌措，故無一定數目可以稽考。1933 年 9 月，省政府決定指劃煙酒稅附加捐 30%，牲屠稅附加捐 10%為地方自治事業費，其原有經費，亦通飭切實整理，並將各地之應發祠廟產業變價提充辦理自治及機關費用。
貴州	貴州省自治經費除了由各縣自籌外，並由省庫田賦項下劃撥補助費，在 1931 年劃撥經費 12 萬元，1932 年劃撥經費 16 萬元，1933 年劃撥經費 22 萬元，但從 1934 年起，該款項移充各縣保衛團費用。
新疆	新疆省原已劃定屠宰稅為自治專款，不足之數則以牲稅補充。

省別	地方自治經費籌措情況
甘肅	甘肅省地瘠民貧，自治經費籌措極其困難。在各縣區公所成立後，曾規定區公所每月經費 46 元，由縣就地籌收。但各縣辦理未能一致，每區動支經費，竟有超過定額 10 倍或數倍者，也有不及規定二分之一者。後乃折中於此二者，另行規定每區月支經費 97 元，擬行劃一。以上屬於機關維持費，至於事業費及區以下鄉鎮經費，尚未規定。
青海	青海省以前並無自治經費，及全省區數劃定，估計應需經費，每年約有 45000 元才能勉強維持，但省庫困難，無從撥支，不得不由地方自籌自用，暫維現狀，各縣情形，既不相同，數額因此無從統計。
熱河	熱河省以前僅由圍場縣，隨田賦帶徵少數自治經費，但早未警學各款所移挪。其餘各縣均無此款，此後由各縣財政局按照地方稅收項下劃撥 6%充作自治經費，但為數仍屬無多。
察哈爾	察哈爾省各縣自治經費，係由原有區公所經費移充，多由畝捐、契稅、附加捐及其他稅捐湊合籌集，除畝捐有定額外，其他各項，並無固定確數，如有不足，則以保留原有自治款撥充，但僅僅維持區公所經常費，而臨時費尚無所出。區以下各級自治機關經費，也係就地攤派。
綏遠	綏遠省僻處邊陲，土地稀薄，全省 17 個縣的田賦各項每年實際收入不及 200000 元，省庫開支尚且不足，加上災荒頻頻，稅款徵收不易，各縣尚未劃定自治專款，地方財政艱難困窘，所以各縣自治經費始終沒有著落。區公所經費，多數隨糧帶徵，鄉鎮公所經費，則由各地自行籌措。
南京市	南京市自治經費完全由市庫撥付，並未另收款項。1933 年 3 月起，將原有的 21 個區合併為 8 個區，節省經費。合併前 8 個月的經費合計約 25731 元，合併後的 4 各月經費合計 4891 元。
北平市	1928 年，北平開始籌備自治，將原來的公益捐挪為自治經費，以此才將自治臨時辦事公所成立。北平市訂立特別市自治附加捐徵收章程，就房捐、鋪捐，按捐額在一元以上者，徵收 5%。並就買契、添建改建契按買價或建築費徵收 1‰，典契按照典價徵收 5‰，這些款項均由公安財政兩局代為徵收。
青島市	青島市自治經費由市政府撥付，並未徵收任何附加稅。1933 年 1 月，各區區公所相繼成立，經費最少者每月 160 餘元，多者 300 元。青島全年撥給經費為 21650 元，但與額定經費還差 1 萬餘元。並且區公所在組建過程中，只是行政費用，還沒有事業費的規定。
威海行政區	威海衛自治經費向來沒有專款，1932 年 2 月，各區區公所成立後，其經費先由管理公署籌措墊付，1932 年度開始，決定在地丁項下附加 40%，以為自治專款，計有 9920 元，支配於各區，不足則由署補助。區以下坊之經費，現在尚未規定。

　　從上表可以看出，大多數省份自治經費籌措並不理想，即使籌措的經費也大多運用於行政管理費用，也即用於區公所人員的工資開支，至於辦理地方自治的事業經費和區以下鄉鎮公所的經費則寥寥無幾。也正是因爲自治經費的籌措十分困難，造成自治事業的舉辦步履維艱。

　　從自治區域劃分、自治機關組織、自治人才訓練、自治經費籌措四個方面來看，1928 年南京政府成立以來的地方自治推行阻力很大，這四個方面除了自治區域劃分因爲涉及經費、人員調配較少完成得比較多外，其他三個方面環環相扣，自治機關的組織必然先要有自治人才訓練，只有受訓合格的自治人員才能順利組織地方自治機關，引導民眾自治，自治機關的組織另一重要條件便是自治經費的籌措，自治機關人員的薪金開支，辦公經費開支，更多的是舉辦自治事項的經費開支，但從《內政年鑒》各省自治經費籌措及自治機關組成來看，大多數省份地方自治僅僅停留在表面。自治機關組織的第一步便是訓練委任區長，由政府委任的區長、區助理員組織區公所，大多數省份至少在表面上做到了這一點，但是組織區公所之後，還要由區長負責召集鄉鎮民大會選舉鄉（鎮）長、副鄉（鎮）長，再由選舉產生的鄉（鎮）長組織鄉鎮公所，鄉鎮公所產生後還要構建下級的自治組織即閭、鄰，從《內政部年鑒》概括的各省自治概況，可以看出區以下的自治組織幾乎虛設，僅僅釐定了區鄉鎮閭鄰的制度卻沒有深入落實，另外，各省之間的差別非常明顯，江蘇、浙江、南京市、北平市、青島市等地的自治經費籌措、自治機關組織、自治人才訓練方面明顯要比地處邊遠、財政困窘的甘肅、新疆等地進展快，並且江蘇、浙江、南京市、青島市、安徽等處於國民政府實際控制地區地方自治起步較早，相較而言有些省份直到 1931 年才開始著手辦理地方自治，呈現出很大的區域差異。

　　自治機關都未能完全組建，用於實施自治的事業經費沒有著落，使得《訓政時期完成縣自治實施方案分年進行程序表》和《地方自治指導綱領》中規定的其他自治事業如清查戶口、肅清盜匪、整頓警政、丈量土地、舉辦自治事業等更是無從著手，從整體上看這時期的地方自治施行效果並不理想，各地區進展十分緩慢，成效甚微，雖然《完成縣自治案》、《訓政時期完成縣自治實施方案分年進行程序表》中，硬性規定了地方自治具體事務實施的時間，但是實際上卻沒有得到施行。

　　國民黨中央一直關注地方自治的進展情況，1931 年 11 月 9 日召開的國民

黨第三屆中央第二次臨時全會上即指出：「顧自頒佈縣組織法以及區、鄉、鎮自治施行法實施地方自治以來，爲期已及二載，非特自治之成效不可睹，而最初步之組織亦多未見完備；其號稱組織已完備者，亦無非稍具形式，離自治之眞跡尙遠。」〔註61〕也是在這次臨時全會上，國民黨中央通過了《推進地方自治案》，提出推行地方自治不必整齊劃一，需要因地制宜，與以往不同主要在兩個方面：「第一，各省完成自治之期，不妨稍參差，以欺符合實際，推行盡利。第二，中央對於各省地方自治只宜規定大綱，其詳細辦法可由各省擬定，呈准中央施行。」〔註62〕不但南京國民政府認識到地方自治進展困難，當時社會上不少熱衷社會事務的人士也對地方自治提出自己看法，在30年代從事鄉村建設運動的梁漱溟，因爲經常接觸鄉村事務，對國民政府的地方自治深有感觸，他在1931年的一次演講中指出，從1928年南京國民政府宣佈進行地方自治運動起一直到1931年，地方自治實施數年，「到了今日，不論從縣作的，從省作的，所有地方自治統同失敗，所有地方自治機關統取消了。只聽見取消，沒聽見有人反對取消；取消之後亦無人可惜。」〔註63〕自治仍然只是政府的事情，並沒有深入到民眾中去，國民政府宣揚的地方自治，只是空中樓閣，「直到現在仍然看不見一點蹤影，還在倡議之中，全國任何地方，都無其可行之端倪。」〔註64〕「廣大民眾，很少自動的參加，依然保持著幾千年不管政治的舊習。」〔註65〕

　　有人認爲地方自治難以推行的原因就在於以孫中山思想爲指導原則的地方自治，太注重民權、民生兩大主義，過於理想化，陳柏心指出南京政府20年代末擬定的地方自治制度「不僅是模倣西洋制度，而且是模倣西洋最徹底最理想的制度。如區、鄉、鎮、閭、鄰各級組織都採取直接民主制，舉行公民大會，這是任何國家都沒有做到的。又如公民權包括選舉、罷免、創制、復決幾種，而且毫無教育、財產、性別等等限制，這也是世界上最進步的制度了。關於這些規定，都是極合乎理想的，只可惜和中國實際情形相差太遠。」〔註66〕

〔註61〕榮孟源，中國國民黨歷次代表大會及中央全會資料（下）〔Z〕，北京：光明日報出版社，1985：11。

〔註62〕榮孟源，中國國民黨歷次代表大會及中央全會資料（下）〔Z〕，北京：光明日報出版社，1985：12～13。

〔註63〕梁漱溟，中國之地方自治問題〔M〕，濟南：山東鄉村建設研究院，1935：4。

〔註64〕梁漱溟，中國之地方自治問題〔M〕，濟南：山東鄉村建設研究院，1935：1。

〔註65〕冷儁，地方自治述要〔M〕，南京：正中書局，1935：196。

〔註66〕陳柏心，中國縣制改造〔M〕，重慶：國民圖書出版社，1942：281。

　　但更多的人並不認爲地方自治沒有完成是地方自治本身的問題，而是國民政府推行地方自治的方式方法存在問題，「地方自治何日完成，與國民政府及各省政府有無計劃，判爲兩事。」〔註 67〕對於地方自治，很多人認爲仍然是走向民主的必要道路，「地方自治是民主政治的基礎，翻開歐美民主政治的歷史，就可以知道民主政治的產生與發展完全基於地方自治的開拓。」〔註 68〕「我們今後不談民主政治則已，否則，我們要堅決地確信推行地方自治便是建設民主政治工作的起點，而起點中的起點便是要人民認識地方自治。」〔註 69〕甚至連長期從事國民黨特務工作的國民黨中央組織部調查科(特務組織「中統」前身）科長的徐恩曾也認爲地方自治必須繼續實行下去，「人民不能自治即無從參與國政，遑足以言民權之發展？……中央督促於上，各地籌行於下，地方自治之爲救國根源，已成公認。」〔註 70〕1933 年 5 月 18 日，國民黨中央第四屆執行委員會第七十次常務會議通過了《地方自治指導綱領》，一方面指出訓政限期已經過半，而地方自治之推行，「殊少成績」。另一方面也依然「強調地方自治爲訓政時期最重要之工作。」〔註 71〕

3.2.2　南京國民政府對地方自治政策的部分改定與調整

　　1934 年是原定地方自治的完成日期，但全國沒有一個省份能完成內政部《訓政時期完成縣自治實施方案分年進行程序表》中規定的自治內容，「現在預定完成自治的期限瞬將屆滿，但能達到預期的成績者，卻百不一見，即就辦理較優秀的省市來說，亦不過做到充分自治區域和籌設自治機關兩步功夫，關於自治精神和民眾福利所寄託的自治事業，絕未舉辦，人民反因辦理自治增加負擔，以至怨望日增。」〔註 72〕依據孫中山所著建國大綱第八條所規定的地方自治條件，「全中國沒有一個縣能夠如期完成」，即使是處於南京國民政府京畿地區的江蘇、浙江兩省也只是「做到區鄉鎮的劃分，閭鄰的組織等事」〔註 73〕，其餘的地方自治事務幾乎都沒有辦理，至於其他省區則比

〔註 67〕張雲伏，地方自治大綱〔M〕，出版地不詳：華僑圖書印刷公司，1934：189。

〔註 68〕冷雋，地方自治述要〔M〕，南京：正中書局，1935：195。

〔註 69〕冷雋，地方自治述要〔M〕，南京：正中書局，1935：196。

〔註 70〕冷雋，地方自治述要〔M〕，南京：正中書局，1935：序言。

〔註 71〕焦如橋，劉振東，縣政資料彙編〔Z〕，影印本，重慶：中央政治學校，1939：163。

〔註 72〕陳柏心，自治法案評議〔J〕，東方雜誌，1934－10（第 31 卷第 19 號）。

〔註 73〕金鳴盛，縣市自治組織問題〔J〕，東方雜誌，1934－4－16（第 31 卷，第 8 號）。

江蘇、浙江兩省做得更差，《訓政時期之規定案》、《完成縣自治案》、《訓政時期完成縣自治實施方案分年進行程序表》等三個文件所規定的 1934 年完成縣自治無疑成爲一句空話。南京國民政府本身也一直在積極思索對策，意圖解決地方自治進展緩慢問題。因此，必須對推行地方自治的整體步驟作出調整。1934 年，南京國民政府相繼頒佈了《各省縣市地方自治改進辦法大綱》、《改進地方自治原則》、《改進地方自治原則要點之解釋》。

　　1934 年 3 月 3 日，內政部通過了《各省縣市地方自治改進辦法大綱》（以下簡稱《大綱》），強調以縣市爲自治單位，對於區一級自治機構，《大綱》指出，「在訓政時期之區公所，應認爲縣市以下之佐治機關。」〔註 74〕區公所的一切行政事務，都必須受到縣市長的指揮監督，並且在訓政時期，暫緩區長及區公所自治職員的選舉，可以看出區一級已經由自治團體轉爲行政機構。在地方自治推進上，《大綱》強調要酌量地方實際情形，分別先後批次進行，「不可一律限期完成，徒重形式。」〔註 75〕《大綱》尤其強調縣市各級機關要加強行政監管，指出在訓政時期，縣市應「充實縣市政府之組織關係，增強行政上之效率，以爲地方自治之初步。」「注重由上而下，實行訓政。」〔註 76〕甚至在鄉鎮長已經民選的地方，仍然要求加強行政監督，實施監管，其理由是「現在人民之訓練尚未達到相當時期，人民之罷免權尚難行使，亦不宜輕用，故行政監督權甚爲重要。」〔註 77〕對於鄉鎮自治人員的選舉，《大綱》指出在新的法規尚未公佈以前，民選的鄉鎮坊長及監察委員等任期一律延長一年，對於尚未民選的鄉鎮坊長的選舉，應一律停止。針對此前地方自治中自治經費匱乏、自治人員訓練不力的情況，《大綱》強調，縣市行政經費與自治經費不能分開，應該確定預算，注重事業費，各種辦公費應該儘量減少，如果經費困難，在農閒時，得督促各鄉鎮實施義務勞力制度，以舉辦各項地方自治事業；訓練自治人員，應選取各地成年並有相當資格的人，加以訓練，並特別注意民眾教育、合作組織、

〔註74〕焦如橋，劉振東，縣政資料彙編〔Z〕，影印本，重慶：中央政治學校，1939：324。

〔註75〕焦如橋，劉振東，縣政資料彙編〔Z〕，影印本，重慶：中央政治學校，1939：326。

〔註76〕焦如橋，劉振東，縣政資料彙編〔Z〕，影印本，重慶：中央政治學校，1939：324。

〔註77〕焦如橋，劉振東，縣政資料彙編〔Z〕，影印本，重慶：中央政治學校，1939：326。

公共衛生、農業改良、人民自衛等課程，以訓練自治的專門人才，同時訓練區鄉鎮坊現任自治人員。

　　同時，國民政府內政部重新改定了地方自治的方案即《改進地方自治原則》，此方案於 1934 年 1 月 25 日在國民黨四屆四中全會上得到國民黨中央的同意，1934 年 2 月 21 日在中央政治會議得到通過，此原則對縣以下行政組織進行了諸多修改，明確提出以縣、市為自治單位，地方自治團體共分為兩級，縣為一級，縣以下的鄉鎮為一級，至於「在地域人口經濟文化等情況特殊之處，得立為特例，設區委自治行政區域。」〔註78〕直接受縣政府的指揮監督，將地方自治劃分為三期：扶植地方自治時期；自治開始時期；自治完成時期。《改進地方自治原則》繼承了從 1931 年 11 月國民黨三屆中央第二次臨時全會通過的《推進地方自治案》中的精神，沒有明確的時間限制，使得地方在操作過程中更加靈活，能因地制宜。並且在推行地方自治的程序和方式上應該因地制宜，「中央只宜作大體及富有彈性之規定，在各縣及隸屬省政府之市，由省政府分別擬定程序，咨請內政部核准行之，在各直屬市，由內政部分別擬定程序，呈請行政院核准行之。」〔註79〕

　　扶植地方自治時期，為訓政時期，在此期間，政府運用行政權力，自上而下地完成訓政時期的初步工作，成立自治機關，辦理戶口調查，訓練民眾等，縣市長依法由政府任命，設立縣市參議會，由縣市長聘任一部分專家為參議員，鄉鎮村長由各鄉鎮村人民選舉三人，由縣市長選擇其中一人委任。自治開始時期，為官督民治時期，縣市長依法由政府任命，縣市議會由民眾選舉產生，鄉鎮村長也由民眾選舉產生。自治完成時期，為憲政開始時期，縣市長由民眾選舉產生，縣市參議會由民眾選舉產生，鄉鎮村長由民眾選舉產生，民眾開始行使選舉、罷免、創制、復決等直接民權。「這三時期的劃分，其要點在政權的漸移，由官治而漸移民治，簡而言之，即在第一時期，是官民參治，在第二時期是官督民治，在第三時期是完全民治。」〔註80〕

〔註78〕焦如橋，劉振東，縣政資料彙編〔Z〕，影印本，重慶：中央政治學校，1939：168。

〔註79〕焦如橋，劉振東，縣政資料彙編〔Z〕，影印本，重慶：中央政治學校，1939：169。

〔註80〕潘公展，縣各級民意機構〔M〕，南京：正中書局，1946：41。

表 3.7〔註 81〕

時期／特徵	官治程度	參政程度	職　權	代表產生	選舉方法	設置程序
扶植地方自治時期	官民參治	無直接民權	參議權（建設性質而無自治權）	部分的民選	圈選	自上而下分別設置
自治開始時期	官督民治	無直接民權	部分的決議權（有部分的自治權）	全部民選	間接選舉	自下而上逐級設置
自治完成時期	完全民治	直接民權	完全決議權（適用均權原則，有完全自治權）	全部民選	直接選舉	普遍設置

　　《改進地方自治原則》頒佈之後，必然會與原有的地方自治法律、法規相衝突，爲此，內政部又擬定了《改進地方自治原則要點之解釋》（以下簡稱爲《解釋》），其主要內容包含了三個方面的意思：（一）強調指出，「改進地方自治原則，爲一切自治法規之最高原則，現行自治法規及最近頒行之改進地方自治辦法大綱，不違本原則者，仍舊適用，如與本原則衝突者，應以本原則之規定爲標準。」〔註 82〕明確了《改進地方自治原則》是所有自治法規的最高準則。（二）對於自治層級，《解釋》中強調，縣爲一級，鄉鎮爲一級，在情形特殊地方，可以設立區一級以爲特例，但區作爲縣與鄉鎮之間爲自治行政機關。「現有縣以下之區公所，在地域、人口、經濟、文化等特殊情形之處，縣政府對於所屬鄉村有統治上的困難而其地方已有相當之自治基礎者，得省政府核准報由內政部備案，立爲特例仍繼續存在。」〔註 83〕並且區不再是自治團體，區公所僅僅是輔佐縣政府的辦事機關。對於鄉與村的區別，《解釋》指出，聚居在同一個村莊，能夠獨自成立自治團體的就爲村，不能獨立

〔註 81〕　資料來源於潘公展，縣各級民意機構〔M〕，南京：正中書局，1946：41。

〔註 82〕　焦如橋，劉振東，縣政資料彙編〔Z〕，影印本，重慶：中央政治學校，1939：319。

〔註 83〕　焦如橋，劉振東，縣政資料彙編〔Z〕，影印本，重慶：中央政治學校，1939：321。

成爲自治團體的小村落，併入臨近的村落或者聯合若干小的村落，組成自治團體的就爲鄉。原有的鄉鎮閭鄰體制，在「現有的鄉鎮坊以下之閭鄰組織，得由地方政府斟酌的情形，不爲固定的統一的制度，故在本原則內不加規定。」〔註84〕（三）對於《改進地方自治原則》中提到的扶植自治時期、自治開始時期、自治完成時期，《解釋》對三時期具體事務予以明確，扶植自治時期，即實行訓政之時期，在此時期，政府須運用其行政權，由上而下完成訓政時期初步之工作——如清理戶口，調查公民登記，訓練民眾，成立鄉鎮村及縣市參議會自治組織等；並且此時的縣市參議會與現行法規所稱的縣市參議會性質不同，以生產方法而言，現行法之縣市參議會相當於新頒佈原則的縣議會；縣參議會成立以前，應先行完成鄉鎮村的自治組織。自治開始時期，即官辦民治時期，在此時期人民之知識能力，尙屬幼稚，政府仍須行使行政監督權，以期完成訓政，故在此期內，人民雖有選舉縣市參議員及選舉鄉村長之權，而議員及鄉鎮村長等免職及違法失職處分之權，仍歸政府依法辦理。自治完成時期，即憲政開始時期，在此時期建國大綱第八條所規定之條件業已具備，訓政時期應有之工作業告完成，故政府實行歸政於民。（四）關於省以下各縣市之自治進行程序（如某縣市已逾自治開始時期，某縣市尙在扶植自治時期以及由扶植時期進至開始時期，由開始時期進至完成自治時期，所需經過之時間等），由各省政府根據各縣市進行實際情況擬定報經內政部核準備案後行之；推行自治之程序及方式（如各期進行之事項及其進行之辦法等），在隸屬各省之縣市，由各省政府擬定，報由內政部核准辦理，在直屬行政院之內，各市政府先行擬定報由內政部轉行政院決定辦理。

其實，1934 年的自治慘淡成果基本宣佈南京國民政府在 20 年代末期頒佈的自治方案沒有成功，儘管國民政府頒佈了《各省縣市地方自治改進辦法大綱》、《改進地方自治原則》、《改進地方自治原則要點之解釋》等試圖重新推動地方自治，但社會各界普遍認爲前期地方自治沒有達到預期效果，對於地方自治成效不彰的原因，時人從各個角度都有闡述：

從社會整體大環境上考察，社會秩序不安定，國民經濟衰落，軍閥官僚的阻撓：「近數年來，天災人禍，相迫而至，各地方有被赤匪蹂躪的，有被盜匪擾亂的，還有被帝國主義侵略的。社會秩序，或直接被侵害，或間接受

〔註84〕焦如橋，劉振東，縣政資料彙編〔Z〕，影印本，重慶：中央政治學校，1939：
　　　321。

影響，除都市外，全國差不多沒有一片淨土。人民日在驚慌之中，自然沒有心力來管理公共事業了。」「我國的人民，素來就很窮，近年因外受帝國主義的侵略，內有戰亂的影響，乃比從前更窮。占全國人口百分之八十的農民，終歲勤苦耕作，還是衣不得暖身，食不能飽肚。哪裏再有工夫過問政治呢！」「殘餘軍閥爲著便利以武力壓迫民眾的習慣，貪官污吏爲著便利瞞上欺下，而昧良罔法，舞弊營私的企圖，對於地方自治，自然是要多方設法阻撓的。」〔註85〕

從地方自治的制度來考察，制度設計上存有缺陷，「現在的情形是橄欖式的，中央權力不及於各省，各省的卻事事集中，各縣用一文錢便得請示。」省的定位「似地方非地方似獨立非獨立似自治非自治。」〔註86〕導致自治缺乏制度上的保障。陳之邁認爲南京民國政府成立之初的法規「變動太緊「和「陳義過高」是地方自治難以推行的另一重要原因，「國內的政治尚不曾完全統一，推行自仍有若干困難。但是中央的立法者卻想在短期內達到全民政治的目的，故自始即制定一套內容完備，陳義過高的法規，令全國推行。……因爲在初所訂的法律陳義太高，推行上發生了窒礙，收不到預期的效果，於是中央便圖補救之方，『改進地方自治原則』因此由中央政治會議決定下來，根本改變了以前的自治法規。」〔註87〕

從民眾基本情況來考察，人民知識薄弱，地方自治與原先的社會結構相衝突：「全國文盲占全國人口的百分之八十以上，這班人是不能自治的了。而在百分之二十的非文盲中，不知地方自治之意義的已不少，對於地方自治沒有興趣的，更是多之又多。」〔註88〕由此可見，地方自治不可能辦理完善。「地方自治與我國歷來的社會構造衝突，自古以來，我國人民與政府，除完糧納稅以外，向少關係。社會關係也只賴家族制度和重門閥與敬鬼神的觀念來維繫著，並沒有堅實的基礎。而地方自治呢，既是要使沒有組織的社會組織起來，又要使向來不問政治的民眾參與國家大事，這自然根本和民眾意見於習慣不相投，辦起來自然是非常困難的。」〔註89〕梁漱溟甚至認爲國民黨當局

〔註85〕易克，過去辦理地方自治失敗的五大癥結〔N〕，大公報，1934－5－13。

〔註86〕金鳴盛，縣市自治組織問題〔J〕，東方雜誌，1934－4－16（第31卷，第8號）。

〔註87〕陳之邁，中國政府〔M〕，影印本，北京：商務印書館，1946：80。

〔註88〕易克，過去辦理地方自治失敗的五大癥結〔N〕，大公報，1934－5－13。

〔註89〕易克，過去辦理地方自治失敗的五大癥結〔N〕，大公報，1934－5－13。

首要應該做到的事情並不是地方自治，而是解決中國固有經濟的弊端，使地方欣欣向榮，產業興盛，然後才能談自治，「當局似初不照顧到此，只是頒佈自治法令，督促實現，這好比對著乾枯就萎的草木，要他開花一樣，何其愚昧荒謬！」〔註90〕「現在要舉辦地方自治，就是莫大的苛政，除非你有辦法，挽回固有經濟日就頹崩之勢，而開發其生發進步之機，形成一適宜形勢，導達於自治無待強迫，而後開辦。舉辦地方自治，豈獨增加農民負擔，更其兇猛可怕者是助成土豪劣紳的權威。」〔註91〕

　　從地方自治的前期準備來考察，經費無著落，監督和指導人才的缺乏，土豪劣紳破壞地方自治：南京國民政府為了履行孫中山遺教，實行訓政，辦理地方自治，但是地方自治需要其條件完備的情況下才能辦理，「自治所以不能推行，人民對自治之所以不生若何興趣，其原因不在自治本身，是在自治本身所要具備的條件，還未具備。」〔註92〕「各地方的自治經費，都不充足，每區能每月有行政費百餘元的，已經很不容易」，「而行政經費多數沒有確定的來源，經費為事業之母，自治經費這樣困難」地方自治很難辦好。「辦理自治人員，必須公正廉明，幹練勤慎，能隨時與民眾發生密切關係，並能隨時隨地以謀人民福利為前提，才能使人民生信仰。現在這種人已非常之少……願做這下層工作的，更是鳳毛麟角。」「地方自治的工作如能真正完成，則人民的社會公共精神與社會連帶意識必已覺醒，土豪劣紳要愚弄鄉民，欺罔官廳和盤踞公共機關，必不可能。」〔註93〕「自治人員未有實施之決心，自治工作與現在的行政工作同樣的再敷衍，在貪懶，只是藉此工作而解決個人之失業或生活，絕對不肯向自治失業去求建設或進展。」〔註94〕所以地方上的土豪劣紳對地方自治百般阻撓。陳之邁指出，地方自治的實施必然以自治條件具備為先決的條件，「一個不曾發展的地方時不能自治的，勉強令其自治只有釀成紛擾而無效果。我國的縣一般而言是比較落後的，沒有具備《建國大綱》所規定的條件的地方。所以著手之點是《地方自治開始實行法》所定的六件事情。然而辦理這些事情不是地方財力所能允許的。……因為它們不能

〔註90〕梁漱溟，中國之地方自治問題〔M〕，濟南：山東鄉村建設研究院，1935：4。

〔註91〕梁漱溟，中國之地方自治問題〔M〕，濟南：山東鄉村建設研究院，1935：9。

〔註92〕王國斌，實驗縣應有的中心工作〔J〕，政治評論，1932－8－31（第1卷第14號）。

〔註93〕易克，過去辦理地方自治失敗的五大癥結〔N〕，大公報，1934－5－13。

〔註94〕趙如珩，怎樣實施地方自治〔M〕，上海：華通書局，1934：27。

具備這些條件，它們便不能開始自治。這當然也是自治不曾成功的一個原因。」
〔註 95〕

1938 年成爲國民黨總裁的蔣介石在 1939 年總結地方自治前十年失敗的原因時指出地方自治難以成功是因爲地方實施人員沒有認眞推行，敷衍了事：「但是我們倡行地方自治，迄今已十餘年了，不但主義尙未實現，國家沒有富強，反而外侮日亟，弄得今天這樣危急存亡的地步！根本原因就是因爲一般黨員甚至地方自治人員，沒有眞正明瞭地方自治的重要，沒有確實認清推行地方自治與實行主義的關係；只是標語口號，空言倡導，即令訂定計劃，限期實施，亦多敷衍塞責，甚至陽奉陰違，以致一切建設都不能推進，一切軍事、政治、經濟、交通等沒有穩實的基礎，都不能迅速普遍地建立起來」〔註 96〕

當時對於改進地方自治的建議有很多，有人認爲從主觀上看普通民眾知識缺乏，客觀上考察是地方自治沒有與農村生產聯繫起來，也就沒有帶動民眾參與地方自治的積極性，因此建議政府加強普及教育「總之要想地方自治徹底的成功，必須普及教育，使人民在主觀的意識上，自動的認識地方自治的意義。」另一方面，地方自治必須與農業生產結合起來，「必須增加生產，使人民在客觀的環境上，自動的感到地方自治的需要，然後地方自治，不待政府的協助或志士的倡導，自會由人民舉辦起來。」〔註 97〕也有人認爲必須與本國國情結合起來，陳柏心強調「必須切合本國情況，而尤應對本國的舊制度，用一番批判功夫，留其可以保存的部分，融合在新制度裏面。」〔註 98〕陳柏心說的舊制度就是保甲制度，他的意思是自治必須與保甲結合在一起才能解決現實問題。

1935 年，國民黨第五次全國代表大會通過的《切實推行地方自治以完成訓政工作案》，承認了地方自治施行六年以來沒有取得多少成績：「乃回顧過去成績，全國一千九百餘縣中在此訓政將告結束之際，欲求一達到《建國大綱》之自治程度，能成爲一完全自治之縣者，猶杳不可得，更遑言完成整個地方自治工作。」並指出兩點原因：「（一）政府只注重書面應付，而忽略實

〔註 95〕陳之邁，中國政府〔M〕，影印本，北京：商務印書館，1946：81。
〔註 96〕秦孝儀，先總統蔣公思想言論總集（卷十六）〔Z〕，臺北：中國國民黨中央委員會黨史委員會，1984：393。
〔註 97〕冷儁，地方自治述要〔M〕，南京：正中書局出版，1935：197、198。
〔註 98〕陳柏心，中國縣制改造〔M〕，重慶：國民圖書出版社，1942～282。

際工作，每藉口剿匪關係，或經濟無著，以因循敷衍，奉行故事，徒有自治之名，而無自治之實。（二）地方黨政當局多欠密切連繫，黨部欲推進而不可能。如過去中央曾有地方自治協進會之組織，令各地黨部籌設分會，以協助政府，推行自治，乃地方政府在積極方面不參加合作，在消極方面復以經費困難爲辭，而取漠視態度，結果該項組織乃無形瓦解，毫無成就。即此一端，足證地方黨政當局之未能切取聯繫，而影響於自治前途者甚大。」〔註99〕

國民黨五大還通過了《實施憲政程序暨政治制度改革案》，其中提出，「訓政時期與憲政時期之間尚有一憲政開始時期，以爲兩時期交替之樞紐。」〔註100〕必須經歷了憲政開始時期，才能召開國民大會，制定並公佈憲法，全國人民再依據憲法舉行大選，國民政府在大選之後三個月內解職，授政於民選政府。憲政開始時期的主要工作是貫徹訓政效能，全國各縣沒有完成訓政時期工作的，在憲政開始時期內一律限期完成，完成訓政工作的縣，「即以政權還諸國民，使之直接選舉或罷免官吏，創制或復決法律。惟歸還政權，須按照一定程序，由下而上，逐步進行。」〔註101〕憲政開始時期的時間規定爲四年，「第一期爲完成鄉村自治之時期；第二期爲完成縣省自治之時期；限於四年底召開國民大會，公佈憲法。」〔註102〕第一期完成鄉村自治主要是舉行村民大會、鎮民大會、鄉民大會、區民大會選舉村長、鎮長、鄉長、區長，第二期完成縣省自治主要完成三件事：一、由區民代表會選舉縣參議員，組成縣參政會。二、由各縣參議會選出代表，組織省民代表會；選出省參議員，成立省參議會。三、選舉出該縣參加國民大會的國大代表。憲政開始時期是在訓政及憲政之間添加的一個國民黨自創的階段，《改進地方自治原則》中曾提出了三時期：扶植自治時期，自治開始時期，自治完成時期，憲政開始時期依據國民黨的解釋顯然不能是憲政時期，在孫中山軍政——訓政——憲政的三階段中，憲政開始時期也只能歸結於訓政時期，其內容也很明顯驗證了這一點，憲政開始時期分兩期，一是完成鄉村自治時期，二是完成縣省自治時

〔註99〕榮孟源，中國國民黨歷次代表大會及中央全會資料（下）〔Z〕，北京：光明日報出版社，1985：325～330。

〔註100〕榮孟源，中國國民黨歷次代表大會及中央全會資料（下）〔Z〕，北京：光明日報出版社，1985：304。

〔註101〕榮孟源，中國國民黨歷次代表大會及中央全會資料（下）〔Z〕，北京：光明日報出版社，1985：306。

〔註102〕榮孟源，中國國民黨歷次代表大會及中央全會資料（下）〔Z〕，北京：光明日報出版社，1985：307。

期，這兩期任務原來就應該是在訓政時期完成，並且國民黨五大提出的憲政開始時期明確規定了時間是四年，其實是將訓政、地方自治向後順延四年。

　　但是即使對地方自治政策做了諸多調整，成效依然不顯著。1937 年 2 月，國民黨五屆三中全會上，內政部提出的政治報告中指出這段時期內「各省對於地方自治工作，或因辦理保甲，不暇兼顧……就大體言之，固無特殊進展之可言。」〔註103〕南京國民政府在 30 年代對地方自治政策做出一定修正，1931年 1 月第一次內政會議開始提出要因地制宜，對組織縣以下地方自治機關取消嚴格的時間限制，改變之前劃定期限辦法，更多的是因地制宜採用靈活的策略，根據各省具體情況由各省組織地方自治機關，只是最終期限定在 1934年；1931 年 11 月，國民黨第三屆中央第二次臨時全會上提出的《推進地方自治案》，其中提出推行地方自治不必整齊劃一，需要因地制宜；在 1932 年第二次內政會議，更是明確提出了要改變縣以下自治體系即區鎮鄉閭鄰的體系，提出自治體系不得少於二級或多於四級，各省可以酌情調整，1934 年，國民政府相繼頒佈了《各省縣市地方自治改進辦法大綱》、《改進地方自治原則》、《改進地方自治原則要點之解釋》，尤其是《改進地方自治原則》被作為此後地方自治指導最高準則，將地方自治劃分為扶植地方自治時期、自治開始時期和自治完成時期。其中扶植地方自治時期和自治開始時期都是訓政時期，只是自治程度不同，至 1935 年國民黨五大提出訓政時期與憲政時期之間尚有一憲政開始時期，以為兩時期交替的樞紐，這些政策的變化顯示出國民政府意識到地方自治辦理困難，不斷以各種方法來延緩徹底實施地方自治時間，以圖尋找能符合當時形勢的策略，另一方面，保甲制度被作為能在基層替代地方自治的制度逐步得到國民黨的重視，逐漸興起，這將在下一節詳細闡述。

〔註103〕秦孝儀，革命文獻（第 71 輯）〔Z〕，臺北：中央文物供應社，1977：334。

第 4 章　保甲制度與地方自治的融合

　　地方自治與保甲是兩種不同的制度。從內容上看，地方自治與保甲是截然不同的：地方自治是指在一定範圍之內，由全體居民組成地方自治的法人團體，在法律規定的範圍內，在國家監督之下，組織地方自治機關，處理本地的公共事務的一種地方政治制度。保甲是封建時代的統治者通過戶籍編製等方式來控制民眾的制度。從來源上看，地方自治與保甲也各不相同：地方自治是西方國家在歷史的長河中逐漸摸索出的符合自身條件的一種行之有效的方式，在近代才傳入中國。保甲制度來源於中國封建時代，是中國本身歷史孕育的產物。地方自治與保甲從內容上和來源上看都是截然不同的兩種制度，但也有人認爲保甲便是中國古代的地方自治，聞鈞天便稱：「欲以『保甲』代替古代地方自治之名稱，確定今後地方自治政制之基礎。」〔註1〕只是在近代中國二者卻有著千絲萬縷的聯繫，孫中山地方自治思想中要求在革命程序的第一期軍政階段，掃清封建的障礙，宣傳三民主義，將民眾變爲三民主義的信徒，政府準備好地方自治的條件。地方自治作爲一種制度施行，更多的是要求必須有能夠實施地方自治的條件，南京國民政府對孫中山遺教的繼承，必然要實施地方自治，但是20世紀上半葉的中國根本沒有實施地方自治的社會歷史條件，需要國民黨來創造，也即軍政階段來解決。但是至訓政開始時南京國民政府只是做到了形式上的統一，眞正的軍政目的都未能達到，國民黨的訓政宣言上說：「以現在社會之崩潰，國家之阽危，惟有全國上下，秉臥薪嘗膽之精神，以圖修養生息之道，以此安定社會，所以爲建設先決條

〔註1〕聞鈞天，中國保甲制度〔M〕，上海：商務印書館，1935：序言（自序）。

件者一。」〔註2〕依靠組織渙散、紀律不嚴格的中國國民黨是不可能實現軍政的任務。地方自治的意義在於分權，尚未完成實質統一的南京國民政府既需要繼承孫中山地方自治思想，又要鞏固對基層的統治，必然要求以保甲來強化控制。也正是因為中國國民黨在沒有地方自治的條件下，倉促實施自治，所以只能是在基層施行保甲制度，以保甲作為地方自治在基層的延伸，完成軍政時期未能完成的任務，兩種截然不同的制度摻雜在一起便順理成章，所以聞鈞天說「如何實踐訓政宣言，只有努力保甲運動。」〔註3〕但地方自治與保甲到底是兩種不同的制度，二者相融合也經歷了十數年的時間。

4.1　地方自治的延伸——保甲制度的提出與推廣

4.1.1　保甲制度的提出

保甲是封建時代統治者通過戶籍編製來控制人民的一種制度，按其名稱，始創於北宋時期，宋神宗在位時王安石厲行變法，建議宋神宗推行保甲制度，神宗熙寧三年十二月正式昭行天下，施行保甲法，「以十家為保，選戶主有干力者為保長，五十家為大保，選一人為大保長，十大保為一都保，選為眾所服者為都保正，又以一人為副佐。」〔註4〕此時保甲制度的作用是：寓兵於農；捉賊彌盜，安定地方；協助官府攉稅、課租、力役、抽捐等，類似於官府的差役。其根本特點和職能在於「通過鄰里之間的連帶法律責任來維持治安。」〔註5〕其形式在於「以家或戶為單位，依一定的數字或方式，精密編組，使成為一有系統的組織，俾能運用此組織，以達成其所賦的政治的任務。」〔註6〕民國時期的聞鈞天歸納保甲為「共同擔保、共同責任之制度，其組織深合全民政治之原則，而其機能與效用，可為增進地方行政體系整肅之力，故其目的將使無一家無一人不得其治焉。」〔註7〕陳之邁認為保甲是「在運用家庭組織的自然方式，根據相友相助的倫理觀念，以維護社會的安寧，協進地方的事業，而為庶政措施的下層基點。故制度本身是一種方法，而不

〔註 2〕聞鈞天，中國保甲制度〔M〕，上海：商務印書館，1935：527。
〔註 3〕聞鈞天，中國保甲制度〔M〕，上海：商務印書館，1935：527。
〔註 4〕陳柏心，中國縣制改造〔M〕，重慶：國民圖書出版社，1942：269。
〔註 5〕魏光奇，官治與自治——20世紀上半期的中國縣制〔M〕，北京：商務印書館，2004：199。
〔註 6〕陳柏心，中國縣制改造〔M〕，重慶：國民圖書出版社，1942：269。
〔註 7〕聞鈞天，中國保甲制度〔M〕，上海：商務印書館，1935：引言（第一章）。

是一種目的。」〔註8〕其實，中國早在先秦時代就有各種名目不同的編民組織，王安石創造的保甲制度也是其中的一種，「『保甲』的名稱，雖然自王安石的保甲新法出，才被人引用，但類似保甲的組織，卻施行得很早，是我國特有的制度，像古代的井田即是保甲的雛形。」〔註9〕春秋時期管仲相齊，商鞅相秦所用的方法都是保甲的辦法，但是本質上是將軍事制度運用於民間，漢朝的三老制度，北周的耆老制，唐朝的鄉里制等名目雖然不一樣，但辦法都與保甲類似，北宋王安石變法實行的保甲制首次將保甲作為一種基層政治制度，並在以後的歷史中得以延續下來，宋之後的元、明、清三朝對保甲制度或有更改，時用時輟，元朝的村社制度，明朝的里甲制度都是與保甲制度相似，本質上仍是以戶為單位的編民制度，職能上沒有大的不同，到清末開始的地方自治浪潮中，不論是縣政改革還是地方自治推動，均不見保甲制的蹤影。

辛亥革命後，北洋政府於 1914 年 5 月 20 日頒佈了《地方保衛團條例》，要求各省在「未設警察地方，因人民之請求及縣知事認為需要時，得報明本省長官，設立保衛團；以戶為單位，按戶指定團丁一人。」〔註10〕雖然在地方上提出設立保衛團，但是保甲制度在地方行政中已經消失，地方上普遍沒有系統的編民組織，只不過由於北洋時期軍閥割據，戰亂頻發，各省普遍建立了民團組織，如山西、河北建立的保衛團，廣東的民團，安徽的人民自衛團，江蘇的農民自衛軍等等〔註11〕。這些民團組織大都具有保甲的部分功能，但又不能完全起到保甲制的作用。

1928 年 5 月，南京國民政府的二次北伐進展順利，連克石家莊、臨沂、德州、大同、保定等地，兵鋒直逼平津，北洋政府已無力抵抗，二次北伐勝利在望，在此之際，志得意滿的蔣介石電令內政部長薛篤弼及江蘇、浙江、安徽等省政府主席「注意練民團、辦保甲，以為治理地方要政之一，並認為當時各地警察腐敗已極，非經長時間無法整頓，故莫若興保甲、辦團練，取其易而確實。」〔註12〕辦理保甲是為了在戰後穩定社會秩序，以軍事化管理

〔註 8〕陳之邁，中國政府〔M〕，影印本，北京：商務印書館，1946：77。
〔註 9〕李宗黃，現行保甲制度〔M〕，北京：中華書局，1945：5。
〔註10〕內政年鑑編撰委員會，內政年鑑（C）〔Z〕，上海：商務印書館，1936：306。
〔註11〕聞鈞天，中國保甲制度〔M〕，上海：商務印書館，1935：368～430。
〔註12〕中國國民黨黨史委員會，中華民國重要史料初編（對日抗戰時期）〔Z〕，臺北：中國國民黨中央委員會黨史委員會，1981：397。轉引自金世忠，國民政府時期保甲制度的展開與實施〔J〕，臺南科技大學通識教育學刊，2008（7）：4。

社會，「尤須在東南沿海『畿輔之區』江、浙、皖三省先辦。」〔註13〕但是此時南京國民政府標榜遵照孫中山遺教，奉行地方自治，保甲並沒有得到有力推動。

1928年10月25日，國民黨中央執行委員會舉行了第179次會議，在會議上通過的《關於下層黨部工作案》中提出下層黨部在實施地方自治的同時要推動保甲運動，「安定地方秩序。」〔註14〕但國民政府內政部對此提出了不同意見，1929年3月5日，內政部在《函覆中央宣傳部關於保甲運動之意見》（以下簡稱《意見》）中指出，「方今訓政伊始，促進自治，欲求全民運動發展其自存自衛之決心，自應取舊日良法美政，重新推行，順應人民之心理，以促其實現。惟今昔異宜，形勢各別，揆諸現在情形，似乎保甲名稱不妨緩用，以引起人民之觀感，而其規制設施，則不得不臨時變易，按照今法以適合時宜。」〔註15〕從這段話中可以看出，內政部其實並不是反對保甲制度，只是反對的是「保甲」這個名稱，內政部反對保甲的另一個理由是在內政部擬定的地方自治體系中已經包含了保甲的內容，只是名稱不是保甲而是村里，「鄙部前為地方行政統一起見，曾本舊時保甲遺意。於編製縣組織法時，詳定村里閭鄰規則，暗寓保甲之法，以為自治基礎……是以今日之村里制即無異改進之保甲。」〔註16〕對於地方自治體系中的村里與此前保甲的區別，《意見》中指出：「昔日一切皆重官治，保甲僅取防衛之意，而與自治事業之全體無關，今則注重民治，關於地方設施，皆由人民自理，故村里制於包括保甲事務以外，仍有其他工作，是以今日之村里制，即無異改進之保甲，而縣組織法頒行已久，村里制正在克期舉辦之中，此時萬難中途變更，惟有取保甲為村里制之總名稱，仍促進村里制迅速實施，庶村里進步，而保甲之功效生焉。」〔註17〕當時有人指出，國民政府所謂的地方自治「雖美其名為村里制，實則以保甲為基礎也。」〔註18〕

其實村里制並不如內政部設想一般成為改進之保甲制，這主要是因為村

〔註13〕中國國民黨黨史委員會，中華民國重要史料初編（對日抗戰時期）〔Z〕，臺北：中國國民黨中央委員會黨史委員會，1981：428。轉引自金世忠，國民政府時期保甲制度的展開與實施〔J〕，臺南科技大學通識教育學刊，2008（7）：4。
〔註14〕黃強，中國保甲實驗新編〔M〕，南京：正中書局，1935：342。
〔註15〕黃強，中國保甲實驗新編〔M〕，南京：正中書局，1935：343。
〔註16〕聞鈞天，中國保甲制度〔M〕，上海：商務印書館，1935：58。
〔註17〕黃強，中國保甲實驗新編〔M〕，南京：正中書局，1935：343。
〔註18〕聞鈞天，中國保甲制度〔M〕，上海：商務印書館，1935：58。

里制注重的是選舉，按照預定程序由民眾選舉村長、里長，但地方自治機構到區一級尚能籌辦，到鄉鎮一級便形同虛設（參見前節圖表），絕大多數省份都做不到鄉鎮長的民選，更不用說是鄉鎮之下的村里了，國民政府設計的自治組織辦理程序環環相扣，自治機構籌備困難直接導致屬於基層的鄉里閭鄰陷入癱瘓，導致只有劃分出行政區域卻沒有選舉產生相應的鄉長、閭長、鄰長等，而保甲制則沒有這樣的制約，保甲制下的各級官長原本就不需要經過選舉產生，直接是由上級任命，所以雖然內政部在擬定自治體繫時將保甲制的內容融入地方自治事務中去，以爲「自衛即自治事務之一種，故亦包含於自治事業之內。」〔註 19〕但是礙於自治組織程序的難以實施，鄉里閭鄰這一套制度並沒有在農村中眞正建立起來，自治組織未能建立，自治事務更是無從做起，自治事務中保甲的內容也就無法辦理。

　　1928 年以後，國民政府在施行地方自治之後，意圖加強對縣以下基層社會的控制，改組原先各地舊有民團，內政部於 1929 年春擬定了地方保衛團條例，經過立法院審議通過改名爲《縣保衛團法》，於 1929 年 7 月 13 日明令通行，同年 11 月 1 日施行，要求「凡各縣原有之鄉團及其他一切地方自衛組織，均應依本法之規定，改組爲保衛團。」〔註 20〕其宗旨是要將縣及縣以下的一切鄉團和自衛組織重新整合，納入政府的控制之下。《縣保衛團法》從內容上看，要點主要爲：（1）保衛團的編製是以《縣組織法》中規定的鄉里閭鄰制爲依託：「各縣保衛團之編製，每閭爲一牌，以閭長爲牌長；每鄉或鎮爲一甲，以鄉或鎮長爲甲長；每區爲一區團，以區長爲區團長；縣爲總團，以縣長爲總團長；區團甲牌於必要時，均得增設副長，襄辦事務。保衛團中的牌長、甲長、區團長，均由總團長分別委任，並呈省政府備案，其副長亦同。」〔註 21〕（2）《縣保衛團法》要求「凡二十歲以上四十歲以下之男子，均有入保衛團受訓練之義務。」〔註 22〕其引申含義便是將全縣壯丁以保衛團爲紐帶牢牢控制在國民黨手中。（3）《縣保衛團法》要求甲長、牌長聯保切結，同甲各戶

〔註 19〕內政年鑒編撰委員會，內政年鑒（C）〔Z〕，上海：商務印書館，1936：361。
〔註 20〕焦如橋，劉振東，縣政資料彙編〔Z〕，影印本，重慶：中央政治學校，1939：576。
〔註 21〕焦如橋，劉振東，縣政資料彙編〔Z〕，影印本，重慶：中央政治學校，1939：576
〔註 22〕焦如橋，劉振東，縣政資料彙編〔Z〕，影印本，重慶：中央政治學校，1939：576。

聯保切結，要求各戶居民互相監督，互相糾察，彼此保證不為匪、通匪、窩匪、藏匿贓物及反革命，否則願受連坐處罰。（4）團丁為義務制，「保衛團除擔任訓練及辦理文牘人員酌給薪水外，其餘一律為名譽職。」〔註 23〕

　　《縣保衛團法》的施行，意味著國民政府將地方自衛列入了地方自治事務之中，並依附於地方自治體系。內政部以此擬定了規劃、實施、完成三個時期，「1929 年 12 月底前為『規劃時期』，1930 年 3 月底前為『實施時期』，1930 年 6 月底前為『完成時期』」，通令各地要求於 1930 年 6 月底前完成《縣保衛團法》中所列事項〔註 24〕，但各地均以情況特殊為由，要求展期完成，真正能按時完成的寥寥無幾。

　　根據《縣保衛團法》中規定，各省須參照本省實際情形，擬定施行細則，各省之間情況參差不齊，擬定施行細則的經過如下：

表 4.1〔註 25〕

省別	擬定《縣保衛團法》施行細則之經過
江蘇	1930 年 2 月 28 日，江蘇省就將施行細則咨送到內政部，5 月 6 日，內政部將條文稍加修整予以核准。
安徽	安徽省施行細則於 1931 年 2 月 5 日送交內政部，內政部予以修正後備案。
江西	江西省於 1930 年 4 月 28 日將實施細則送交內政部核准。
湖北	湖北省施行細則，1931 年 7 月首次送內政部核准，同年 10 月 28 日經過修正後送交內政部備案。
四川	四川省施行細則 1930 年 9 月 17 日送交內政部，同年 11 月 19 日經修正後在內政部備案。
山東	山東省政府於 1929 年 12 月向內政部提出施行細則，內政部予以備案。

〔註23〕焦如橋，劉振東，縣政資料彙編〔Z〕，影印本，重慶：中央政治學校，1939：580。
〔註24〕內政年鑒編撰委員會，內政年鑒（C）〔Z〕，上海：商務印書館，1936：308。
〔註25〕內政年鑒編撰委員會，內政年鑒（C）〔Z〕，上海：商務印書館，1936：307～308。

省別	擬定《縣保衛團法》施行細則之經過
山西	山西省施行細則於 1931 年 9 月 16 日送內政部審核，同年 11 月 14 日經修正後在內政部備案。
河南	河南省施行細則 1931 年 4 月 2 日呈交內政部備案。
陝西	陝西省施行細則由省政府 1931 年 4 月 3 日送內政部備案。
浙江	《縣保衛團法》公佈以後，浙江省民政廳以自治編製尚未組織完竣，難以立即實施保衛團制度，呈請暫緩擬定《縣保衛團法》施行細則，1931 年 12 月才由民政廳擬定了施行細則，呈交內政部，經過兩次修正於同年 9 月才在內政部備案。
福建	福建省施行細則由省民政廳擬定後於 1930 年 9 月 5 日呈交給內政部，經過修正後於同年 12 月 8 日在內政部備案。
雲南	雲南省施行細則於 1930 年 11 月 3 日送交內政部，內政部認為此細則與《縣保衛團法》「諸多不箸，予以發還」。
貴州	貴州省施行細則於 1929 年 12 月 28 日由省政府送交內政部審核，經過修正，在 1930 年 5 月 14 日備案。
熱河	熱河省施行細則由民政廳警務處草擬後，由省政府於 1930 年 6 月 14 日呈交到內政部審核，經過修正於同年 8 月 27 日在內政部備案。
察哈爾	察哈爾省施行細則於 1931 年 1 月 21 日送交內政部審核，經修正後於同年 8 月在內政部備案。
綏遠	綏遠省施行細則於 1930 年 7 月 14 日送交內政部審核，內容大致「尚無不合，予以修正備案」。

　　從上圖可以看出，真正能在 1929 年底前的「規劃」期內向內政部遞交實施細則的省份只有貴州、山東兩省，至於說 1930 年 6 月前完成則證明只能是一種空想，根本實現不了。1931 年 1 月，第一次全國內政會議期間，通過了修正縣保衛團法條文、頒定保衛團圖記規則及改編各種團會等提案。同年 3 月，行政院以湖南、湖北、安徽、江西、浙江、福建等七省「赤匪猖獗或毗連匪區」[註26]，要求迅速組織完成保衛團，「訓令內政部限於八月一日以前，

〔註26〕內政年鑑編撰委員會，內政年鑑（C）〔Z〕，上海：商務印書館，1936：308。

督飭各省一律組織完成，當經轉咨並嚴促各省照辦。」〔註27〕另外，保衛團的設置又與警察權限衝突，「惟自舉辦保衛團以來，按諸實際情形，均鮮良好效果。不但不能輔助清鄉，且與警察權限時有衝突。」〔註28〕內政部認為，必須將保衛團與警察的權限明確，將部分保衛團改編為縣警察隊，歸當地警察長官指揮，「庶幾事權統一，成效可期。」〔註29〕

　　對於《縣保衛團法》的落實，各省在方法上也各有不同，有的省份依照完全《縣保衛團法》辦理，有些省份則不然。「完全依靠《縣保衛團法》辦理者，當《縣保衛團法》施行之始，殆居絕對多數。其後因各省之環境變遷，需要更易，逐漸變更辦法者乃日形加多。截至現在止，仍依照《縣保衛團法》辦理者僅四川、山西、貴州、吉林、熱河、綏遠、察哈爾諸省而已。」〔註30〕依照《縣保衛團法》規定，縣為保衛團的最高單位，「縣以上並無統一專管機關，依一般行政系統，歸民政廳統轄。近年內，各省有因事實上之需要，特設機關管理，或負責設計全省保衛事務者，在本年內，此種問題，益增顯著。」〔註31〕依據各省實行《縣保衛團法》的過程中，各省政府對於保衛團的管轄機關不同可以分為以下幾種類型：（1）江蘇、河北、陝西：雖然依照《縣保衛團法》辦理，但是在省政府之下，特別設置了機關負責管理、設計，而不是由民政廳負責管轄；（2）江西、浙江、福建：雖然形式上存有保衛團之名，但是實際上劃歸民政廳以外的機關辦管理，而且縣保衛團總團以下的區團、甲牌組織也加以變更；（3）安徽、湖北、湖南、山東、河南、廣西：完全變更《縣保衛團法》的規定或者根本沒有依照《縣保衛團法》辦理，而是自定了特殊制度施行。

　　鑑於各地在實施《縣保衛團法》過程中的進展緩慢，1931年11月的國民黨中央三屆二中全會上通過了《推進地方自治案》，其中明確要求「各地從速完成縣保衛之組織」，各地方因為警力不足，「宜同時依照縣保衛團法從速完成各地方保衛組織，充實人民自衛力量，以補警力之不及。按地方保衛，原為地方自治事業之一種，特在今日尤為切要，故必提先舉辦，使地方安寧，民皆安樂，而後其他自治事業始有次第建設之可能。」〔註32〕《推進地方自

〔註27〕內政年鑑編撰委員會，內政年鑑（C）〔Z〕，上海：商務印書館，1936：308。
〔註28〕秦孝儀，革命文獻（第71輯）〔Z〕，臺北：中央文物供應社，1977：64。
〔註29〕秦孝儀，革命文獻（第71輯）〔Z〕，臺北：中央文物供應社，1977：64。
〔註30〕內政年鑑編撰委員會，內政年鑑（C）〔Z〕，上海：商務印書館，1936：309。
〔註31〕秦孝儀，革命文獻（第71輯）〔Z〕，臺北：中央文物供應社，1977：150。
〔註32〕榮孟源，中國國民黨歷次代表大會及中央全會資料（下）〔Z〕，北京：光明日報出版社，1985：16。

治案》通過後，對各省保衛團的進展有所促進，但《縣保衛團法》在具體實施過程中，各省在細則制定的時間上不一，保衛團的管轄方式上不一，更能顯示出地區間差別的是施行後的效果參差不齊：

表 4.2　各省保衛團辦理情況表（截至 1935 年）〔註33〕

省別	各省《縣保衛團法》的施行
江蘇省	江蘇省六十一個縣，除了四十個縣是完全依照《縣保衛團法》辦理，所有團丁均係義務役，其餘各縣有的將團丁抽編一部爲常駐丁而酌情給伙食津貼；有的除依據《縣保衛團法》抽編的保衛團外，更設立臨時保衛團，招募團丁，給予薪餉，以補義務保衛團之不足；有的雖然沒有設立臨時保衛團，但一部分團丁不是義務服役，而是雇傭的；有的完全沒有按照《縣保衛團法》辦理，而只是招募團丁組織保衛團。
安徽	安徽省是當時所謂的「剿匪區」，所以是依照《剿匪區內各省民團整理條例》辦理，縣保衛團均依照有無槍支分別改編爲保安隊和壯丁隊或「鏟共義勇隊」，所有壯丁一律編入壯丁隊或「鏟共義勇隊」，與依據《縣保衛團法》所編的保衛團相似。在安徽省已經上報的五十五縣中，只有兩個縣仍沿用舊有的保衛團制度，尚未改編爲保安隊、壯丁隊或「鏟共義勇隊」。
江西	江西省是當時所謂的「剿匪區」，所以是依照《剿匪區內各省民團整理條例》辦理，將縣保衛團改編爲大隊、中隊、分隊，但保衛團之名仍然沿用，與安徽省不一樣。江西省除了保衛團之外，各縣也有編「鏟共義勇隊」或壯丁隊的，更有保存縣警察隊的，但爲數都極少。尤其是贛南地區，情形特殊沒有保衛團及「鏟共義勇隊」或壯丁隊，而編有「鏟共團」，分爲常備及後備兩種，常備「鏟共團」、後備「鏟共團」與保衛團、「鏟共義勇隊」或壯丁隊實際上是名異而實同。
湖北	湖北省也是當時所謂的「剿匪區」，所以是依照《剿匪區內各省民團整理條例》辦理。其自衛組織，分別編爲保安隊及壯丁隊或「鏟共義勇隊」，保安隊爲有給制，壯丁隊及「鏟共義勇隊」則係義務制。湖北共七十一縣，其中呈報內政部備案的四十四縣，除了保康一縣沒有任何自衛組織外，其餘四十三縣均有保安隊組織，只有保安隊而沒有「鏟共義勇隊」或壯丁隊的只有七個縣。
湖南	湖南省同樣也是當時所謂的「剿匪區」，所以是依照《剿匪區內各省民團整理條例》辦理，分爲保安團（隊）及「鏟共義勇隊」兩種，前者完全是軍隊式的組織，戰鬥力比較強，後者與《縣保衛團法》上的保衛團相似，人數甚多，但訓練較少，除了保安團（隊）及「鏟共義勇隊」外，各縣更有其他自衛組織，如挨戶團等。保安團（隊）是支給薪餉，義勇隊及挨戶團是義務制。

〔註33〕資料來源於內政年鑒編撰委員會，內政年鑒（C）〔Z〕，上海：商務印書館，1936：311～360。

省別	各省《縣保衛團法》的施行
四川	四川省自衛組織最爲複雜，各縣很少相同，所辦的自衛組織大多稱爲「團練」。團練中更分爲常練、門戶練、模範隊、精選模範隊種種不同的分類，而且其性質不同，除了門戶練外，都是常備團隊。團丁大都是抽調當地壯丁，很少用招募方法，常備的團丁都是支取薪餉。
山東	山東省的自衛組織的骨幹是民團，民團大致與安徽的保安隊相似。各縣的民團總隊直接屬於各區民團指揮，間接轄於全省民團總指揮部。團丁是由招募而來，給予薪餉。除了民團以外，還有聯莊會，每縣於縣城設總會一所，各區設立分會，將各莊村二十至四十歲的壯丁一律編入聯莊會內，與《縣保衛團法》上的保衛團有一些相似的地方，平時沒有任何的任務及訓練，有警時鳴鐘召集。山東全省一百零八縣中，根據上報情況，四十二縣辦有民團，既有民團也有聯莊會的共二十縣，六十縣只有聯莊會，有兩個縣沒有民團而辦理保衛團，任何自衛組織都沒有的共兩個縣。
山西	山西省是爲數不多的始終依照《縣保衛團法》辦理保衛團的省，具體施行辦法雖然有所變更，但均沒有超過《縣保衛團法》容許範圍。山西全省一百零五縣中，除了虞鄉一個縣外，其餘都辦有保衛團，其中團丁來自招募而支給薪餉者共有四縣，團丁來自徵集，完全義務制共八十六縣，其餘各縣則是部分義務制，部分支給薪餉。至於經費支出，除了大同等十九縣外，其餘八十六縣中有五十三縣毫無支出，其有支出的三十三縣，均是辦公費或教練費，爲數甚少。
河南	河南省也是「剿匪區」，除了極少數縣仍用舊制度組織了保衛團或者民團，其餘均將自衛組織依據《剿匪區內各省民團整理條例》加以改組，分別編爲保安隊及壯丁隊或「鏟共義勇隊」。河南省一共一百一十一縣，其中沒有任何自衛組織的共有十四縣，有保安隊組織的共七十四縣，其中兼有壯丁隊或「鏟共義勇隊」的有十五縣，兼有商團的有一縣，兼有保衛團的有三縣，兼有民團的有一縣。僅有壯丁隊的有十一縣，僅辦民團的有一縣，僅辦城防局的有一縣。壯丁隊及「鏟共義勇隊」均係義務制，保安隊係招募均須支給薪餉。
河北	河北省是大體依照《縣保衛團法》辦理，只是稍加變更，將保衛團分爲兩種，一種爲常備隊，其團丁由招募而來，支給薪餉，負責地方治安；一種爲散在團，團丁徵集而來，不支給薪餉，以訓練民眾爲主。河北省全省共計一百三十一縣，除十五縣未呈報情況外，已呈報情況的共有四縣沒有任何自衛組織，其餘一百一十二縣中除了高陽縣辦有商民保衛團、自衛團、特務隊及散在團三種外，均組織有保衛團中的常備團，在其中有部分縣還組織了散在團。
陝西	陝西省是依據《縣保衛團法》辦理保衛團的省份，其組織依照《縣保衛團法》分爲總團、區團、甲及牌四級，其中總團及區團的團丁係常備，甲及牌的團丁則多係有事臨時召集而來，平時不過有其編製而已。有的縣並不是總團、區團、甲、牌四級都有，只是有其中的兩級或三級，但都是在《縣保衛團法》容許之內。也有少數縣份，除了保衛團組織外，還兼組織了特別自衛組織，如農民自衛團及商團、煙戶團。關於保衛團的團丁來源，各縣情況各有不同，大多數是招募及選送而來，而徵集者大部分都給予薪餉，這是與《縣保衛團法》不一樣的地方。

省別	各省《縣保衛團法》的施行
浙江	浙江省各縣保衛團大多依照《縣保衛團法》辦理，保衛團中常備隊在已報備案的七十縣中均已組建，其中一些縣更將其中一部分另編成保衛團基幹隊，以爲保衛團之主力，這種基幹隊屬於縣者稱之爲縣基幹隊，屬於區者稱之爲區基幹隊。大多數縣都設有縣基幹隊，其中兼有區基幹隊的爲數甚少，此外，更有一些臨時基幹隊或臨時常備隊由舊有招募的保衛團丁改編而來，基幹隊、臨時基幹隊、臨時常備隊都須支給薪餉，常備隊則屬於義務制。
福建	福建省是依照《縣保衛團法》辦理保衛團的省份之一，除了按照區、團、甲、牌編組保衛團外，各縣大多編有常備性質的保衛隊，負責地方治安，團丁有的是招募，有的是徵集而來，均支給薪餉。福建全省六十五縣已經上報情況的有四十五縣，其中除了兩縣沒有任何自衛組織外，有二十三縣除了依照《縣保衛團法》組織保衛團外，更組織了常備隊組織；有十三縣將保衛團分編爲兩種，一種爲常備隊，另一種爲守望隊；有五縣將保衛團分爲常備團及後備團兩種；有一縣即福安縣將保衛團內的團丁分爲義務團丁及給薪餉團丁兩種。對於團丁來源，有二十五縣採取招募方法，十二縣採取徵集方法，其他各縣採取招募、徵集混合的方法居多，也有的採取了攤派、保送的方法。
廣東	廣東的自衛組織十分複雜，1933 年以後廣東省政府才開始決定全省統一辦法，將所有卜屬縣的種種自衛組織一律改編爲縣警衛隊，同時規定編製爲中隊、分隊、獨立小隊等，由縣統一指揮。警衛隊分爲兩種，以爲常備隊，大部分團丁是招募而來，另一種是後備隊，多數是由本地居民徵集而來，係義務制。廣東全省九十五縣，已經上報情況的七十八縣中，除了新豐一縣沒有任何自衛組織外，僅有常備隊一種組織的有三十五縣；有常備隊、後備隊兩種組織的有二十六縣；有後備隊沒有常備隊的有兩縣；其餘各縣或有常備隊、後備隊一種兼有其他自衛組織。各縣的常備隊、後備隊的團丁來源不一，有選送、保送，有抽調、徵集，也有招募。
廣西	廣西省的自衛組織在全國各省中最爲特殊，其所行的民團制度史以普及訓練全省壯丁、樹立徵兵基礎爲目的。其組織分爲常備、後備及預備三種。常備隊從合格壯丁中徵集，後備隊以二十至四十歲男子未被證爲常備隊者充之，預備隊則係常備隊退伍後的組織。常備隊類似於軍隊的組織，服役期間給予薪餉。後備隊必須接受規定的訓練，是廣西民團的特色，預備隊則與軍隊中的預備役相似，此又爲廣西民團的另一特色。廣西民團的組織系統，是在民團司令部下，設有區團局、鄉團局及各鄉聯防公所等，分別負責徵編民團之責。廣西雖然普遍施行民團制度，但仍有部分縣施行其他自衛組織，如商團、商民自衛團、警備隊、保安隊、護商團等，只是爲數不多，並且廣西全境九十四縣，並不是施行民團制度的各縣均有常備、後備、預備三種，有的有兩種，有的僅有其中一種，情況不一。
雲南	雲南省依照《縣保衛團法》辦理保衛團，但是稍加變更。基本上雲南省各縣都組織有常備性質的保衛團，負責地方治安責任，保衛團的團丁來源大多與《縣保衛團法》中的要求不同，完全依照《縣保衛團法》辦理的，雲南全省也

省別	各省《縣保衛團法》的施行
雲南	只不過數縣而已。雲南全省共計一百二十三縣，其中已經上報內政部備案的一百零一縣中，共有三縣沒有任何自衛組織，其餘九十八縣中完全依照《縣保衛團法》辦理的不過三縣，僅有常備隊一種組織的共有三十縣，分爲常備隊、預備隊、後備隊兩種或三種組織的共有二十五縣，其餘各縣中有的除了常備隊組織外更有其他特殊的自衛組織諸如獨立區隊、區聯合團、民團、保衛大隊等等，還有的沒有常備隊只有地方特殊的自衛組織。關於團丁來源，預備隊、後備隊及按照區、團、甲、牌編製者，均由徵集而來，常備隊及各種特殊自衛組織也大多是採用徵集辦法，採用招募辦法的縣爲數很少。
貴州	貴州省是按照《縣保衛團法》辦理保衛團省份之一，大多數縣均有保衛團，也有一部分先仍沿用舊有的自衛組織如門戶練、常練之類。至於辦理保衛團的縣，有的按照《縣保衛團法》中的總團、區團、甲、牌編定，有的在縣保衛團之下分設了區中隊、分隊，有的在縣保衛團下設立區指揮部，有的在縣保衛團下設立區隊部。貴州省全境共八十四縣，但呈報情況備案的僅二十六縣，除了依照《縣保衛團法》組織保衛團的縣份外，有兩縣將保衛團分爲常練、民練兩種，單獨有常練或門戶練一種的各有一縣，其他各縣情況更爲複雜，或僅有一種組織，或兩種、三種雜糅。至於團丁來源，完全採用徵集制度的只有四縣，抽派式的有七縣，各區保送的有三縣，招募的有四縣，其餘各縣多採用混合方式。
寧夏	寧夏全省僅轄有十三縣，其中一部分併無自衛組織，而有自衛組織的縣又因地制宜彼此不同，所以寧夏全省併沒有一種全省通行的自衛制度。已經上報情況，並備案的共有八個縣，其中四個縣無任何自衛組織，其餘四縣中有兩縣有保衛團一種，一縣除保衛團外兼有護路隊，一縣沒有保衛團而只有保安隊及區民團兩種。保衛團的團丁來自徵集，護路隊是由人民攤派，不支薪餉，區民團則歸各區資歷，保安隊團丁來自招募，需要支給薪餉。
甘肅	甘肅省各縣均有保衛團組織，各縣還有特殊自衛組織的屬於少數，但是甘肅省的保衛團並不是完全按照《縣保衛團法》辦理，大部分縣市徵集了一定數額的壯丁編爲常備隊性質的團隊，負責地方上的治安。甘肅全省共六十七縣，已經上報情況備案的共五十三縣，其中有十三縣無任何自衛組織，在有自衛組織的縣中，有一縣僅有聯村自衛團，一縣民眾自衛團，一縣有保安團及人民聯村自衛團兩種外，其餘各縣均辦有保衛團，其中數縣還有基幹隊。關於團丁來源，除了聯村自衛團及基幹隊是徵集民眾，自衛團是各區保送，常備隊及保安團是招募外，保衛團的團丁可分爲三種：（1）二十六縣完全是採用徵集制；（2）十一縣完全採用招募制；（3）其餘各縣採用徵集、招募兩種雜糅辦法。
察哈爾	察哈爾省自衛組織只有縣保衛團一種，大體上是依照《縣保衛團法》辦理，但在具體實施過程中多有變更。察哈爾省一共十六縣，除了三縣未呈報情況外，其餘十三縣均設有保衛團，團丁來源除了赤城、陽原二縣及延慶的常備隊來自招募外，其餘都採用徵集的方法。大部分縣對團丁均不支付薪餉，只有赤城、陽原、商都三縣及延慶縣常備隊支付薪餉。

省別	各省《縣保衛團法》的施行
綏遠	綏遠省自衛組織，大體上是依靠《縣保衛團法》而稍加變更，《縣保衛團法》中規定總團、區團、甲牌組織系統，綏遠省則改爲縣保衛團、區保衛團、鄉鎮保衛團三種，但各縣多因特殊情形，而只有一種或兩種，《縣保衛團法》中規定保衛團是由全部壯丁組成，而綏遠省則加以變更，抽編常備性質的隊伍以維持地方治安，增強保衛力量。綏遠省共計十八縣，除了沃野縣無任何自衛組織外，集寧縣兼有保衛團及自衛團兩種組織外，此外十六縣均只有保衛團一種自衛組織。保衛團中分爲縣團、區團、鄉團三種組織的有兩縣，分爲縣團、鄉團兩種的有一縣，分爲縣團、社團兩種組織的有一縣，分爲區團、鄉團兩種組織的有三縣，其餘都只有縣保衛團一種。關於團丁來源，共有八縣採用招募的方式，其他各縣採用徵集、保送等方式。除了薩拉齊縣的鄉鎮保衛團、豐鎮的鄉保衛團、陶林縣的區鄉保衛團及集寧的自衛團不支給薪餉外，其餘各縣不論團丁來源一律支給薪餉。

　　從上圖各個省施行《縣保衛團法》的過程來看，各個省施行情況各不相同，即使在本省內部各個縣的施行情況也是參差不齊。已有統計的二十一省中，列爲剿匪區的安徽、江西、湖北、湖南、河南五省不在《縣保衛團法》的實施範圍之內，五省通行的是《剿匪區內各省民團整理條例》，此條例是三省剿匪總司令部於 1933 年 1 月公佈，同年 4 月實施。此五省都是中國共產黨領導的工農武裝割據蓬勃發展地區，所以被南京國民政府列爲「剿匪區」，《剿匪區內各省民團整理條例》與《縣保衛團法》相比有諸多不同：《剿匪區內各省民團整理條例》中將各縣自衛武裝分爲縣保安隊及壯丁隊（或「鏟共義勇隊」）兩種不同的組織，互不隸屬；《剿匪區內各省民團整理條例》規定各省的自衛組織按照各省保安處長——各區行政督察專員兼區保安司令——各縣縣長成爲一個自上而下逐級督導的系統，有別於《縣保衛團法》中各縣爲單位，省民政廳主導的方式；《剿匪區內各省民團整理條例》中並沒有《縣保衛團法》要求的以自治系統來組織自衛武裝的要求；《剿匪區內各省民團整理條例》規定「各縣保安隊之薪餉，由各該縣政府及財務委員會同時點名發放。」〔註34〕這與《縣保衛團法》中要求縣保衛團的團丁均係義務是截然相反的。

　　除了上述五省外，其餘十六省均不是「剿匪區」，理應實施《縣保衛團法》，但是四川的團練、山東的民團，廣東的警衛隊其實都是原先本地的自衛組織，雖然類似保衛團，但與《縣保衛團法》並無多少聯繫，甘肅省雖有保衛團之

<hr>

〔註34〕焦如橋，劉振東，縣政資料彙編〔Z〕，影印本，重慶：中央政治學校，1939：
　　　　646。

名，但也是與《縣保衛團法》沒有多大聯繫；寧夏省地處偏遠，全省沒有一種通行的自衛組織，談不上統一改編；廣西的自衛組織尤其特殊，自成一體，其常備隊、後備隊、預備隊的三種形式是與廣西特殊的政治軍事形勢相關，廣西名義上在國民政府管轄之下，其實是處於國民黨新軍閥桂系的嚴密控制之中，政令、軍令均自成一體，類似於獨立王國，自衛組織的三種形式與軍隊的組織有相似地方，預備隊即相當於軍隊中預備役，此外，民團司令部——區團局——鄉團局——各鄉聯防公所這一自衛武裝督導機構能夠保證一旦有戰事，可以組織數額巨大的軍事力量。真正依據《縣保衛團法》進行自衛組織改造的有江蘇、浙江、福建、察哈爾、綏遠、貴州、雲南、陝西、河北、山西等十個省份，即使按照《縣保衛團法》來施行，具體情況也紛雜不一，各省內部自衛組織也絕非整齊劃一，甚至摻雜著不少具有地方特色的自衛組織，其中尤其值得一提的是福建省。「現行保衛制度，雖壯丁均有服務保衛團之義務，但因無種類之區分，役期之規定，退伍之辦法，組織異常鬆懈，效力難期偉大！近年來改革運動，其原因盡在於此。」〔註35〕對保衛制度的改革方向在於「仿徵兵制度之雛形，圖所以樹徵兵制度之基礎。」〔註36〕1932年，國民政府內政部召開第二次全國內政會議，內政部提出的改革保衛團制度方案在會議上得以通過，其目的就在於將保衛團制度與徵兵制度相結合，但是「因手續及慎重關係，新制度何時確定實施，尤屬未可預期。」〔註37〕但是福建省根據內政部提出的原案制定了《福建省保衛團暫行規程》，在福建一省範圍內試行，「惟因政治上之關係，此一年來之實驗，似無特殊效果可尋耳。」〔註38〕

《縣保衛團法》實施結果之所以參差不一，一方面是有些省份割據一方，不遵中央政令，更重要的是《縣保衛團法》中建立的縣保衛團是依附於鄉里閭鄰的地方自治系統：各縣保衛團之編製，每閭為一牌，以閭長為牌長；每鄉或鎮為一甲，以鄉或鎮長為甲長；每區為一區團，以區長為區團長；縣為總團，以縣長為總團長，如果鄉鎮鄰各長未能選出，區鄉鎮公所未能組織健全，則自治系統不能健全，如此則依賴地方自治系統的保衛團必然推行困難。

〔註35〕秦孝儀，革命文獻（第 71 輯）〔Z〕，臺北：中央文物供應社，1977：150。
〔註36〕秦孝儀，革命文獻（第 71 輯）〔Z〕，臺北：中央文物供應社，1977：150。
〔註37〕秦孝儀，革命文獻（第 71 輯）〔Z〕，臺北：中央文物供應社，1977：150。
〔註38〕秦孝儀，革命文獻（第 71 輯）〔Z〕，臺北：中央文物供應社，1977：150。

　　1929 年頒佈的《縣保衛團法》是國民政府內政部基於統一全國自衛組織考慮設置的法令，即使在各個省份具體實施的過程中，對《縣保衛團法》或有增刪，或有修改，但對於《縣保衛團法》的精髓是基本領會，即將本省、本縣的之前沒有形成系統組織的自衛組織進行整理改編，使之成為在地方政府主導下的一股有組織、有能量的自衛組織，能夠起到穩定社會、安定秩序的作用，其實從這些自衛組織的名目上看（諸如「鏟共義勇隊」之類）更多的是為了控制民眾，對付日益壯大的中國共產黨。但是，《縣保衛團法》規定設立的保衛團並不是編民組織，只是地方自衛組織，且從制度上依賴難以成型的地方自治系統，從嚴密控制民眾這一點來說，無疑是難以與保甲相提並論，但是《縣保衛團法》中規定的甲內各戶必須聯保切結、甲長牌長聯保切結這一連坐形式可以看作是保甲制度設立的先聲，「所有保甲制度的精神，均經分別納入。」〔註39〕

　　《縣保衛團法》頒佈 2 個月後，1929 年 9 月 18 日國民政府又頒佈了《清鄉條例》，10 月 30 日，11 月 12 日又相繼公佈了《鄰又連坐暫行辦法》、《清查戶口暫行辦法》，表面上標榜：「國民政府為肅清全國匪患，厲行訓政起見，特頒佈清鄉條例」〔註40〕但其實是另一種控制民眾的手段，「尤與中共勢力日漸坐大關係密切」〔註41〕各省成立清鄉總局，各縣設清鄉局，各由本地行政長官管理，統轄於國民政府，再由清鄉局督率區鄉鎮閭鄰長組織人力對基層民眾進行一次挨門逐戶的戶口普查，「清查後，應編列門牌號數，並取鄰右互保切結，實行聯保連坐方法。」〔註42〕並且對民間武器進行查驗，對民團進行改編，內政部限期各地於三個月內完成。《清鄉條例》對人口的清查，對此後的保甲制而言作用重大，保甲制度是編民組織，最基本的便是人口的普查，《清鄉條例》實際上是完成保甲制的前期工作。

　　《縣保衛團法》和《清鄉條例》是國民政府在地方自治之初頒佈的兩個與 30 年代保甲制密切相關的法令，都包含了治安連帶責任，這兩個法令的實施，都是以《縣組織法》規劃的地方自治系統為骨幹，保衛團自縣以下各級

〔註39〕內政年鑒編撰委員會，內政年鑒（C）〔Z〕，上海：商務印書館，1936：361。

〔註40〕焦如橋，劉振東，縣政資料彙編〔Z〕，影印本，重慶：中央政治學校，1939：581。

〔註41〕金世忠，國民政府時期保甲制度的展開與實施〔J〕，臺南科技大學通識教育學刊，2008（7）：7。

〔註42〕焦如橋，劉振東，縣政資料彙編〔Z〕，影印本，重慶：中央政治學校，1939：584。

責任人均由各級自治人員擔任，清鄉任務也由各級自治人員執行，當時地方
自治正方興未艾，處於草創時期，各級自治機構剛剛建立，地方自治人員既
要辦理自治事務，又要編組保衛團，負責清鄉任務，力有不逮，故成效非常
微弱。「法規雖頒行數載，實乃同具文，內政部甚且以爲不但不能輔助清鄉，
且與警察權限時有衝突，擬酌改爲縣警察隊。」〔註43〕

1929 年 9 月 13 日，南京國民政府正式命令各省政府限期舉辦保甲〔註44〕
命令指出：

> 近來各省長官鑒於共匪之不易剿除，輒以爲軍隊單薄所致，常
> 謂非有若干之兵力。不能維持某處之治安，此種心理實爲謬誤！以
> 兵治匪，實爲治標救急之圖，決非正本清源之計。有時匪患猝至，
> 誠非調集部隊，迅速進剿，不易撲滅；然常有兵至則匪去，兵去而
> 匪又來，清源之道，實別有在。無紀律之兵亦只能止匪擾害，不能
> 絕匪之根株。軍隊集中訓練，則配布難周，仍易爲匪所乘，分散佈
> 防，則紀律易弛，且將與匪同化。故以兵治匪乃不得已而爲之，非
> 可恃爲長治久安。欲絕匪之根株，仍宜由舉辦保甲，清查戶口入手，
> 人民能自動防匪，而匪徒不能混跡於鄉村城市之中。茲由政府頒佈
> 鄉鎮自治施行法及清鄉條例，並限期清查戶口，通令各省辦理。應
> 請各省政府，嚴切責成各縣長，限期三個月至半年，將全縣保甲一
> 律辦竣，同時亦將戶口調查清楚，列爲攷成。其有藐視法令，延不
> 奉行者，應以縱匪治罪。當茲訓政開始，編遣實施之際，各省宜以
> 此爲第一要政，切實執行，庶幾匪患根本肅清，民生日臻康樂，有
> 厚望焉！〔註45〕

1932 年 8 月豫鄂皖三省剿匪總司令部頒佈的施行保甲訓令中認爲保甲制
在此時並未最終見成效，「查保甲之制，本屬民眾自衛之良規，清查戶口尤爲
遏滅亂萌之急務，……而各省能依照法規切實遵行者，可謂寥寥無幾，故雖
頒行數載法令，仍等具文。」〔註46〕對於前期《縣保衛團法》、《清鄉條例》
推行困難的原因，訓令中提到：

〔註43〕秦孝儀，革命文獻（第 71 輯）〔Z〕，臺北：中央文物供應社，1977：64。
〔註44〕李宗黃，現行保甲制度〔M〕，北京：中華書局，1945：25。
〔註45〕李宗黃，現行保甲制度〔M〕，北京：中華書局，1945：25。
〔註46〕焦如橋，劉振東，縣政資料彙編〔Z〕，影印本，重慶：中央政治學校，1939：
607。

一、區鄉鎮閭鄰為地方自治骨幹，各級自治及自衛行政，均集中於區鄉鎮閭鄰各級首長一人身上，若各自首長一日未能選出，區鄉鎮各公所一日未能組織健全，則自治組織不健全，《縣保衛團法》、《清鄉條例》等無從實施。

二、自治組織因注重貫徹全民精神，要求人民參與選舉，除區長可以委任外，其餘自治長官必須經過選舉，陳義過高，非當時未經訓練的人民所能勝任，一時無從舉辦，自衛組織更是無從辦理。

三、自治機構首長除區長外都由選舉產生，必然示好於群眾，而自衛職能要求其負有治安平亂之責任，與自治工作在組織、性質上出入頗大，以自治之領導者而兼自衛之負責者，常難以平衡其中輕重，寬猛無所適從，易於受到群眾挾持，失去制裁的威力，無法應付紛亂的環境，自治與自衛的使命無法完成。

四、自治與自衛不分，依現行法制，自衛是自治的附庸，必須先健全自治之組織，既不能專門辦地方自衛之事項，同時又須舉行自治行政之本職，以地方有限民力，沒有自治自衛同時舉辦之能力，則勢不能兩全其美，匪區民眾，於創痛危難之中，只有自衛安寧之急切要求，設必欲先辦好自治而辦自衛，恐自治固告無期，而自衛亦隨之俱廢。

五、依據已頒佈法令，清查戶口必須由清鄉局督率區鄉鎮閭鄰長切實執行，而事實上，在區鄉鎮閭鄰長未能選出，各級自治組織未健全前，縣以下的戶政工作始終無專門機關負責，每遇清查戶口，只能臨時差人辦理，戶口數必不正確，並且缺乏後續工作，導致最基本的清查戶口工作迄今沒有成就。

六、現行法規，由中央公佈及附屬的各種自治法規已達四十種，條文共九百五十七條，其他行政法規，與之有間接關係者尚不在內，如此繁雜，承辦自治的人員均覺茫然，自然有礙推行。〔註47〕

這六條基本上道出了前期保甲為何難以推行的原因，但還有更重要的一點沒有提及，那就是保甲本身是國民政府針對中國共產黨領導下的工農革命政權

〔註47〕 焦如橋，劉振東，縣政資料彙編〔Z〕，影印本，重慶：中央政治學校，1939：607～608。

採取的反動措施，從國民政府在江西、湖北等「剿匪區」首先強力推行保甲制及很多省份建立所謂的「鏟共義勇隊」可以清楚看出這一點。在 1929 年 11 月 6 日國民政府內政部發出《通告各級黨部一致努力訓政時期實際工作以完成黨的使命》中，提到了保甲的目的：「保甲運動之目的，在於恢復社會秩序，維持社會安定，掃除建設障礙。其重要任務，在使同一地方之居民，對於地方治安，同負相當之責任。不惟使土匪共黨無活動之餘步，且使一地方之腐惡勢力亦永無存在之隙地。」〔註48〕其中赤裸裸地提出了保甲的重要目的是為了對付得到廣大農民支持的中國共產黨，地方自治的宗旨在於本地人民選舉官員治理本地事務，保甲的目的與之截然相反，這是與孫中山地方自治思想背道而馳的，各級自治人員在思想理念上難免產生矛盾，思想不統一的結果便是政策難有成效，不管是自治還是保甲都是如此。

4.1.2 南昌行營時期保甲制的推廣

1930 年 4 月，離東北易幟、國民政府形式上統一全國不過一年多時間，國民黨內新軍閥之間的矛盾便激化，以蔣介石中央軍為一方和以北伐後失勢的汪精衛、西山會議派及李宗仁、閻錫山、馮玉祥、張發奎等地方軍閥為一方在河南、安徽、江蘇、河北等地展開近代中國歷史上最大的一次軍閥混戰，史稱「中原大戰」。在此期間，中國共產黨領導下的工農紅軍在江西、湖南、湖北等廣大農村地區發展壯大，深得貧苦農民的擁護，根據地面積更是不斷擴大，逐漸威脅到國民黨的統治，引起蔣介石的高度重視。1930 年 10 月，中原大戰剛剛結束，蔣介石就從鄭州前線回到南京，將矛頭對準日益壯大的根據地，南京國民政府對根據地的五次圍剿正式拉開了帷幕。1930 年 11 月 12 日至 18 日，國民黨三屆四中全會在南京舉行，在這次全會上通過了《第三屆中央執行委員會第四次全體會議宣言》（以下簡稱《宣言》），《宣言》中對於中原大戰後國民政府面臨的任務提出六點：一、定期召集國民會議，以立建國之基礎；二、集中人才，以充實建國之力量；三、改善制度，刷新政治；四、確定鏟共剿匪與軍事善後為施政急務；五、救濟災民與振興實業；六、完成地方自治，更定地方區劃。〔註49〕其他五條在之前的決議中或宣言中都

〔註48〕焦如橋，劉振東，縣政資料彙編〔Z〕，影印本，重慶：中央政治學校，1939：158。

〔註49〕榮孟源，中國國民黨歷次代表大會及中央全會資料（上）〔Z〕，北京：光明日報出版社，1985：899～902。

有涉及，唯獨第四條是首次提出，《宣言》中對第四條解釋說「全會鑒於過去半年以內，各地共黨土匪之披猖，實為人民切膚痛苦之所在；而以連年征伐之頻繁，國內軍事之有待於整理與善後者又至；擬於最近期內，定鑣共剿匪為國民政府消極方面首要之急務，而積極方面則集中力量以謀軍事之善後。」〔註50〕從中也可以反映出中國共產黨領導的工農武裝割據已經對南京國民政府形成了巨大的壓力。

　　國民黨三屆四中全會之後，蔣介石在廬山召開會議，決定在南昌建立陸海空軍總司令行營，統一對根據地的進攻。保甲制度便是在五次「圍剿」中逐步建立起來的，「迨至剿匪軍興，豫鄂皖三省剿匪總司令部，因實際之要求，深感於自治組織之層級過多，運用不靈，關係法令殷繁，辦理匪易，乃決定將自衛與自治分開辦理，先謀自衛之完成，再作自治之推進，並將自衛組織復分為二：一為『團』，一為『練』，『練』係斟酌地方槍支、經費、人才別編保安團隊，『團』則採用保甲制度，即以保甲作為地方組織之骨幹也。」〔註51〕團練的演變要從清朝嘉慶時期開始，當時白蓮教起義遍佈川陝各地，而八旗、綠營兵嚴重腐化，難以禦敵，因此才有設置團練鄉勇，令地方鄉紳訓練，辦理保甲，堅壁清野。團練由此而來。團與練二者都是地方自衛武裝，兩者之間區別不大。咸豐年間，「團」與「練」開始區別開來，太平天國運動席卷了大半個中國，湖南、江西等地鄉紳紛紛辦團練以自保，湖南湘鄉知縣朱孫怡首先區別開團與練為兩種不同自衛武裝，其後曾國藩在湘軍創建過程中採取了這種分法，團練即從此分為兩類不同的自衛武裝：「練原指高於鄉勇，帶有雇傭性質的地方武裝，比較具正規軍事編製；團為鄉村各戶所出壯丁組成，不具常態性組織，以單純防禦地方治安為主。」〔註52〕可以說是「湖南湘鄉知縣朱孫怡肇其端，曾國藩綜其成。」〔註53〕及至後來，對於團練的含義又有不同的解釋，「將團練視為組織鄉團的兩個步驟，其中先實行保甲、清查戶口謂之『團』，然後在『團』的基礎上組織『練』，即地方自衛武力，所謂『先團後練』是。」〔註54〕

〔註50〕榮孟源，中國國民黨歷次代表大會及中央全會資料（上）〔Z〕，北京：光明日報出版社，1985：901。

〔註51〕內政年鑑編撰委員會，內政年鑑（C）〔Z〕，上海：商務印書館，1936：361。

〔註52〕金世忠，國民政府時期保甲制度的展開與實施〔J〕，臺南科技大學通識教育學刊，2008（7）：16。

〔註53〕黃細嘉，近代的團練和團練制度〔J〕，中國近代史研究，1997（10）：11。

〔註54〕金世忠，國民政府時期保甲制度的展開與實施〔J〕，臺南科技大學通識教育學刊，2008（7）：16。

　　在第一次「圍剿」時，蔣介石完全低估了中國共產黨領導下的工農武裝割據在農民中深厚的階級基礎，以爲僅憑軍事進攻就能很快地解決工農紅軍，雖然蔣介石在戰前對江西、湖北、湖南三省軍政人員訓話時提出了要辦理保甲，清查戶口，蔣介石也認識到「剿匪之工作，軍事只能治其標，政治方能清其本。」〔註55〕但這些僅僅停留在表面上，並沒有強力推行，很快第一次「圍剿」以失敗告終。

　　「民國二十年，蔣委員長督師江西，即於總司令部黨務委員會內成立地方自衛處，研究保甲制度，草擬法規，由江西省試行。」〔註56〕同年 5 月，第二次「圍剿」失敗，總司令行營黨政委員會公佈了《剿匪區內保甲條例》，要求江西省在「剿匪」區內的修水等 43 縣試辦保甲制度，並將原先的區鄉閭鄰等地方自治組織暫停辦理。「這項條例雖然施行的時間、地域均屬有限，但卻深具意義，因爲它是民國以來，不再付著於地方自治體系下，名正言順辦理保甲的開端，也是剿共區內最先停辦自治、改辦保甲，並公布施行的法令。」〔註57〕當時不少人爲保甲制度辯護，認爲是非常時期權宜之計，「軍事當局認爲在那種情態之中，自衛應重於自治，故制定條例，施行保甲制度，以爲過渡的辦法，……當時，政府推行這種制度的用意無非是爲一時權宜之計，其組織系統是與自治法規不合的。」〔註58〕卻未料到，這種一時權宜之計的保甲制度會延綿十幾年，一直延續到南京國民政府的徹底失敗。

　　第三次「圍剿」失敗後，蔣介石吸取了教訓，認識到憑藉武力難以打敗深得「剿匪」區民眾支持的工農紅軍，採取剿匪總司令部秘書長楊永泰的建議即「三分軍事，七分政治」，主要以政治「剿匪」，在 1932 年 6 月 18 日廬山對豫鄂皖湘贛五省清剿會議上明確指出：「去年第一次圍剿，以軍隊爲主，黨政爲從，今後剿匪基本原則是，七分政治，三分軍事。」〔註59〕當然這個方針的含義並不是說少用武力，「而是說『剿共』不能單靠武力，還要靠政治，靠武力以外的東西，運用政治、經濟、交通等手段配合軍事進行『剿共』的『總體戰』」

〔註55〕秦孝儀，先總統蔣公思想言論總集（卷十）〔Z〕，臺北：中國國民黨中央委員會黨史委員會，1984：439。

〔註56〕陳之邁，中國政府〔M〕，影印本，北京：商務印書館，1946：82。

〔註57〕金世忠，國民政府時期保甲制度的展開與實施〔J〕，臺南科技大學通識教育學刊，2008（7）：11。

〔註58〕陳之邁，中國政府〔M〕，影印本，北京：商務印書館，1946：78。

〔註59〕秦孝儀，先總統蔣公思想言論總集（卷十）〔Z〕，臺北：中國國民黨中央委員會黨史委員會，1984：620。

〔註60〕蔣介石在對「剿匪」區內黨政人員講話時承認在組織方面遠遠不是中共的對手，「我們來研究組織，政治的組織和民眾的組織，都很嚴密，尤其是民眾的組織，我們不及他。匪區的民眾，他們都儘量的組織並武裝起來，成為各種別動隊……反觀我們的情形，則遠不如土匪。」所以蔣介石一再重申要改變策略，「用民就是要組織各地方的保衛團，要把各縣保甲辦好，使各地民眾都有組織，都能武裝起來，足以自衛，足以幫助剿匪。」〔註61〕

　　對於三分軍事，七分政治的工作要點，蔣介石在 1933 年 6 月 12 日五省「剿匪」軍事會議上做了系統闡述：一、軍隊與政治、社會、經濟是密不可分的，帶軍的將領一定要同時兼顧到政治、經濟、社會種種不同的環境，然後才可講軍隊的整理與改進。軍事推進的同時必須加緊推進剿匪區域的政治工作，軍隊所到的地方，其政治、社會、教育甚至產業，統統要軍事化。即統統要以軍隊的精神來辦理一切，要受軍事計劃的支配；隨時隨地一事一物，都可以直接間接，有形或無形助進軍事發展。二、推進政治工作，黨政軍一定要整個相輔相成，通力合作，一切工作尤其要集中，所以現在我們黨政軍一定要有個統一的機關。只有有了統一的機關，工作才可以集中，才能格外增加工作效率。三、在軍事剿匪區域內的國民黨黨部必須秘密化。四、從宣傳方面講，要利用投誠的官兵宣傳，推進政治工作。五、剿匪區內最重要的政治工作便是辦理保甲和團隊。以後軍隊的工作不但要負責軍事方面，還要監督地方長官努力舉辦保甲，同時軍隊本身也要負責切實推行保甲。保衛的事情，不完全是地方行政長官的責任，軍隊應負有大部分責任。同時軍隊還必須提供自衛武裝武器彈藥，訓練軍事，總之軍隊一方面要切實負起監督輔導的責任，一方面要供給槍彈，前者是人力的問題，後者是物質的問題，這是推進政治工作的最要緊的事情。六、發展教育，經濟的復興和教育的發展同等重要，軍事每進展到一個地方，必須親自監督教育，使得教育能夠發展。七、軍隊必須聯絡民眾，但不能被土豪劣紳影響，官長要採訪一般正紳，運用民眾。〔註62〕蔣介石尤其強調部隊要幫助民眾編組保甲，「至於注重組織，

〔註60〕胡哲峰，對蔣介石「三分軍事、七分政治」方針的剖析〔J〕，史學月刊，1988
　　　　（2）：66～67。
〔註61〕秦孝儀，先總統蔣公思想言論總集（卷十一）〔Z〕，臺北：中國國民黨中央委
　　　　員會黨史委員會，1984：38～39。
〔註62〕秦孝儀，先總統蔣公思想言論總集（卷十一）〔Z〕，臺北：中國國民黨中央委
　　　　員會黨史委員會，1984：233～241。

最要緊的就是我們在訓練期間以內，各官長要想想方法，使得一般學員士兵統統知道怎麼樣來組織保甲，組織民眾，組織鏟共義勇隊，組織游擊隊，以及其它各種各樣的地方民眾組織。單是組織還不相干，尤其使他們知道怎樣訓練各種組織不同任務不同的民眾。」〔註63〕1932 年 6 月，蔣介石調集 30 萬大軍對鄂豫皖根據地進行第四次「圍剿」，「三分軍事、七分政治」的方針得到初步推行，軍事上採取穩紮穩打、步步爲營、分進合擊的策略，政治上採取編組並強化保甲、厲行連坐法、強化各級黨政機關及民間武力等措施配合軍事上的進攻，另一方面，鄂豫皖根據地主要領導人張國燾犯了「左」傾冒險主義錯誤並且對形勢估計錯誤，片面地要求鄂豫皖地區紅軍與國民黨軍主力決戰，兩方面的原因使得鄂豫皖根據地第四次反「圍剿」失利。對鄂豫皖根據地「圍剿」的成功，使蔣介石更堅定了「三分軍事、七分政治」的方針。

1932 年 8 月，豫鄂皖三省「剿匪」總司令部發佈《豫鄂皖三省剿匪總司令施行保甲訓令》，要求鄂豫皖三省依據《剿匪區內各縣編查保甲戶口條例》先行建立保甲制度，「先謀自衛之完成，再作自治之推進。」〔註64〕《訓令》中還強調保甲是團練中屬於團的方面，如果要編練民兵，則必須另行以條例規定，不在保甲範圍以內。

《剿匪區內各縣編查保甲戶口條例》共有 40 條，其主要內容是：一、「剿匪」區內各縣地方原有層級太多名目不一的自衛組織均應改編爲保甲；編組保甲、清查戶口期間得由各縣縣長遴選地方公正人士爲保甲戶口編查委員分赴各區協同辦理。二、保甲的編組以戶爲單位，每戶設戶長，十戶爲一甲，每甲設甲長一人，十甲爲一保，每保設保長一人。三、各保應就該管區域內原有的鄉鎮界址編定或合併數鄉鎮編爲一保，不得分割本鄉鎮之一部編入他鄉鎮之保；保甲內所有住戶包括寺廟船戶及公共處所都必須編入保甲。四、清查戶口應按編定各戶挨次發給門牌，令其掛在戶外容易看見的地方，不得遺失；戶口清查完畢後，保長應將保內壯丁人數呈報區長專程縣長保存。五、戶長由該戶內之家長擔任；甲長由本甲內各戶長公推；保長由本保內甲長公推；縣長查明保長、甲長不能勝任時，得令原公推人另行改推。六、甲長負

〔註63〕秦孝儀，先總統蔣公思想言論總集（卷十一）〔Z〕，臺北：中國國民黨中央委員會黨史委員會，1984：27。

〔註64〕焦如橋，劉振東，縣政資料彙編〔Z〕，影印本，重慶：中央政治學校，1939：611。

責指揮監督甲內各戶，保長負責指揮監督甲長，區長負責指揮監督保長，而甲內的各戶實行連坐法，對「通匪」行為負有連帶責任。七、保甲內各戶的戶長必須一律簽名加盟保甲規約，由他處遷來或避亂新歸或新充戶長也必須簽名加盟。八、各戶戶長對戶中的出生死亡及其他原因造成的戶口變化及遇到形跡可疑的人潛入或留客住宿或家人外出情況都必須報告甲長，甲長必須迅速將此情況向保長彙報。在特殊、緊急情況下，保甲長可疑在命令下來前進行搜捕。九、18 歲以上 45 歲以下男子由保甲長督率；保甲壯丁有應受軍事訓練的必要時得特編武裝民團分區分期進行集合訓練。十、保甲負有救災、御匪、修築道路、橋梁、碉堡等事務，壯丁隊還得協助軍警搜捕、救援等事務。〔註 65〕

　　對於聯保切結、連坐的作用，江西省戰時民眾組訓委員會編訂的《保甲要義》指出：「保甲編定後，同甲各戶戶長及甲長共具聯保連坐切結，結內聲明聯保各戶所填人口職業等項均屬實在，並無為匪盜做漢奸、奸細逃避兵役私藏槍械及吸食、販賣鴉片等事，出結以後，如有一戶發現上述不法行為時，除依刑法或其他特別法令從嚴懲處外，甲長或聯保之甲長知情匿避者依法分別治罪，不知情者各課以四日以上三十日以下之拘留，由鄉鎮報由區署轉請縣政府核准在區署拘置之，但自行發覺曾據實報告，雖能協助搜查逮捕者免於處罰，因此同結各戶及甲長不能不隨時互相監察勸勉，庶幾彼此挾持不能為惡，倘能認真辦理，匪獨為肅清奸宄雖持治安之良規，抑亦革除陋習、改進社會之有效辦法。」〔註 66〕

　　不久三省「剿匪」總司令部頒佈了《剿匪區內區公所組織條例》、《編查保甲戶口總動員辦法》，對辦理保甲具體事務做了進一步指示，此後又公佈了《剿匪區內各縣完成保甲編組限期進展表》，要求各地依此表限期辦理保甲，其中將編組保甲分為三期進行：

　　　　第一期二十日，需要辦理事項：一、縣政府仔細研究保甲組織
　　條例等法令，並用白話文布告民眾；二、抽丁辦理編查的經費；三、
　　一切區鄉鎮閭鄰組織一律停辦，並將縣分為若干區，指定區公所地
　　點；四、劃定區域後，呈報省政府民政廳保安處行政督察專員備案；

〔註 65〕黃強，中國保甲實驗新編〔M〕，南京：正中書局，1935：326～342。
〔註 66〕江西省戰時民眾組訓委員會，保甲要義戰時民眾組訓〔M〕，出版地不詳，出版時間不詳：24。

五、遴選區長，一面命其先行任事，一面呈報督察專員或民政廳委任；六、未定區員；七、編定各區總預算，呈請專員及省政府核定；八、指定各區應需辦費標準；九、區公所應將原用鈐記鈐用；十、遴派地方公正人士為保甲戶口編查委員；十一、集合區長、區委員、編查委員召開講習會，使得各人明白職責；十二、分配編查委員赴各區協同區長趕辦編查；十三、決定先行挨戶編號之日期；十四、縣長親赴各區巡視。以上十四項事項均由縣長主辦；十五、保長編定保甲經費收支預算，彙報區長核准後由縣長定奪；十六、縣政府印製編查應用的各項表冊、門牌、切結；十七、縣長親赴各區巡視，對各區保甲長講演編查的意義及方法。

第二期三十日，需要經辦事項：一、區長會同編查委員，先行挨戶編號，暫不查人口；二、區長於編查委員令各戶先行推定戶長；三、區長與編查委員，分批召集戶長，演講編查的意義及方法；四、區長於編查委員令各戶推定甲長；五、區長委定甲長，編定甲號，呈報縣政府備案；六、設立甲長辦公處；七、刊甲長圖記，頒由區長轉發；八、區長與編查委員稽核甲長，演講編查意義及方法，甲長責任；九、推定保長；十、區長與編查委員集合保長，演講保長責任，編查意義及方法，並互推聯保主任；十一、區長編定保號並呈請縣長委任保長；十二、設立保長辦公室或保長聯合辦公處；十三、縣政府刊保長圖記，頒由區長轉發。

第三期三十日，需要經辦事項：一、縣長召集區長編查委員會議，決定實行編查戶口日期及程序；二、縣長辦法編查應用各表冊、切結、門牌及其填寫方法；三、區長召集保長，保長召集甲長，依次進行會議，分發表冊、門牌、切結及填寫方法；四、縣長指揮監督各區長，區長會同編查委員指揮監督各保長，保長指揮監督各甲長、戶長，實行清查戶口，編掛門牌，分別詳填戶口調查表；五、各甲長分別呈報戶口調查表於保長，保長檢查覆核後，上報區長；六、區長接到各保長彙報的戶口調查表後，應同編查委員實地抽查後呈報縣政府；七、區長實行登記槍支、呈報縣長編號烙印；八、區長彙報壯丁數，逐級上報；九、保長召集甲長會議，制定各項保甲規約，由保長、甲長、戶長一律簽名；十、保長將規約呈報區長；

十一、保長將其所轄區域繪成圖呈報區長；十二、各甲長將切結分
別交給各戶長，共具聯保連坐切結，並彙報保長、區長；十三、縣
長將保甲實施情況呈報民政廳及行政督察專員；十四、區長隨時督
飭保甲長彙報戶口異動情形；十五、縣長親赴各區巡視督飭各區保
甲長等實行各項保甲任務。〔註67〕

　　1931 年江西「剿匪」區試行的保甲制度至此在豫鄂皖三省得到推行。其
他各省「以環境需要，相率仿行，至此，各省市推進自治者，以至逐漸減少。」
〔註68〕但是保甲與前期實施地方自治提出的鄉里閭鄰制有所衝突，國民政府
內政部也認爲「保甲制度之本身，與現行自治制度，不無牴觸。」〔註69〕1934
年 10 月，國民政府內政部以「全國各省市是否應一律先辦理保甲，藉爲自治
之基礎，或仍繼續辦理自治，亟應統籌兼顧，免致政令分歧。呈經行政院轉
請中央政治會議核示。」〔註70〕1934 年 11 月 7 日，國民黨中央政治會議第
432 次會議通過決議「地方保甲工作，關係地方警衛，爲地方自治之基礎，應
由行政院通令各省市政府提前切實辦理。」〔註71〕並要求內政部從速擬定保
甲實施辦法。據此，行政院於同年 12 月通知各省實行保甲制度，對於擬定保
甲實施辦法，內政部認爲現已有的《剿匪區內各縣編查保甲戶口條例》及各
省根據該項條例參照本省實際情形制定的單行法規足以依據，沒有另行擬定
保甲實施辦法的必要，但是如若提前辦理保甲，需要將之前的與保甲有關的
各種法規制度進行調整：「（一）確定保甲爲地方自治基本組織，納保甲於自
治組織之中，以保甲代替閭鄰，以鄉鎮代替聯保；（二）取消縣保衛團，依保
甲編組壯丁隊以代替之，其警備地方之常備武力，則別代之以保安團隊；（三）
保甲組織應同屬於民政廳，壯丁隊、保安團隊，則一併由省保安處辦理，省
保安處應直屬於省政府；（四）暫行停止戶籍法之實施，依照編查保甲戶口條
例，辦理戶籍及人事登記。」〔註72〕後來通過的《地方自治法規原則》採納
了這些建議，納保甲於自治之中，鄉鎮內的編製爲保甲。到 1934 年底，中央

〔註67〕焦如橋，劉振東，縣政資料彙編〔Z〕，影印本，重慶：中央政治學校，1939：
　　　　633～636。
〔註68〕內政年鑒編撰委員會，內政年鑒（B）〔Z〕，上海：商務印書館，1936：644。
〔註69〕秦孝儀，革命文獻（第 71 輯）〔Z〕，臺北：中央文物供應社，1977：263。
〔註70〕內政年鑒編撰委員會，內政年鑒（B）〔Z〕，上海：商務印書館，1936：644。
〔註71〕內政年鑒編撰委員會，內政年鑒（C）〔Z〕，上海：商務印書館，1936：361。
〔註72〕秦孝儀，革命文獻（第 71 輯）〔Z〕，臺北：中央文物供應社，1977：264。

紅軍長征之時，全國施行保甲制度的省份「已達十省之多」〔註73〕。「剿匪區
內各省保甲，在三省剿匪總司令部暨行營督飭趕辦之下，截至民國二十四年
（1935 年）六月止，雖未能全部編竣，但成績已大致可觀。其餘各省市因舉
辦較晚，至民國二十四年六月，大都仍在進行或試辦中。」〔註74〕

表4.3　各省保甲辦理情況表（截至 1935 年）〔註75〕

省別	保甲辦理情形
江蘇	1933 年 10 月省政府即提出了初步計劃，1934 年 2 月省政府通過了《江蘇省清查戶口編組保甲規程》，定於 4 月 1 日起施行。與其他省不同的是，江蘇省辦理保甲之時，並未停止自治組織，認爲保甲爲地方自治的一部分，將保甲與自治另立了一個聯繫方法，自治代表民衆組織，保甲代表軍事組織。「江蘇省僅以保甲代替自治組織中之閭鄰，鄉鎮以上完全依自治組織之舊制，不過以保甲特有之任務，附於自治組織中盡先舉辦而已。」
安徽	安徽省辦理保甲始於 1932 年 9 月。遵照三省「剿匪」總部頒佈編組保甲的各項條例，安徽省民政廳會同保安處參照當地實際情形，擬定了暫行辦法八款令各縣認眞辦理，從 1932 年 10 月 15 日至 1934 年 1 月 5 日分爲三個時期分期編組保甲。但礙於人才、經費短缺，各地紛紛申請展期，至 1934 年 8 月底，除立煌縣外均宣告辦理完成。但省政府抽查後，認爲大多徒具形式，又重新通令限期 1935 年 6 月底前一律將保甲事項辦理完成，並派員分赴各縣督促。
江西	江西省是最早辦理保甲的省份之一，1931 年 6 月，「剿匪」區內修水等四十三縣即奉命試行辦理保甲，成效顯著，此後江西省擬定了《江西省修正保甲條例》，並於 1932 年 3 月在省務會議通過後通令各縣辦理。至 1935 年，江西省編組保甲縣共計有六十八縣，其餘各縣正在督促進行。
湖北	湖北省於 1932 年 1 月即開始辦理保甲，至 1934 年 6 月，共有六十五縣完成保甲編組，只有少數幾個縣尚未完成，仍在辦理中。
湖南	湖南省遵照行政院提前切實舉辦保甲之命，決定辦理保甲作爲該省第一次三年計劃中 1935 年份的主要工作。並根據湖南地方情形，擬具了《湖南省清查戶口編組保甲規程》、《湖南省各縣清查戶口編組保甲限期進行表》等法規，定於 1935 年 1 月 1 日起施行。湖南省與他省略有不同的地方在於清查戶口編組保甲時，縣以下區及鄉鎮二級仍照自治法規編劃。
河南	各省辦理保甲，辦理速度迅速，成效顯著的首推河南省。1932 年 12 月 1 日起，河南省政府限令各縣按照進度表逐步進行，除了潢川、光山、固始、商城等少數幾個縣外，其餘各縣均已完成保甲編組。

〔註73〕秦孝儀，革命文獻（第 71 輯）〔Z〕，臺北：中央文物供應社，1977：265。
〔註74〕內政年鑒編撰委員會，內政年鑒（C）〔Z〕，上海：商務印書館，1936：366。
〔註75〕內政年鑒編撰委員會，內政年鑒（C）〔Z〕，上海：商務印書館，1936：366
　　　　～340。

省別	保甲辦理情形
陝西	陝西省政府於 1933 年令全省各縣區公所暫停辦理，鄉鎮閭鄰等自治組織隨之停辦。陝西省民政廳參照《「剿匪」區內各縣編查保甲戶口條例》並結合本省實際情況，擬定《陝西省編查保甲戶口暫行辦法》，通令各縣辦理。陝西省縣以下不設區公所、鄉鎮公所等，保甲直接受縣政府領導。
浙江	浙江省保甲事宜，向係依照《縣保衛團法》歸入保衛團辦理。至 1934 年 3 月，依照豫鄂皖三省「剿匪」總部頒佈的編查保甲戶口條例由浙江省民政廳負責舉辦保甲，民政廳結合本省實際情形擬定了浙江省保甲章程及實施程序。浙江省辦理保甲的特點之一是以鄉鎮長為縣與保甲間的聯絡機關，沒有區的設置，並不設聯保主任。關於區長所負的辦理保甲任務由保甲指導員辦理。從 1934 年 8 月開始辦理保甲，至 1935 年 3 月，浙江省各縣已將保甲編組全部辦完。
福建	1933 年 2 月福建省政府委員會第 238 次會議通過《福建省保甲規程》，其後經過修正於第 256 次會議通過，並隨之公布施行，其內容對於原有的區鄉鎮閭鄰自治組織均無更易，以原有的自治組織推行保甲。1934 年 5 月，福建省政府遵照三省「剿匪」總部頒佈的各項編查保甲條例命令所屬各縣辦理保甲，至 1934 年底，福建省保甲依然在編查中。
寧夏	寧夏省辦理保甲，始於 1934 年冬。其特點是先選取一縣為試點，然後再推廣全省。1935 年 1 月，寧夏省組織了九組查編戶口指導專員分赴各縣督導編組保甲，至同年 6 月，保甲編組大體完竣。
甘肅	甘肅根據豫鄂皖三省「剿匪」總部頒佈的編查保甲戶口條例於 1934 年 11 月開始辦理保甲，全省分為四期辦理，至 1934 年 6 月，共計有六十五縣完竣。
綏遠	綏遠省辦理保甲始於 1935 年 1 月，制定了《綏遠省暫行保安制度大綱》及《綏遠省政府試辦保甲暫行規程》，分別呈送行政院及內政部備案，然後通令全省施行。綏遠省辦理保甲的最大特點是利用原有的自治組織來實施保甲的任務，即以閭鄰代替甲，以鄉鎮代替保，「灌輸保甲精神於自治組織之中」。
南京市	南京市於 1935 年 2 月擬定了《南京市鄉區清查戶口編組保甲規則》三十六條，分別呈送行政院、內政部備案，隨後開始辦理。
北平市	北平市舉辦保甲始於 1935 年 5 月 1 日，其目的在於確立自治基礎，輔助公安及共謀地方建設。根據保甲謹慎，參酌本地特殊情形，並依據《改進地方自治原則》就四郊先行辦理。此後，擬就了《北平市四郊實施保甲暫行辦法》三十條，呈送行政院、內政部備案後，於 5 月 1 日正式實施。

　　1935 年國民黨召開第五次全國代表大會，會上一方面承認「回顧過去成績，全國一千九百餘縣中在此訓政將告結束之際，欲求一達到《建國大綱》之自治程度，能成為一完全自治之縣者，尤杳不可得，更遑論完成整個地方

自治工作。」〔註76〕另一方面通過了《切實推行地方自治以完成訓政工作案》，對於今後地方自治的規劃，提出七點解決辦法：

（一）全國各地地方自治限期迅速完成，（但剿匪區域及有特殊情形者例外，但須於令到一月內呈報核准。）交國民政府通飭遵照。如有不遵行者，予以不盡職之處分。

（二）由中央黨部成立一地方自治計劃委員會，爲全國地方自治設計及考查機關，得隨時派員分赴各推行自治區域視察指導，限一月內成立。內設下列各種委員會，以分司其事。

甲、組織委員會（關於縣自治組織與區自治組織及鄉村自治組織參議會、鄉村評議會等組織指導事宜屬之）。

乙、民眾訓練委員會（關於鄉村自治職員之行使四權及民眾教育等指導事宜屬之）。

丙、農村生產委員會（關於改良生產，糧食管理、運輸、交易等指導事宜屬之）。

丁、保甲委員會（包括地方保衛事宜之指導）。

戊、合作委員會（關於農業合作、工業合作、交易合作、銀行合作、保險合作等指導事宜屬之）。

己、戶口委員會（負土地測量及釐定地價等指導之責）。

（三）各省市設一地方自治分會，由各該黨政當局會同組織，秉承中央地方自治計劃委員會之指導，爲當地地方自治設計考查機關。內部職員由黨部政府調用，以節經費。黨部則專司設計考覈，負督促切實推行之責。政府除會同設計外，則專司執行。至內部組織，亦得酌量情形，分設「組織」、「民眾訓練」、「農村生產」、「保甲」、「合作」、「戶口」、「土地」等組，俾分工合作，切取連繫，共謀地方自治之完成。

（四）地方自治應力求克負教養衛之使命，並應盡先樹立保甲組織，限民國二十五年上半年內完成（大多數省份早經舉辦保甲，此項限期雖促，並無若何困難），用爲安定社會復興農村之助。

〔註76〕榮孟源，中國國民黨歷次代表大會及中央全會資料（下）〔Z〕，北京：光明日報出版社，1985：326。

（五）地方自治經費，應分別按照當地財政狀況，除由縣稅項下劃撥專款外，並應由省政府就省稅收入項下酌量補助，務以不虞匱乏為原則。其已劃撥為地方自治之稅收，無論屬縣有或省有，概不得挪用，以保障自治經費之獨立。

（六）確定推行地方自治為各省市黨部主要工作，其對黨員之訓練，黨員工作之考覈，均須以地方自治為主要項目。對於民眾運動，亦須以領導完成自治組織及發展自治事業為依歸。

（七）由中央黨部於兩月內籌設一地方自治學院，為培植自治人才機關。飭各地黨部就各該黨部工作人員及所屬黨員中遴選富有相當學力者保送入院，授以自治智慧（期限三月），俟卒業後派赴各地工作。其地方上鄉望素孚，或有正當職業而能熱心任事者，亦須酌量施以適當訓練，以養成地方自治之領袖人才。〔註77〕

這七條之中，要求國民黨各層級黨部的有第六、七兩條，充分體現了「黨治」精神，提到建立保甲相關內容的有第二條、第三條、第四條，尤其是第四條明確提出了辦理保甲的要求，提出地方自治的使命是「應力求克負教養衛之使命」，要求各地應盡先樹立保甲組織，限 1936 年上半年內完成。

國民黨第五次全國代表大會閉幕之後，依據大會通過的《切實推行地方自治以完成訓政工作案》成立了中央執行委員會地方自治計劃委員會，「此委員會最大的貢獻是釐定了《地方自治法規原則》。」〔註78〕1936 年國民黨中央政治會議通過此原則，其主要有八項內容：（一）將保甲容納於自治組織之中，鄉鎮內的編製為保甲；（二）視地方環境的需要，分別訂定地方自治施行的程序；（三）、地方自治組織系統，縣以下為鄉鎮一級；（四）縣政府因地域、人口、經濟、文化及其他特殊情形，可呈經上級機關核准，派員分區知道鄉鎮自治事務，無庸分區設署；（五）保甲既經容納於自治之中，《縣保衛團法》應即廢止；（六）完成自治的期限，應酌量各地情形，變通辦理，不必強行劃一；（七）戶籍法規應從速修正；（八）自治事務在省應由民政廳掌管。〔註79〕實質上是逐漸將保甲制度作為推行地方自治的主要內容，國民

〔註77〕榮孟源，中國國民黨歷次代表大會及中央全會資料（下）〔Z〕，北京：光明日報出版社，1985：325～330。

〔註78〕陳之邁，中國政府〔M〕，影印本，北京：商務印書館，1946：77。

〔註79〕焦如橋，劉振東，縣政資料彙編〔Z〕，影印本，重慶：中央政治學校，1939：169～170。

政府立法院依此於 1936 年 9 月「將《縣自治法》、《縣自治施行法》分別予以修正。」〔註80〕

　　《地方自治法規原則》中規定的保甲容納於自治，鄉鎮的編製爲保甲，此後作爲國民政府地方自治的重要內容確定下來，原先的鄉里閭鄰制被保甲制所取代，此原則在 1939 年的新縣制中也被沿用。對於保甲與自治的關係，《保甲要義》指出：「地方自治者，即以一地方區域內之人，依據國家法律，與地方公共意思，處理一地方區域內之事物之謂也。……清查戶口爲自治之首要工作，而保甲之編組，與戶口之清查相互爲用，尤有不可分離之關係，如無健全之保甲組織，不能使戶口之清查，一戶不漏，一口不漏，無正確之戶口，保甲之基礎，無從樹立，可知編組保甲之先決條件，亦在清查戶口，故訓政開始時，即規定合作、國貨、造路、造林、識字、衛生、保甲七項運動，爲實施地方自治準備工作綱領。」〔註81〕但實際上此時保甲制度已經與此前的鄉里閭鄰制度差異巨大，首先保甲是一種編民制度，是控制民眾的一種手段，鄉里閭鄰制度目的是爲了重新構建基層社會組織，以民主、選舉爲手段來啓發民智，實現民權；其次，保甲是一種由上而下的制度，其保長、甲長皆爲上級任命，實質上是官僚集團的末梢，鄉里閭鄰制度中規定的鄉長、閭長等都是選舉產生，雙方的架構方式是完全不同的；再次，保甲是以戶爲單位，而鄉里閭鄰制是以人爲單位，「一個社會組織的形態最應注意之點是其組織的基本單位，從單位的確定可以窺見其組織的形態。」〔註82〕在基層以保甲代替鄉里閭鄰制度，顯示出南京國民政府力求加強對基層的統治，也表明在自治條件根本不具備的情況下以鄉里閭鄰制爲基礎的地方自治是行不通的。

　　至 1937 年，各省辦理保甲已有不少成績，1937 年 2 月的五屆三中全會上，內政部政治報告中提到各省市先後舉辦保甲，尤其是在非常時刻，「民眾應有嚴密組織，以資運用，地方應有自衛力量，以助國防，均有賴保甲制度之健全。」〔註83〕

〔註80〕陳之邁，中國政府〔M〕，影印本，北京：商務印書館，1946：77。
〔註81〕江西省戰時民眾組訓委員會，保甲要義戰時民眾組訓〔M〕，出版地不詳，出版時間不詳：24。
〔註82〕陳之邁，中國政府〔M〕，影印本，北京：商務印書館，1946：79。
〔註83〕秦孝儀，革命文獻（第 71 輯）〔Z〕，臺北：中央文物供應社，1977：335。

表 4.4　各省市關於保甲推進情形表（截至 1937 年）〔註84〕

省市別		河南	浙江	廣西	福建	南京市	北平市
組織	聯保數	5991	區數 8	區數 59	3084	無	102
	保數	47541	鄉鎮數 3997	鄉鎮數 2312	22400	291	843
	甲數	558354	保數 46968 甲數 464020	村街數 24068 甲數 247425	220179	2869	8435
經費	額數	每保每月 2 元聯保辦公處薪工雜費每月每聯保 21 元	1625036 元	7112762 元	224000 元	6984 元	15300
	來源	係按各縣實際需要隨量帶徵	抽收自治附捐自治戶捐及其他雜項收入撥充	均由各該縣縣款開支	經係就住收鋪稅撥會費保民其宅項付內徵房地下省費會費保民其宅項付	市庫支給	該市各區經費來源不一聯保經費或在看護青苗會項下撥充或自行籌集之至保甲經費則均係就保內住民徵集或就地方原有公款及財源酌量撥充
訓練	已訓練者 區長				191	2	
	已訓練者 鄉鎮長		3953			23	
	已訓練者 保長	23750	46516		16284	2869	843

〔註84〕秦孝儀，革命文獻（第 71 輯）〔Z〕，臺北：中央文物供應社，1977：336～337。

省市別			河南	浙江	廣西	福建	南京市	北平市
		甲長	99654	463992		30445	1500	8435
未訓練者		區長		8		31		
		鄉鎮長		44				
		保長	24301	452		1951		
		甲長	452264	463992		42774	1369	
備考					該省區鄉鎮保甲長均經訓練		該市所填係鄉區已辦保甲情形至城區保甲尚在積極籌辦中	

對於保甲與自治的矛盾之處，當時有人指出：「保甲的性質是一種縱的便於管理的組織，將人民機械地編組，規定一種極嚴格的紀律，強制人人遵守，人民參加這種組織是被動的……要使上面的統制力量，貫徹到每個保甲組織，勢必要有一整套的自上而下的機關，層層節制，所以推行保甲的時候，另外還要輔以各縣分區設署，以及聯保主任辦公處等組織，實施所謂一條鞭式的政治。但是這種軍事部署的編組，自屬不合於作為積極建設的單位，被動的編組，和自發的組織不同，因此保甲制度與國府奠都南京後所訂立的一套地方自治制度，精神上是不協調的。」〔註85〕

當時也有人認為，地方自治一直沒有完成，是中國國情難以繼續，必須以保甲來完成自治，地方自治自清末提出幾十年來，「到現在還是提倡進行的時候，沒到完成的階段，我們認為地方自治在中國所以不能容易成功，必有其特殊的原因，這個特殊的原因造成的特種的困難，必須用特種的方法來解

〔註85〕陳柏心，中國縣制改造〔M〕，重慶：國民圖書出版社，1942：278～279。

決，這個方法就是保甲制度，保甲制度不但是完成地方自治的一個預備的工作，並且本身也是一個適合國情的工作。」﹝註86﹞曾在 30 年代擔任國民黨中央地方自治委員會主任委員及行政院縣政計劃委員會主任委員的李宗黃也認為保甲制度「不僅是軍事組織，同時是地方基層政治的細胞組織，也同時是民眾的基本組織，是推行一切政令的工具。」﹝註87﹞故對實行保甲推崇備至。國民黨中央對於保甲與自治的矛盾是很清楚的，地方上先辦理自治還是先辦理自衛保甲存在很大爭議，但是 20 世紀 20 年代末 30 年代初自治辦理的失敗使得國民黨中央認識到自治與自衛難相容，在《豫鄂皖三省剿匪總司令部施行保甲訓令》中即指出「今乃使自治之領導者，而兼自衛之負責者，何異於南轅北轍……自治自衛之使命，皆將無以完成。」﹝註 88﹞所以才有將鄉里閭鄰制徹底轉換為保甲制，把保甲作為地方自治的延伸，鄉鎮以下以保甲作為基本單位。南京國民政府既想以保甲制度來進一步加強對基層的控制，強化中央集權，又標榜繼承孫中山地方自治遺教，便在基層將初期的鄉里閭鄰制度轉變為保甲制度，但是在形式上又認為是地方自治的延伸，其實南京國民政府此時所謂的地方自治已經不能是西方國家施行的地方自治，而是有鮮明的中國特色，既想學習西方先進制度，又不得不受制於國內的環境，卻又沒有充足的時間去改變環境，只能是以中國現有的體制結合西方制度形成既能為統治服務，又能有所標榜的新制度。有學者從中國當時的國情出發，提出保甲制度存在有深刻的社會根源，「然而在 20 世紀上半期，中國社會就其主體而言仍是一個農業社會，保甲制度因而仍有它的社會基礎；相反，以公民個人自由和民主權利為基礎的地方自治制度有時反而表現出『脫離實際』。這是 1930 年代初保甲制度得以恢復的主要社會原因。」﹝註89﹞

4.2　全面抗戰爆發與新縣制的提出與確立

4.2.1　蔣介石提出黨政關係調整

　　1937 年 7 月 7 日，日軍在北平發動了盧溝橋事變，中國人民奮起反抗，

﹝註86﹞阮毅成等，地方自治與保甲制度﹝M﹞，上海：獨立出版社，1939：序言。
﹝註87﹞李宗黃，現行保甲制度﹝M﹞，北京：中華書局，1945：5（自序）。
﹝註88﹞焦如橋，劉振東，縣政資料彙編﹝Z﹞，影印本，重慶：中央政治學校，1939：607。
﹝註89﹞魏光奇，官治與自治——20 世紀上半期的中國縣制﹝M﹞，北京：商務印書館，2004：199。

全面抗戰拉開帷幕。抗戰伊始，國民政府在正面戰場相繼發動了淞滬會戰、太原會戰、徐州會戰等多次大規模戰役，但礙於中日雙方軍力相差太大，政府軍在正面戰場節節敗退，正面戰場一度陷入被動，國土大面積淪喪，國民政府也遷至重慶。此時爲了抗戰勝利，國民政府一方面做出姿態，部分開放黨禁，團結各地方實力派，平息內爭；一方面實施戰時體制，加強集權，「對日戰爭在客觀上要求最高指揮當局具有比平時更高的指導權威和更快捷的指揮方式，以便更有效地管理和調遣一切資源用於戰爭。」〔註 90〕戰爭雙方不但是軍力上的較量，還是經濟、科技、人力等綜合國力的較量，全面抗戰爆發後國民政府迫切需要地方上能源源不斷地提供兵員、物資，以維繫軍事上的需求，「在徵兵、徵糧、徵工、徵稅等方面，均需要取得地方人士的協助，推行地方自治在這一方面大有可爲。」〔註91〕蔣介石也指出 1928 年以來地方自治並不成功：「但我們這十幾年來，那一省那一縣曾經切實做到沒有？我們同志對此曾有實際的研究，定出整個實行的計劃沒有？大家或者以爲過去實在也有不少人士或地方政府努力於縣自治的工作，都知道要調查戶口，清丈土地，開發交通，辦理保甲和警衛，而且都已經開始來做，但是到現在我們爲此耗費了的金錢和時間是幾多，而所得的實際效果又是如何？老實說，以我們過去所耗的時間和經費，如在外國，應辦的事情早已成功，國家也許早已建設起來了！」〔註 92〕基層政治組織的不統一造成機構層疊，效率低下，不能適應抗戰需要，國民政府需要對地方政治制度重新整合，以滿足現實需要。1938 年 3 月 29 日至 4 月 1 日在武漢召開的中國國民黨臨時全國代表大會上，通過了《抗戰建國綱領決議案》，其中要求：實行以縣爲單位，改善並健全民眾之自衛組織，施以訓練，加強其能力；並加速完成地方自治條件，以鞏固抗戰中之政治的、社會的基礎，並爲憲法實施之準備〔註 93〕。一方面南京國民政府意識到實施孫中山設計的地方自治制度在當時還沒有完備的條

〔註90〕 王建朗、曾景忠，中國近代通史（第九卷）〔M〕，江蘇人民出版社，2007：121。
〔註91〕 魏光奇，官治與自治──20 世紀上半期的中國縣制〔M〕，北京：商務印書館，2004：214。
〔註92〕 秦孝儀，先總統蔣公思想言論總集（卷十六）〔Z〕，臺北：中國國民黨中央委員會黨史委員會，1984：116。
〔註93〕 榮孟源，中國國民黨歷次代表大會及中央全會資料（下）〔Z〕，北京：光明日報出版社，1985：486。

件，另一方面在全民抗戰的環境下，首要目的是爭取抗戰勝利，改善之前的地方政制，強化集權，以便能調動全國資源支持戰爭。

1938 年 4 月，國民黨召開五屆四中全會，4 月 8 日蔣介石在會上作了洋洋灑灑兩萬餘言的《關於改進黨務與調整黨政關係》演講，在演講中蔣介石首先深入剖析了國民黨黨務工作的缺點，指出了國民黨黨力不足的原因在於：（一）黨部人員實行給養制，失去秘密時代對黨的工作之精神。（二）黨員多無固定的職業，引起依黨為生的觀感，且不能在各部門職業中深植黨的基礎。（三）黨員訓練缺乏，監察不嚴，無考察，無獎懲，以致賞罰不行，精神渙散。（四）本分不明，職責不分，黨政由疏隔而對立，力量因分散而抵消。（五）黨員無法律觀念，缺乏重秩序、守紀律的精神。（六）黨員無責任心和義務心，固有黨德，喪失殆盡。〔註 94〕蔣介石認為「改進黨務與調整黨政關係，是一件事而不是兩件事。」〔註 95〕

蔣介石在此時提出整改黨政關係，是針對之前地方黨政之間的弊端，國民黨地方黨部與地方政府之間互有摩擦，導致地方自治的推行艱難。蔣介石強調改進黨務的根本在於調整黨政關係，主要有以下幾點：

　　（一）黨的組織，以適應黨的工作為原則。在黨的本身應特別注重黨員的組織調練和檢查；對於政府政治的設施，應負宣傳督促與協進的責任；對於社會民眾，應就領到、扶助、宣傳、推進四項同時並重。具體來說，中央黨部的工作人員應該與地方黨部的工作人員進行一定範圍內的互調，使得中央熟悉地方情形，地方探悉中央意旨，上下貫通，內外一致；省黨部的工作應該注重全省各縣黨部的考察與推進，中央命令及決議之傳達，全省政治設置之督察與宣傳，省黨部應設立主任委員，由中央委派，列席省政府會議，省黨部與省政府每月開聯席會議，使黨政密切聯繫；縣黨部為統一事權，應設書記長，為聯繫黨政關係起見，各縣設置縣自治指導委員或縣自治籌備委員會主任委員時應規定得由黨部書記長兼任之。縣以下的區黨部和區分部，應按照黨員分配狀況設置，不可徒具形式，有名無實；區黨部區分部對外秘密，不公開，而以黨員就個人身份，向外活動，並組織黨團，發揮推動力量；採用書記制，區黨部與區分部的書記應有本身固定的職業，不向黨部支薪。

〔註 94〕蔣介石，改進黨務與調整黨政關係〔M〕，南京：正中書局，1939：1。
〔註 95〕蔣介石，改進黨務與調整黨政關係〔M〕，南京：正中書局，1939：10。

（二）黨的經費，要逐漸做到黨員養黨而避免黨養黨員的不良現象。黨員致力於黨的工作應該出於自身責任心的驅使，而非以辦黨為生活。各級黨部除了專任專職的人員除秘書長、主任委員或書記長以及其他技術人員外，自中央以下各級執監委員應以無給為原則（在抗戰期間，如不能即時執行，須依此原則逐漸施行之。）；屬行繳納黨費，並提高比率，抽取黨員所得捐，即以此項收入為黨的經費；黨的經費以各省自給為原則，其事業費得由中央輔助之。

（三）黨的人事，今後黨的人事，應以「為事擇人」和「人盡其才」為目標，確立兩項原則，1、尊重歷史，凡有功革命有歷史的黨員，由政府畀以相當的地位與待遇；2、適才適所，即對於青年幹部應分別考查，適當任用，登進優秀努力的分子，使擔任黨的工作，並須內外交流，按時互調，以增長其歷練。對一般黨員的任用，採取集中與分散兩種方式，一方面集中一部分同志出任某部分的事業，例如教育警察的整頓、水利開發等，另一方面要使全黨同志按其技能與環境，分散到各種事業和各部門的職業中間，由黨的力量或黨員的介紹，使之得到工作的機會。

（四）黨與民眾的組織與訓練。民眾組織與訓練的工作，涉及管教養衛各個方面，與行政機關和政府法令有密切的關係，如果由黨來專任其事，在人力和辦事系統上，都不免感到牽強。之前民眾運動失敗的原因是一方面將各級政府原有管教養衛機構棄而不用，另一方面政府不明黨政一體的意義，不知道分配黨員去工作，而棄置黨部與黨員於不用，政府與黨隔離對立。今後將民眾組織、訓練工作納於固有管教養衛的機構之中，而此種機構的人員應儘量任用黨員，使發揮黨團作用，但必須由政府依據法令辦理，黨部只從事宣傳、督促，或發動黨團力量以促政府成功。

（五）縣以下黨政工作的聯繫與運用，應注意以下原則：必須使政府黨部完全打成一片，將黨的力量融納於地方上各種固有的政治、社會機構中，由政府依據法令來運用此等機構而發揮其作用；必須使黨部與民眾打成一片，一方面要吸收當地優秀的人才做黨員，同時，使黨員以民眾資格參加各級自治團體與區鄉鎮保甲的組織之中推動其事業；必須使黨的工作與當地民眾自治、自衛的事業

　　打成一片：事先決定共同的計劃和方針，一經決定後，就要以黨團
　　方式發動黨員分頭去影響到工作部門的其他分子；要使自治與自衛
　　的能力同時養成，一切工作要注重軍事化，軍事訓練要列入地方事
　　業重要工作之一，以軍事部勒的精神，灌注到民眾組織和訓練方面，
　　使能收到整齊劃一的效果。〔註96〕

在演講最後，蔣介石還向與會眾人出具了根據演講中所列原則擬就的《縣以
下黨政關係草圖》〔註97〕（如第 140 頁）：

　　「這便是新縣制的藍本」〔註98〕其中詳細闡述了縣以下各級政治組織以
及地方黨部與同級政府的關係，「這一篇演說的目的是提出基層黨與政府機構
應有的關係，而其方案則是『設計草案，至於如何措之實施與訂頒具體方案
與法令，則希望勿拘泥於條目文字，悉心研究，俾臻於完善可行。』」〔註99〕

　　蔣介石在圖例附帶的說明中指出，《縣以下黨政機構關係草圖》主要包含
了三重意義：（一）改善縣以下黨政各級機構，使自上而下，逐級健全，層層
銜接，脈絡貫通，黨政兩方面的各級機構力量，都能如身使臂如臂使指地運
用自如，一直灌輸到民眾，而且是越往下的越嚴密，力量越大，完全建成一
個寶塔式的機構。（二）調整黨政兩方面的互相關係，將各方面應盡的職責，
應守的本分，和工作的要項都明確規定，劃清界限，務使各有專守責成，而
又能夠互相輔助，互相爲用，在「管教養衛」共同事業範圍內，黨部負責宣
傳、倡導和促進的責任，地方政府負責執行的責任，一體兩面，各不相犯，
齊頭並進，黨部以黨團活動透過各級行政機關，同時在各級行政機關中也規
定幾種事業負責人員必須由本黨同志擔任。（三）發掘民眾自覺自衛的精神，
使民眾在黨政人員合作的領導指示督促下直接負責「管教養衛」，經過一個相
當的時期後，民眾對於政治的興趣和認識，自然能提高到水準以上，自治的
基礎也自然能得到很確實的建立，那時只要稍加轉變，自治施行，便可完全
成功〔註100〕。

〔註96〕蔣介石，改進黨務與調整黨政關係〔M〕，南京：正中書局，1939：11～27。
〔註97〕蔣介石，改進黨務與調整黨政關係〔M〕，南京：正中書局，1939：28。
〔註98〕周紹應，抗戰時期國民黨新縣制述評〔J〕，重慶師院學報哲社報，1995（3）：
　　　　38。
〔註99〕陳之邁，中國政府〔M〕，影印本，北京：商務印書館，1946：94。
〔註100〕蔣介石，改進黨務與調整黨政關係〔M〕，南京：正中書局，1939：28～30。

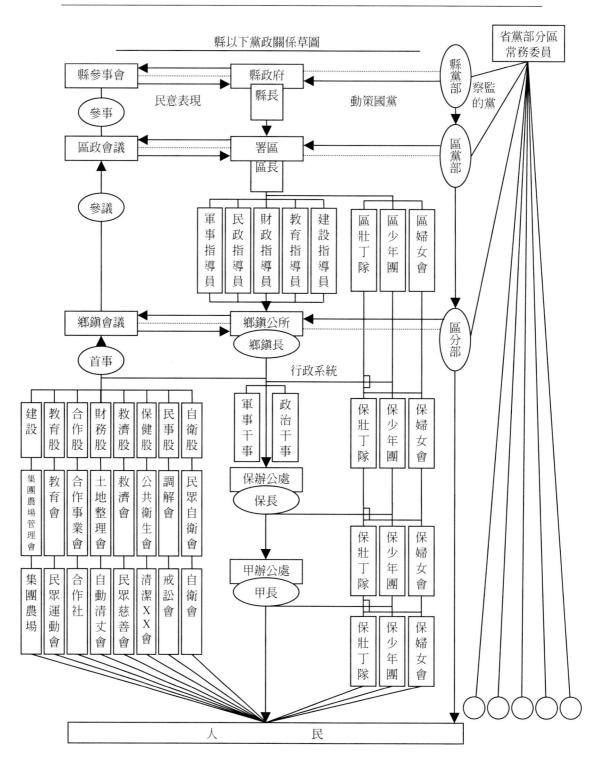

圖 4.1　縣以下黨政關係草圖

從《縣以下黨政機構關係草圖》的內容上看主要包含了國民黨黨務方面及國民政府基層行政方面兩方面內容。

在黨務方面包括：縣區各級黨部爲統一事權明確責任起見，採用書記長制度，對黨部會議決議有最後決定權。區黨部、區分部書記均爲無給職，以固定職業者兼任。區黨部、區分部均改爲秘密性質，對外概不公開，不以黨部名義經辦或主持地方事務，所有黨員不得以黨員身份對外活動，所有活動應以黨團活動方法施行。縣區各級黨部不另設監察委員，監察事務由省黨部派遣的分區常駐委員擔任，並應組成黨員監察網。區各級黨部工作中要執行上級黨部一切決議，致力於主義、政綱的宣傳，與同級政府密切聯繫，凡關於「管教養衛」的政令推行，由黨部督率黨員，根據已定的步驟、計劃，致力推行，同時對於黨員的黨團活動，黨部必須吸收各機關各產業優秀人員成爲黨員，督責黨員參加小組會議並建立黨員監察網絡。黨團活動要注意三個要點：一是就業於企業、政府機構、民眾社團的黨員分別組成黨團，舉行黨團會議，使黨員秉承黨部的決定和指導；二是黨團活動以意志集中、力量集中爲目標，以輔助政令、推進社會爲中心，任何黨員皆應受黨的指揮約束；三是黨團活動的工作，因黨政工作的聯繫及黨員就業的散佈，故在人事和行動兩方面，皆透過各級政府，並因服務社會的關係，同時透過各級民意機關。黨政聯繫的運用要注意六個方面：1、各縣政府的教育（或社會）科長及軍事訓練員，必須由中央訓練合格的黨員充任；2、縣黨部書記長、縣長、教育（或社會）科長、軍事訓練員應合爲一個小組，縣長爲主席，書記長爲書記，每周舉行會議，凡有決議，由黨政機關執行；3、區署的軍事、教育指導員與鄉鎮公所的軍事幹事，均應就中央及本省訓練合格的黨員選充；4、區黨部對於區署，區分部對於鄉鎮公所，應以就職於各該機關的黨員的「黨團活動」謀取聯繫；5、凡任職於政府的黨員必須參加黨的小組會議或黨團會議，不得無故缺席；6、各級黨部書記長及黨員不得對各級政府的人事任免陞降進行干涉，否則以違反紀律論處。

在基層行政方面主要是將縣以下各級行政機構形成虛實互用的關係，縣的一級爲實級，區一級爲虛級（即重在輔導，不在執行之意），區以下鄉鎮一級爲實級，保又爲虛級，甲爲一切實際工作的基層，故爲實級。其主要內容有：縣政府增設社會科（在未實行前，由教育科兼司其事），專司民眾組織與訓練及籌備地方自治事宜，並置軍事訓練員，擔任民眾軍訓技術事宜，意義在於將民眾組訓工作，納入固有的「管教養衛」機構之內，此種機構人員，

必須以黨員爲主體，同時，區署設立軍事指導員，鄉鎮公所設置軍事幹事。縣設置參議會，置參議若干人（概爲無給職），討論全縣政令推行及地方一切應興應革的事物，以縣長爲會議主席，縣黨部書記長爲秘書。區署稱爲縣政府對於所屬各鄉鎮公所執行政令的監督指導機構，等於縣政府的出張所（辦事處），工作不重在政令文告的承轉，而重在使行政督導力量實際直注於民眾基礎。區署組織除了區長仍舊外，取消過去所設的區員，改造軍事、民政、財政、教育、建設五指導員，各指導員不得常駐區署之內，應常分赴所屬鄉鎮公所，考覈各股業務情況，提供指導。區署各指導員的任用，除了軍事指導員外，其餘各員應就專科（或高中）以上學校畢業或確有服務經歷，曾訓練合格的人員中選任。區設立區參議會，設置參議員若干人（均爲無給職），討論區內政令之推行及社會公益救濟各項事業舉辦事宜，由區內各保保長及各小學校長等就本區中有正當職業並熱心公務之公民中，加倍選出，報由區長加具意見轉呈縣政府核聘，以區長爲會議主席，本黨黨員應從各職業界中以黨團活動方式參加之，區署下設軍事、財政、民政、教育、建設五個指導員分別指導各鄉鎮工作。鄉鎮公所是調整的重點，鄉鎮公所設置鄉鎮長一人，軍事、政治幹事各一人，「鄉鎮長由甲長照規定資格就本鄉鎮之居民選出，經政府訓練後加以任用。」軍事、政治幹事由上級指派，鄉鎮另設首事九人至十一人（其中八人是各股股長），成立鄉政、鎮政會議，本鄉鎮一切民事、財政、教育、建設等事均須會議同意才可實行。鄉鎮公所設立自衛、民事、保健、救濟、財物、教育、建設、合作等八股，各股長除了受到鄉鎮長的領導外，還受到區指導員的協助和指導，各股股長對股內事務有決定權。鄉鎮公所成立後，現行保甲兩級的組織依舊，但原先的聯保主任一職撤銷，將保長一些權限下移至甲長身上。〔註101〕

　　會議根據蔣介石的建議，通過了《關於改進黨務並調整黨政關係案》〔註102〕，其中關於縣黨部的內容如下：「（一）各縣黨部設委員若干人，由全縣代表大會選舉之，即由省黨部呈請中央指定其中一人爲書記長，其在整理期間，可只暫設書記長，由中央分配曾經直接受訓各同志交由省黨部派充之；（二）縣黨部委員會議，以書記長爲主席，對會議至決議，有最後決定權；（三）縣黨部之工作，須絕對受省黨部委員常駐該區者之指導與監督；（四）縣政府設

〔註101〕蔣介石，改進黨務與調整黨政關係〔M〕，南京：正中書局，1939：31～47。
〔註102〕榮孟源，中國國民黨歷次代表大會及中央全會資料（上）〔Z〕，北京：光明日報出版社，1985：522～523。

立地方自治指導員一人，由縣黨部書記長兼任之，協助縣長推進地方自治事宜，並增設社會科，受指導員之指導，專司民眾組織與訓練及推進地方自治事宜，其人選必須依照《建國大綱》遴派曾經訓練考試合格之同志充任之；（五）各縣須設立地方自治推進委員會，由縣黨部及地方民眾團體共同選舉若干人組織之；（六）各縣地方自治推進委員會成立後，應進行籌設縣參議會，為設立地方民意機關之準備，同時縣黨部即對外秘密；（七）縣政府之預算、決算及其施政方針，須經縣參議會通過，在縣參議會未成立前，即以地方自治推進委員會代行其職權。」〔註103〕

4.2.2　新縣制的確立與試行

　　蔣介石的這篇演講及《關於改進黨務並調整黨政關係案》公佈不久，引起了各省省政府的關注，「地方政府如福建、浙江省政府均將此案部分製成法規，江西省政府且劃縣試辦。」〔註104〕國民黨中央也積極響應，1938年 6 月 30 日，國民黨第五屆中央執行委員會第八十三次會議上通過了黨務委員會的報告，其中指出根據《改進黨務及調整黨政關係案》中要點，「通過了《地方自治推進委員會組織原則》六項，提請立法機關頒佈具體條文。」〔註105〕此後，蔣介石提出「前在中央全體會議時所講之黨政關係與下級機構改造案應由中央黨部與中政會從速研究具體辦法及確定實施日期，或擬定某幾省先行試辦亦可，總須切實推行為要。」〔註106〕國民黨中央執行委員會隨即推舉邵力子、甘乃光、黃季陸、余井塘四名委員同中政會一起研究。1938 年 9 月 1 日，國民黨第五屆中央執行委員會常務會議第九十一次會議上通過黨務委員會報告，其中指出「前奉總裁手諭，從速研究在四中全會所講關於黨政關係及下級機構改造案之實施辦法，經由本會推定邵力子等四委員，並函准中央政治委員會派定林彬等三專門委員會同研究，曾經召開第一次會議決議：（1）依照總裁所示要點，擬一試辦方案，請國防最高會議指定四川省兩縣先行試辦；（2）詳細實施方案，由中央政治委員

〔註103〕秦孝儀，革命文獻（第 79 輯）〔Z〕，臺北：中央文物供應社，1979：450。
〔註104〕陳之邁，中國政府〔M〕，影印本，北京：商務印書館，1946：94。
〔註105〕中國第二歷史檔案館，中國國民黨中央執行委員會常務委員會記錄（第 23 冊）〔Z〕，桂林：廣西師範大學出版社，2000：115。
〔註106〕中國第二歷史檔案館，中國國民黨中央執行委員會常務委員會記錄（第 23 冊）〔Z〕，桂林：廣西師範大學出版社，2000：281。

會法制專門委員會作初步研究，再由本會逐步推進。」〔註107〕並將此決議交由國防最高會議研究。

國防最高會議第九十六次會議通過決議，提出兩點：「（1）指定每省一二縣先行試辦，其條件及辦法交葉楚傖、王世杰、朱家驊、邵力子、張群五委員審議；（2）詳細實施方案交法制專門委員會作初步研究。」〔註108〕葉楚傖、王世杰、朱家驊、邵力子、張群等五委員隨即擬具了《調整黨政關係及下級機構改造試辦辦法》，提出兩項意見：「（一）將本案令知四川、湖南、江西、貴州四省政府飭於所屬縣份中各選擇一、二縣爲試辦縣份，其他省份先行將原案發交省政府，徵求其在各省內試辦意見；（二）各試辦縣份之縣長及縣黨部書記長人選由中央決定，交由省政府、省黨部任用。」〔註109〕1938 年 10 月 6 日，國防最高會議覆函同意中央執行委員會常務會議第九十一次會議提出的兩項意見，並將葉楚傖、王世杰、朱家驊、邵力子、張群等五委員所提兩項意見一併函覆，此後，國民黨中央執行委員會常務會議在決議通過時在試辦省份中又加入了陝西省。

1939 年 1 月 26 日，國民黨五屆五中全會通過了《改進縣以下黨政機構案之實施案》〔註110〕，其中提出要根據蔣介石在五屆四中全會上演講所明示的縣以下各級政治組織及黨政間關係來擬定計劃予以實行，並從四川、貴州、湖南、江西、陝西等省各劃出兩個縣來試行此計劃。

（一）設置縣政計劃委員會，此項委員會可直隸於行政院，委員名額不宜過多，以便常川集會，實際上確能履行其職責（可暫定五人）。主任委員必須由一富有資望且長於行政學識之人員充任之，黨部及內政部應各派一人爲委員。委員會之職責分三項：1、擬定與新制有關之法規；2、推薦推行新制各縣所必需之人才（包括縣長）；3、考察推行新制各縣之實際情形並提出報告。

（二）試行新縣制的縣應予增加，此次試行之目的，原期新制

<hr />

〔註107〕中國第二歷史檔案館，中國國民黨中央執行委員會常務委員會記錄（第 23 冊）〔Z〕，桂林：廣西師範大學出版社，2000：420。

〔註108〕中國第二歷史檔案館，中國國民黨中央執行委員會常務委員會記錄（第 24 冊）〔Z〕，桂林：廣西師範大學出版社，2000：109。

〔註109〕中國第二歷史檔案館，中國國民黨中央執行委員會常務委員會記錄（第 24 冊）〔Z〕，桂林：廣西師範大學出版社，2000：159。

〔註110〕秦孝儀，革命文獻（第 79 輯）〔Z〕，臺北：中央文物供應社，1979：481。

將來得以普遍推行，從前各省舉辦實驗縣，其經費與職權往往非普通縣所能企及，因之實驗縱有成績，其制度亦無法行諸一般縣區。此次新制之試行，應力避特殊化，務使一縣所能行者，他縣大都亦能行之。本此原則，試行新制之縣區，應就各省情形酌予增至六縣或十縣，試行之縣分，實情如何，須規定查報辦法，蓋必如斯辦理，始可於試行若干時後，斷定新制之各部份何者確易推行，何者確有障礙，最終之抉擇與修正，庶有充分根據。

　　（三）新制應由政府作成條例公佈，新制雖已決定試行，但除原來之演講詞及略圖外，尚無條例足資依據，此種情形，在實施上必有重大障礙。蓋演詞原非法文，引用自多有不便，草圖之解釋，尤必不免分歧，故條例之頒佈，必不可少。惟新制現既尚在試行期間，此項條例對於若干事項自宜採用彈性之規定，俾試行新制各縣仍得於一定範圍以內，為個別之試驗〔註111〕。

1939 年 4 月 6 日，國民黨第五屆中央執行委員會第一百一十八次會議收到國防最高委員會秘書廳函件，指出「准函送五中全會關於《改進縣以下黨政機構案之實施案》，業經國防最高委員會常務會議決議通過《縣政計劃委員會組織條例》，函政府辦理。」〔註112〕其主要內容為：（一）縣政計劃委員會直接隸屬於行政院；（二）縣政計劃委員會的職責是根據《縣以下黨政機構案》擬定新縣制有關法規；推薦實施新縣制所必須的人才包括縣長；考覈實施新縣制各縣情形並提出報告；（三）縣政計劃委員會設立主任一人、副主任委員五人至七人，其人選由行政院院長遴選。〔註113〕

　　1939 年 6 月，蔣介石在黨政訓練班作了《確定縣各級組織問題》的演講，其中指出對於 1938 年 4 月 8 日五屆四中全會時發表的演講《改進黨務與調整黨政關係》及附帶的《縣以下黨政機構關係草圖》經過一年多來各方面人士的修正已經日趨完善，其完善主要在於：「（1）確定縣為地方自治單位；按其面積、人口、經濟、文化、交通等狀況分為三等至六等，區為

〔註111〕秦孝儀，革命文獻（第 79 輯）〔Z〕，臺北：中央文物供應社，1979：481～482。
〔註112〕中國第二歷史檔案館，中國國民黨中央執行委員會常務委員會記錄（第 25 冊）〔Z〕，桂林：廣西師範大學出版社，2000：164～165。
〔註113〕中國第二歷史檔案館，中國國民黨中央執行委員會常務委員會記錄（第 25 冊）〔Z〕，桂林：廣西師範大學出版社，2000：184。

縣政府的輔助機構,代表縣政府督導各鄉鎮辦理各項行政及自治事務,至地方下層組織則確定鄉(鎮)為縣以下基本的單位,保或村為鄉(鎮)的細胞組織,縣與鄉(鎮)之間則為較有彈性之規定,因地制宜,於必要時可分設區署,以為上下聯繫的機構,如無此需要,則鄉(鎮)可直轄於縣政府,鄉(鎮)與保之間,也可以以二保或三保為一細胞組織,設置首席保長。(2)為解決經費、人才問題,所有鄉(鎮)及保(或村街)的幹事,均由學校教師分別擔任。所有鄉(鎮)保學校校長及壯丁隊隊長暫由一人兼任,以收管教養衛合一之效。但在經濟教育發達的區域,自治事務紛繁,鄉(鎮)中心學校校長及保的國民學校校長仍以專任為原則。期集中職責,並將民眾分別組織,使能擔負各項工作,以適應實際之需要。(3)民意機構方面,逐級設置保民大會,鄉(鎮)民代表會,縣參議會,並各賦予權力,以增加人民參政興趣及能力,藉可發揮民眾力量,造成民治國家。」〔註114〕其中附有《縣各級組織關係表》(見第147頁),直觀的將縣各級組織的關係表現出來。

　　《縣各級組織關係表》與《縣以下黨政結構關係草圖》進行直觀比較,可以發現實際上《縣各級組織關係表》是把《縣以下黨政結構關係草圖》中縣與區的職能進行合併,全部並轉在縣之下,縣政府規模迅速擴大,其次,在鄉鎮一級和保一級的設置上,明顯強化了鄉鎮公所和保辦公處的地位,權限及規模都有所擴大,雖然在保一級設置了民意機構保民大會,但是在鄉鎮一級的民意機構鄉鎮民代表大會職權明顯縮小,體現了將縣以下的層級簡化及強化基層組織的目的。

　　此後,蔣介石將此草圖中內容細化為《縣各級組織綱要》、《縣各級黨政關係調整辦法》,並提交國防最高委員會、國民黨中央執行委員會常務委員會。「總裁交議:《改進縣以下組織確立自治基礎案》,經依據原案要點,另行擬定《縣各級組織綱要》及《縣各級組織綱要實施辦法》,將原案內關於黨政關係部分改訂為《縣各級黨政關係調整辦法》。」〔註115〕國防最高委員會第八次常務委員會據此通過決議:「(一)《縣各級組織綱要》、《縣各級組織綱要實施辦法》通過,交行政院,如有意見,簽注呈核;(二)《縣各級黨政關係調

〔註114〕 焦如橋,劉振東,縣政資料彙編〔Z〕,影印本,重慶:中央政治學校,1939:102～103。

〔註115〕 中國第二歷史檔案館,中國國民黨中央執行委員會常務委員會記錄(第26冊)〔Z〕,桂林:廣西師範大學出版社,2000:196。

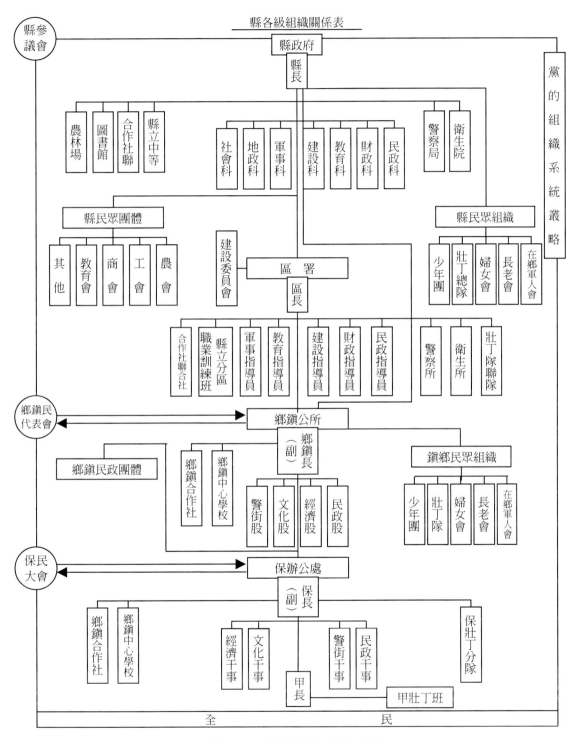

圖 4.2　縣各級組織關係表

整辦法》通過，送中央執行委員會核定。」〔註116〕1939 年 6 月 29 日，國民黨第五屆中央執行委員會常務委員會第一百二十四次會議通過決議對國防最高委員會通過的兩項決議准予通過〔註117〕。至此，國民政府新縣制的雛形已經形成。只不過，蔣介石設想的調整地方黨政關係最終也沒有實現目標，將在第四章第二節詳細闡述，此處不贅。

4.3　新縣制的具體內容及實質

4.3.1　《縣各級組織綱要》的公佈及內容

　　1939 年 9 月 19 日，國民政府行政院頒佈了《縣各級組織綱要》，正式對縣以下行政體制做出重大改變，其實施的步驟共有三條：「（一）本綱要各省應同時普遍推行，但有特殊情形之縣分暫時不能施行者，得由該省政府呈請行政院核定延期實施。（二）各省政府應體察該省境內之人力、財力，分別先後，規定其完成期限，但至遲於三年內全省各縣一律完成。（三）綱要推行之順序，由縣而鄉鎮而保甲，至各項事業之進度，由省政府斟酌各縣地方情形分別規定。」〔註118〕由此，國民政府新縣制開始在全國範圍內正式實施。此後內政部又相繼頒佈了一系列輔助法規，計有《各省釐定縣等辦法》、《縣各級概況圖表及說明》、《縣政府分區設署規程》、《縣政會議規程》、《縣警察組織大綱》、《縣保甲戶口編查辦法》、《修正戶籍法施行細則》、《鄉鎮造產辦法》、《縣參議會議事規則》、《鄉鎮民代表會議議事規則》、《保民大會議事規則》、《鄉鎮保應辦事項》、《鄉鎮財產保管委員會章程》、《縣各級幹部人員訓練大綱》、《縣參議會組織暫行條例》、《縣參議員選舉條例》、《鄉鎮民代表選舉條例》、《縣參議員及鄉鎮民代表候選人考試暫行條例》、《縣各級衛生組織大綱》、《縣各級合作社組織大綱》、《國民教育實施綱領》、《縣市國民兵團各級隊維持治安辦法》、《警察保甲及國民兵聯繫辦法》等數十項法規，「所有應由中央制定之各種補充法規，大體已告完備。」〔註119〕

〔註116〕中國第二歷史檔案館，中國國民黨中央執行委員會常務委員會記錄（第 26 冊）〔Z〕，桂林：廣西師範大學出版社，2000：256。
〔註117〕中國第二歷史檔案館，中國國民黨中央執行委員會常務委員會記錄（第 26 冊）〔Z〕，桂林：廣西師範大學出版社，2000：196。
〔註118〕陳之邁，中國政府〔M〕，影印本，北京：商務印書館，1946：94～95。
〔註119〕國民政府行政院，國民政府年鑒〔Z〕，重慶：中心印書局，1943：6。

　　《縣各級組織綱要》「它的根本精神在參照過去十餘年的經驗將地方自治導入正軌，以完成此訓政時期，亦即是國民革命過程中的大業。」〔註120〕其內容是以蔣介石 1938 年五屆四中全會的演講爲藍本，經過修正產生，「其實綱要中固有些新穎的地方，其最大的部分卻是已經見諸以前有關縣政的法律中。」〔註121〕可以說《縣各級組織綱要》是之前十多年南京國民政府推行地方自治與保甲的一個系統總結，與 1928 年國民政府頒佈的《縣組織法》相比，《縣各級組織綱要》規定的內容有著明顯的不同，既規定了縣、鄉（鎮）爲二級自治機構，縣爲自治法人，更重要的是將保甲制融入了自治之中：（一）《縣組織法》中並沒有明確規定縣爲地方自治的基本單位，只是規定縣政府「於省政府指揮監督下，處理全縣行政，監督地方自治事務。」〔註122〕「凡籌備自治之縣已達建國大綱第八條規定之程度者，經中央查明合格後，其縣長應由民選。」〔註123〕至於縣一級是否爲自治單位並沒有明確說明，只是國民政府標榜奉行孫中山遺教，聲稱「省縣制度本係依照建國大綱第十八條，縣爲自治單位。」與此相對應的是，《縣各級組織綱要》第一條便是「縣爲自治單位」〔註124〕從法理上確立了縣作爲地方自治的基本單位，「縣爲法人、鄉鎮爲法人」〔註125〕縣與鄉鎮實行兩級地方自治。（二）在縣以下的行政區劃上，《縣組織法》中規定各縣按照戶口及地方實際情形劃分爲若干區，每區以十鄉鎮或十五鄉鎮組成，百戶以上的村莊稱之爲鄉，百戶以上的街市稱之爲鎮，區是介於縣與鄉鎮之間的行政區劃，在《縣各級組織綱要》中區不再是縣與鄉鎮之間的行政區劃，區只是縣政府的派出機構，縣政府的輔助行政機關，「縣之面積過大或有特殊情形者，得分區設署」〔註126〕實際上取消了區一級行政設置，縣政府直接對鄉鎮發佈命令。（三）對於鄉鎮下的編

〔註120〕陳之邁，中國政府〔M〕，影印本，北京：商務印書館，1946：95。

〔註121〕陳之邁，中國政府〔M〕，影印本，北京：商務印書館，1946：96。

〔註122〕焦如橋，劉振東，縣政資料彙編〔Z〕，影印本，重慶：中央政治學校，1939：207。

〔註123〕焦如橋，劉振東，縣政資料彙編〔Z〕，影印本，重慶：中央政治學校，1939：208。

〔註124〕焦如橋，劉振東，縣政資料彙編〔Z〕，影印本，重慶：中央政治學校，1939：597。

〔註125〕焦如橋，劉振東，縣政資料彙編〔Z〕，影印本，重慶：中央政治學校，1939：597。

〔註126〕焦如橋，劉振東，縣政資料彙編〔Z〕，影印本，重慶：中央政治學校，1939：597。

製，《縣組織法》中規定二十五戶爲閭，五戶爲鄰，從縣以下是區鄉（鎮）
閭鄰一套完整的體系，「閭鄰各設立居民會議，須有過半數居民出席，其決
議須有出席居民過半數同意。」〔註 127〕而在《縣各級組織綱要》中規定，
鄉鎮下的編製爲保甲，「鄉（鎮）之劃分以十保爲原則，不得少於六保或多
於十五保……保的編製以十甲爲原則，不得少於六甲，不得多於十五甲……
甲的編製，以十戶爲原則，不得少於六戶，不得多於十五戶。」〔註 128〕「甲
設戶長會議，必要時並得舉行甲居民會議……保民大會每戶出席一人。」〔註
129〕《縣各級組織綱要》已經摒棄了區鄉（鎮）閭鄰制，而以保甲來代替閭
鄰。（三）《縣各級組織綱要》改變了《縣組織法》中規定的鄉鎮長、區長、
參議員直接選舉的方式。《縣組織法》中規定「縣參議會由縣民選舉之參議
員組織之。」「區長由區民選任。」「鄉長副鄉長由鄉民大會選任。」「鎮長
副鎮長由鎮民大會選任。」〔註 130〕《縣各級組織綱要》中指出「縣設參議
會由鄉（鎮）民代表大會選舉縣參議員組織之。每鄉鎮選舉一人，並得酌加
依法成立之職業團體代表爲縣參議員，但不得超過總額十分之三。」「鄉（鎮）
設鄉（鎮）公所，置鄉（鎮）長一人，副鄉（鎮）長一人至二人，由鄉（鎮）
民代表會就公民中具有下列資格之一者選擇之……」〔註 131〕從字面上來看，
《縣組織法》與《縣各級組織綱要》中都是規定鄉鎮長由鄉鎮民代表大會選
舉產生，唯一不同是《縣組織法》中縣參議員是由全縣縣民直接選舉產生，
而《縣各級組織綱要》中縣參議員是由鄉（鎮）民代表大會選舉產生，並且
每鄉（鎮）有名額分配，實際上《縣組織法》中所提及的鄉鎮民代表大會與
《縣各級組織綱要》中所提到的鄉鎮民代表大會從組織上來看是完全不同的
兩個機構，1930 年 7 月 7 日國民政府頒行的《鄉鎮自治施行法》中明確指出：
「中華民國人民，不論男女，在本鄉鎮區域內居住一年，或有住所達二年以

〔註 127〕 焦如橋，劉振東，縣政資料彙編〔Z〕，影印本，重慶：中央政治學校，1939：
　　　　　597。
〔註 128〕 焦如橋，劉振東，縣政資料彙編〔Z〕，影印本，重慶：中央政治學校，1939：
　　　　　601～605。
〔註 129〕 焦如橋，劉振東，縣政資料彙編〔Z〕，影印本，重慶：中央政治學校，1939：
　　　　　605。
〔註 130〕 焦如橋，劉振東，縣政資料彙編〔Z〕，影印本，重慶：中央政治學校，1939：
　　　　　211～213。
〔註 131〕 焦如橋，劉振東，縣政資料彙編〔Z〕，影印本，重慶：中央政治學校，1939：
　　　　　599～602。

上，年滿二十歲，經宣誓登記後，為鄉鎮公民，有出席鄉民大會或鎮民大會及行使選舉、罷免、創制、復決之權。」〔註 132〕《縣各級組織綱要》中指出「中華民國人民無論男女，在縣區域內居住六個月以上，或有住所達一年以上，年滿二十歲者為縣公民，有依法行使選舉、罷免、復決之權。」〔註 133〕對於公民的定義方面二者差別在於居住年限及擁有住所時限上，差別不大，但是鄉鎮民大會卻不是每個公民都可以參加的，「鄉（鎮）民代表會之代表，由保民大會選舉之，每保代表二人。」〔註 134〕按照每鄉（鎮）劃分以十保為原則，不低於六保不高於十五保，可以推算出鄉鎮民大會一般是由二十名代表組成，不低於十二人，不高於三十人，明顯可以看出《縣各級組織綱要》中的鄉鎮民大會不再是所有鄉鎮公民皆可參加的大會，而是由少數代表組成的大會，由少數代表組成的大會選舉出來的鄉鎮長及縣參議員顯然是屬於間接選舉產生的。

表 4.5　《縣各級組織綱要》所設置的縣以下組織機構〔註 135〕

名稱	區域	行政機構	民意機構	其　他
縣	依照現有之區域	縣設縣政府，設置縣長一人，受省政府之監督辦理全縣自治事項，受省政府之指揮執行中央及省委辦事項，縣政府下設民政、財政、教育、建設、軍事、地政各科，縣政府內設置秘書、科長、指導員、督學、警佐、科員、技士、技佐、事務員、巡官	縣設參議會，由鄉鎮民代表會選舉參議員組成，每鄉鎮選舉一人，並酌量增加不超過百分之三十的職業代表為參議員，審議縣政府財政預算及決算。	縣政府設立縣政會議，提出於參議會之案件，其他有關縣政之重大事項

〔註 132〕焦如橋，劉振東，縣政資料彙編〔Z〕，影印本，重慶：中央政治學校，1939：230。

〔註 133〕焦如橋，劉振東，縣政資料彙編〔Z〕，影印本，重慶：中央政治學校，1939：597。

〔註 134〕焦如橋，劉振東，縣政資料彙編〔Z〕，影印本，重慶：中央政治學校，1939：603。

〔註 135〕資料來源於焦如橋，劉振東，縣政資料彙編〔Z〕，影印本，重慶：中央政治學校，1939。

名稱	區域	行政機構	民意機構	其 他
區	以十五至三十鄉（鎮）為區域	區署為縣政府輔助機關，代表縣政府督導各鄉鎮辦理各項行政及自治事務。區設區長一人，指導員二至五人，分掌民政、財政、建設、教育、軍事等事項	區並非常設機構，只是縣政府的派出機關，是起到輔助縣政府作用，故未設民意機關。	區署所在地設立警察所，受區長指揮，執行警察任務。區設立建設委員會，聘請區內聲望卓著之人士擔任委員，為區內鄉村建設之研究設計協助建議機關，由區長擔任主席
鄉	以十保為原則，不得少於六保、多於十五保	鄉設立鄉公所，設置鄉長一人，副鄉長一人至二人，鄉公所下設民政、警衛、經濟、文化四股，各股設立主任一人，幹事若干人，並有一人專辦戶籍，由副鄉長及鄉中心學校教員擔任；鄉長、副鄉長任職時間為兩年，得連選連任	鄉民代表會，由保民大會選舉，每保選舉代表兩人，選舉鄉長、副鄉長；鄉民代表會主席由鄉長兼任。	鄉長、鄉中心學校校長及鄉壯丁隊隊長由一人兼任；待經濟文化發達後，以專任為原則；鄉務會議由鄉長擔任主席，各股主任、幹事均應出席，與所議事項有關之保長得列席
鎮	以十保為原則，不得少於六保、多於十五保	鎮設立鎮公所，設置鎮長一人，副鎮長一人至二人，鄉公所下設民政、警衛、經濟、文化四股，各股設立主任一人，幹事若干人，並有一人專辦戶籍，由副鎮長及鎮中心學校教員擔任；鎮長、副鎮長任職時間為兩年，得連選連任	鎮民代表會，由保民大會選舉，每保選舉代表兩人，選舉鎮長、副鎮長；鎮民代表會主席由鎮長兼任。	鎮長、鎮中心學校校長及鄉壯丁隊隊長由一人兼任；待經濟文化發達後，以專任為原則；鎮務會議由鎮長擔任主席，各股主任、幹事均應出席，與所議事項有關之保長得列席
保	以十甲為原則，不得少於六甲、多於十五甲	保設保辦公處，設置保長一人，副保長一人；保辦公處設置幹事二至四人，分掌民政、警衛、經濟、文化各事務，由副保長	保民大會選舉保長、副保長，保民大戶由每戶出席一人。	人口稠密地方不可分離時，得就二保或三保聯合設立國民學校合作社等機關，推舉保長一人為首席保長；保長、保

名稱	區域	行政機構	民意機構	其　他
保		及國民學校教員分別擔任；保長、副保長任期兩年，得連選連任		國民學校校長、保壯丁隊隊長由一人兼任，待經濟文化發達後，國民學校校長以專任爲原則；
甲	以十戶爲原則，不得少於六戶，多於十五戶	甲設甲長一人，必要時舉行甲居民會議	戶長會議，選舉甲長，由保辦公處報告鄉鎮公所備案。	

　　與《縣各級組織綱要》同時頒佈的還有《縣各級黨政關係調整辦法》。《縣各級組織綱要》與《縣各級黨政關係調整辦法》是從 1939 年 6 月蔣介石所作演講《確定縣各級組織問題》及附表《各縣級組織關係表》中分離出來的兩個政策性法規。《縣各級組織綱要》是對縣以下政府組織進行規劃，《縣各級黨政關係調整辦法》是調整縣以下國民黨基層黨部與地方政府的關係，兩者是一種相輔相成的關係，其目的都是爲了完善基層黨政結構，加強國民黨對基層政權控制。《縣各級黨政關係調整辦法》共有 12 條，其主要內容爲：（1）在《縣各級組織綱要》實施後縣以下各級黨政關係依本辦法調整之。（2）縣各級黨政組織之配合依縣各級組織關係圖之規定，其與保甲配合之小組由區分部就所屬黨員編組之；（3）黨員監察網直屬於縣黨部監察委員會，對於執行部及黨員爲負責之監督與糾察以建立監察制度增進黨員及幹部之活動力。（4）縣以下黨部對於政府及民眾團體不直接發生指導與監督之關係，但應與同級政府機關切實聯繫，推動民眾實現本黨政策，推進政府法令，並注重使黨員儘量參加下層工作從工作中發生領導作用。（5）縣黨部書記長應出席縣政會議並得兼任縣參議會秘書。（6）縣政府教育（或社會）軍事科科長應就中意訓練合格之黨員中遴選充任。（7）縣黨部書記長、委員與縣長及縣政府秘書、科長爲黨員者每周應由縣黨部書記長召集秘密會議一次，如縣長爲黨員而其年齡、資格超過縣黨部書記長者得推爲會議之主席，除彙報本周黨政事項工作外，會議決議事件分交黨政機關執行。縣長應以黨員充任非黨員者由縣黨部介紹入黨。（8）區署主管軍事教育之指導員及鄉鎮公所警衛股主任（或幹事）應就中央或本省訓練合格黨員中遴選充任。（9）區黨部以下應使在各級同等機關服務之黨員以黨團活動之方式謀取聯繫。（10）在各級政府機

構服務之黨員應一律參加黨之小組會議或黨團會議，不得規避。(11) 各級黨部自書記長以下工作人員及黨員對各級政府機關人事之任免、陞降不得干涉，違者以違反紀律議處。(12) 縣黨部以下一律秘密不得公開〔註136〕。

4.3.2　新縣制的推行及結果

國民政府頒佈《縣各級組織綱要》以後，國民黨中央對新縣制的推行十分重視，1939 年 11 月召開的國民黨五屆六中全會上，通過了《對於政治報告之決議案》，其中關於新縣制的部分強調「中央及地方負責機關及各級負責同志，對於此項完成地方自治之基本工作，應各盡最大之努力，早樹規模。」「故欲推行地方自治，實施新縣制，必先培養各級幹部人才，關於各級幹部人才之訓練，已由國防最高委員會制定大綱，應由中央督飭主管機關，刻期實行，以應當前需要。」〔註137〕

表 4.6　各省新縣制實施程序與實施情形簡表〔註138〕

省別	實施程序及完成期限	已實施縣數	備　　考
四川	全省 137 縣，自 1940 年 3 月起至 1943 年 7 月止，分三期完成。	116 縣	
西康	全省 46 縣，自 1941 年起至 1945 年止，分三期完成。	9 縣	
雲南	全省 112 縣，自 1940 年起至 1942 年止，依照綱要規定並參酌本省情形，逐步實施。	112 縣	
貴州	全省 85 縣，自 1941 年起至 1945 年止，分三期實施。	38 縣	
江西	除了游擊區南昌等 14 縣外，其餘 69 縣自 1940 年 1 月起至 1941 年底止，兩年內完成。	69 縣	
福建	全省 64 縣，自 1940 年 4 月計劃核定後開始實施，三年完成。	64 縣	

〔註136〕中國第二歷史檔案館，中國國民黨中央執行委員會常務委員會記錄（第 26 冊）〔Z〕，桂林：廣西師範大學出版社，2000：210～211。

〔註137〕秦孝儀，革命文獻（第 80 輯）〔Z〕，臺北：中央文物供應社，1979：14。

〔註138〕國民政府行政院，國民政府年鑑〔Z〕，重慶：中心印書局，1943：7～10。

省別	實施程序及完成期限	已實施縣數	備　考
廣東	自 1940 年 4 月起分縣分期實施，限於三年內一律完成。	68 縣	南海等 30 縣係戰區，惠陽等 4 縣因交通較封鎖，均暫緩實施。
廣西	全省 99 縣，自 1940 年起至 1942 年止，普遍實施。	99 縣	
湖北	1940 年 5 月起分期分縣實施，戰區各縣為因事實障礙，得呈准緩期實施。	70 縣	
湖南	全省各縣自 1940 年 7 月起至 1942 年止，分三期完成。	一、二兩期共 46 縣。	第三期實施情形尚未報告。
江蘇	自 1940 年 6 月起，全省各縣分三期實施，每期六個月。	溧縣、宜興、高淳、南通、如皋、海門、啓東、靖江、江都、高郵、泰縣、泰興、鹽城、阜寧、東臺、興華、淮陰、淮安、漣水、寶應、泗陽等 21 縣完成	其餘各縣因情形特殊，呈准延期實施。
浙江	全省 76 縣，自 1940 年起至 1943 年止，不分前後方普遍施行。	76 縣	
安徽	全省 62 縣，自 1940 年起至 1943 年止，三年內分期完成	37 縣	
河南	自 1940 年 9 月起，分三期實施，全省各縣限三年內完成。	69 縣	商丘等 45 縣已經編爲戰區，呈准暫緩實施。
陝西	全省 92 縣除了陝北少數縣份外，從 1940 年起分三期實施。	74 縣	
甘肅	全省 69 縣，自 1940 年 7 月起至 1942 年止，普遍實施。	66 縣	
寧夏	全省 13 縣，自 1940 年分三期實施，限三年內完成。	9 縣	

省別	實施程序及完成期限	已實施縣數	備　考
青海	全省 17 縣，除情形特殊者外，自 1940 年起普遍實施。	11 縣	
山東	全省 107 縣，自 1941 年起分甲乙丙三種縣，依環境情形辦理。	郯城、日照、范縣、文登、榮成、海陽、昌樂、萊陽等 12 縣	
山西	全省各縣自 1941 年至 1945 年，分期實施。		該省情形特殊，僅縣政府之組織依新制加以調整。

「蔣介石把自治的 14 項工作歸結為『管教養衛』四個方面，其實際內容，實際上大多照搬了內戰時期在根據地周圍為『剿共』而推行的保甲制中的『管教養衛』的內涵。」〔註 139〕國民黨內研究地方自治的專家、國民政府縣政計劃委員會負責人之一的李宗黃指出：「新縣制的指導方針是『管教養衛』四個字，『教』是訓政，就是訓練人民如何行使四權；『養』是民生，就是提高人民經濟生活；『衛』是自衛，就是保衛民族的獨立自由，所以教養衛三者實際就是三民主義的具體實施，至於『管』則是講求實施這三項政策的最有效的手段和方法。」〔註 140〕實際上，「管教養衛」的工作是由行政機關負責，使得應該由當地的民眾自己負責的地方自治工作成為國民政府基層政權管轄範圍，地方自治更是無從談起，「縣各級組織綱要實行了三年餘後，中國地方自治的實施的情況最大的特點是國家行政佔據了縣各級組織最大部分的力量，以致自治行政沒有方法切實推動。」〔註 141〕南京國民政府的新縣制將保甲徹底融入地方自治之中，在戰爭情況下，地方自治倡導的分權更沒有用武之地，只有保甲對基層的強力控制才是南京國民政府真正追求的目的。

其中保甲制甚至還肩負著「防止『異黨』活動」的作用，「案查前準軍事委員會辦公廳密函囑會訂運用保甲組織防止異黨活動辦法一案。經由本兩部會商，擬具運用保甲組織，防止異黨活動辦法一種，函覆該廳，請委座核定在案。」〔註 142〕在實際施行過程中，保甲制度成為基層民眾的一個沉重負擔，

〔註 139〕王永祥，中國現代憲政運動史〔M〕，北京：人民出版社，1996：137。

〔註 140〕李宗黃，新縣制之理論與實際〔M〕，北京：中華書局，1943：5。

〔註 141〕陳之邁，中國政府〔M〕，影印本，北京：商務印書館，1946：123。

〔註 142〕中國第二歷史檔案館（第五輯第二編）〔Z〕，中華民國史檔案資料彙編，南京：江蘇古籍出版社，1998：104。

本爲適應抗戰而採取的融保甲於自治的制度卻沒有起到動員民衆，守土抗戰的效果，「查本省保甲組織在抗戰期間多未能盡領導發動民衆之職能，反乘戰事徵工、徵兵、募債等等機會，魚肉民衆，黑幕重重，徒增民衆困苦，對政府之不滿，迄至本省戰事吃緊的，各保甲人員，或棄職逃匿，或爲漢奸，各處保甲悉皆破壞。」〔註 143〕

　　《縣各級組織綱要》自公佈之後，就一直受到各種批評，關於以縣及鄉鎮爲地方自治的法人，當時就有人指出，《縣各級組織綱要》是徒具形式，沒有實際意義，一般法人具有權力機關及執行機關，在縣及鄉鎮中，權力機關是縣參議會及鄉鎮民代表會議，執行機關是縣政府及鄉鎮公所，《縣各級組織綱要》中大多數條款是闡述縣政府及鄉鎮公所應該怎麼組織，縣長、鄉鎮長及其他工作人員如何選任，縣參議會及鄉鎮民代表會應該如何組織，縣參議會參議員及鄉鎮民代表會應該如何選舉，然而對於縣及鄉鎮地方自治工作應該具體如何推行，卻語焉不詳，而後者才是地方自治的具體內容，前者只是地方自治的形式，「縣各級組織綱要徒具形式而無內容，這便是此一法令的重大失策，縣各級組織綱要既只規定了自治的形式，那麼，各省之辦理地方自治能完成其形式的已屬於上選。」〔註 144〕這種做法的結果就是，新縣制在形態上易達到目標，但是在實際操作上卻解決不了推進地方自治的問題：「在形態上雖漸具規模」，「各項自治事業，尤多未著手，有待繼續努力，使名副其實。」〔註 145〕

　　「目前縣行政首長爲省政府之委任，尚在官治政府時代。……惟戰時縣行政人員每多只求目的，不擇手段，故於眞正地方自治之培養，或不免失卻其責任，而於地方眞正民意之發揚，政府亦未暇顧及，以至縣鄉鎮級之貪贓枉法事件，各地層出不窮，而鄉保長之作威作福，尤有使一般人民敢怒而不敢言者，縣政之未能盡如人意者，蓋各地往往而是。」〔註 146〕

　　「《縣各級組織綱要》的公佈，首在提高縣長職權，運用由上而下的政府權力，以促進由下而上的鄉村建設，庶可奠定眞正民主憲政的百年根基。但

〔註 143〕中國第二歷史檔案館，中華民國史檔案資料彙編（第五輯第二編）〔Z〕，南京：江蘇古籍出版社，1998：102。
〔註 144〕慧生，地方自治的檢討〔N〕，中央周報（第十卷第五期）。
〔註 145〕余森文，三年來的新縣制〔N〕，中央周報（第五卷第三十九期）。
〔註 146〕胡鳴龍，革新縣政的幾個基本問題〔J〕，地方自治，1947－4－30（第一卷第一期）。

近八年來，所謂新縣制實施的成果，除組織形式，大體完成外，所謂鄉鎮造產，無非任意攤派，所謂統收統支，無非變相勒捐，所謂組訓民眾，等於強制拉夫，所謂萬能政府，不變爲萬惡政府，即流爲無能政府。人心險惡，風俗澆漓，君子引退，豪強橫行，流弊所極，實足以動搖國本，言念於此，不寒而慄。」〔註147〕

新縣制中的民意機構同樣被時人詬病。《縣各級組織綱要》中規定的縣民意機構即縣參議會的作用與地位值得商榷，縣參議會既不能居於行政機關即縣政府之上決定相關法案、人事進退，又不能行使彈劾權，制約政府，僅僅有建議、勸告的權力，不能稱得上是立法機關，對於地方上的事物沒有決定權。雖然至 1944 年 7 月底，「全國共成立縣參議會者，有九百二十四縣；已成立鄉鎮民代表會者，有一萬五千七百零三鄉鎮（湖南、雲南省未列入），已成立保民大會者，有三十三萬二千六百八十保（西康、寧夏、甘肅三省尚未列入）。」〔註148〕但這些民意機構，大多只能提供民意，並不是眞正意義上的參議會，只有詢問、建議權沒有強制執行權，「現在且就國民政府所公佈的《縣參議會組織暫行條例》、《鄉鎮組織暫行條例》（均爲三十年九月八日公佈）而論，照此等條例規定，縣參議會對於縣政府只有建議和聽取報告及提出詢問之權，並無直接強制其執行議決之權利，也無對於縣府制政策與用人不當，有行使彈劾制止之權。鄉鎮民代表會及保民大會雖有選舉或罷免鄉鎮長或保長，以及選免鄉鎮民代表或縣參員之權，比較民主化，但與縣參議會同，對於財政法案及其他立法案，均無完全的絕對的決定權、支配權。」〔註149〕

關於民眾團體，「所謂新縣制有成績的縣份，不過是在大的鄉鎮上也掛出招牌來了，這就是他們的成績。至於民眾組訓的工作，何曾有大的發展？人民還不是『爾爲爾』、『我爲我』，沒有組織、沒有團結、依然一盤散沙如故。……關於軍事知識、職業訓練何曾接受幾分？」〔註150〕各地方的官吏和鄉鎮自治人員大多人浮於事，「其不憑藉權勢、貪贓枉法、殃民肥己、假公濟私的有幾？」

〔註147〕郭維，如何改革縣政以健全政治基礎〔J〕，地方自治，1947－5－31（第一卷第四期）。

〔註148〕秦百川，論當前縣各級民意機構之地位與使命〔J〕，東方雜誌，1944－12－15（第 40 卷 23 號）。

〔註149〕秦百川，論當前縣各級民意機構之地位與使命〔J〕，東方雜誌，1944－12－15（第 40 卷 23 號）。

〔註150〕秦百川，論當前縣各級民意機構之地位與使命〔J〕，東方雜誌，1944－12－15（第 40 卷 23 號）。

「他們舞弊枉法的魔法是多麼厲害！他們吸人膏血的手段是多麼殘毒！其實所揭舉的何止千萬分之一。」〔註151〕關於社會上的事物，「各種迷信邪說，何曾廓清？封建勢力，何曾掃除？黨派意見，何曾泯滅？袍哥組織，何曾除滅？娼匪癮民，何曾大減？」〔註152〕這些都是社會上的餘毒，本應該解決卻遲遲解決不了，新縣制實行的目的實際上沒有達到。

至於民權、民生二主義的實現，更是差之千里，雖然在內政部的報告中稱各地地方建設逐漸興起，但是大多停留在紙面上，「有少數縣份，雖然特有進步，號稱模範，但一考其實際，大多出自縣長一手包攬，其動機不在藉此中飽私囊，即欲以之貪功圖賞，何嘗估計國計民生？所以其所設施，多未取得人民合作，並不顧及人民醫院，切合當地之所最需要。」〔註153〕

蔣介石承認新縣制受到社會人士批評，認為新縣制受到批評是因為下級機關沒有認真辦理，1940 年 5 月 8 日，他在成都召集中央駐蓉與川省黨政軍負責人員時指出：「但我們四川自從頒行新縣制以來，不僅社會人士有許多不好的批評，就是本席此次到成都三周來觀察的結果，也覺得大家實在還沒有依照法令規章來負責推行。」〔註154〕

對與新縣制下的缺陷，蔣介石也是承認的，在 1940 年 5 月 1 日，他在四川省訓練團地方行政幹部訓練班演講時指出鄉鎮長、保甲長的種種弊端：

> 我們考察現在一般鄉鎮長和保甲長普遍易犯的弊病約有下列四端：第一、就是假公濟私，營私舞弊。現在一般鄉鎮長和保甲長奉到委任以後，往往憑藉自己公務人員的地位和職權，在社會上作種種投機牟利的事情，如包徵稅收，開設旅館等，無非假公家的名義，滿足其個人的私欲。甚至還有包賭包娼，運煙走私，受授賄賂的，如此貪污行為，不但為地方自治推行的障礙，而且引起地方人民的怨恨。

〔註151〕秦百川，論當前縣各級民意機構之地位與使命〔J〕，東方雜誌，1944－12－15（第 40 卷 23 號）。

〔註152〕秦百川，論當前縣各級民意機構之地位與使命〔J〕，東方雜誌，1944－12－15（第 40 卷 23 號）。

〔註153〕秦百川，論當前縣各級民意機構之地位與使命〔J〕，東方雜誌，1944－12－15（第 40 卷 23 號）。

〔註154〕秦孝儀，先總統蔣公思想言論總集（卷十七）〔Z〕，臺北：中國國民黨中央委員會黨史委員會，1984：323。

第二、就是倚勢招搖，壓迫民眾。普通一般鄉鎮長和保甲長，大抵沒有受過完善的公民教育，缺乏學問修養，以為自己可以接近官廳，就有權有勢，可以欺壓民眾，對於當地人民，不能善為勸導扶持，反而肆意凌人，以致各地有了鄉鎮長和保甲長，一般民眾反而多受一層壓迫！這種倚勢招搖，欺壓人民，完全是過去一般土豪劣紳的故技，沒有改革，所以他們與官廳愈接近，對於人民的欺壓也就愈厲害！

第三、假藉鄉鎮長保甲長的名義報復私仇！這也是常見的弊病。他們不知道作了鄉鎮長保甲長，就是公務人員的身份，就要作民眾的表率，對於過去一己私仇私怨，都要完全捐棄，一秉正公，達成任務；反而自以為權力在手，對於夙所不快的人，藉端報復，尤其營私舞弊被人家反對或告發的時候，更要假借地位，排除異己，加以傾陷，使民眾敢怒而不敢言。

第四個弊端更大了！現在一般鄉鎮長和保甲長往往操一鄉一鎮執行政令之權，普通派工和徵兵，都是由他們經手，所以一般惡劣貪殘的，就可以憑藉機會勒索窮戶！對於一般有錢有勢的人，不僅有力可以不必出力，有錢也可以不必出錢，而對於無勢貧民，則苛派濫索，毫不顧恤，社會上有這樣不公平的事情，我們的保甲制度，怎麼不為一般惡劣的鄉鎮長和保甲長所毀壞呢？如此，我們又怎樣能使一般民眾獲得政府創制立法的好處？更怎樣能建設起現代的國家？所以我們以後應該如何使一般鄉鎮長和保甲長不致欺善怕惡，勒索窮戶，大家都要特別注意！

以上四大弊端，是目前中國鄉鎮保甲一般的通病。〔註155〕
但即使蔣介石熟知這些弊端，也沒有什麼辦法去解決，地方上還必須依靠這些保甲長、鄉鎮長維持其統治秩序，也正因為如此，新縣制的實施大打折扣。抗戰結束的時候，研究政治學的大家錢端升敏銳地指出：「各省訓政工作，以各種原因，至今未能告成。」〔註156〕李宗黃也承認「訓政時期，經過時間不可謂不長，惟因內憂外患，紛至沓來，國家民族，無時無地不在風雨飄搖之

〔註155〕秦孝儀，先總統蔣公思想言論總集（卷十七）〔Z〕，臺北：中國國民黨中央委員會黨史委員會，1984：285～286。
〔註156〕錢端升，民國政制史〔M〕，北京：商務印書館，1945：204。

中，訓政時期之基本工作——地方自治，在大陸時期，竟無一省一縣完成，不能不說是一樁遺憾之事。」〔註157〕新縣制並沒有達到國民黨所希望的目標。

對於新縣制，必須要說明的是，它是在抗日戰爭爆發的特定環境下醞釀產生的，戰爭年代要求政府擁有比平時更多的權威，集權的必要性尤其明顯，新縣制的用意是加強政府對地方民眾的控制，但是在實際落實過程中，其問題尤為明顯。

南京國民政府企圖在鄉鎮一級以保甲制度加強對基層的強力控制，同時在鄉鎮以上採取建立民意機構、成立自治法人等方式實施地方自治，以保甲制度為基礎實施地方自治，顯然是兩者都難以真正落實。

〔註157〕李宗黃，中國地方自治總論〔M〕，臺北：中國地方自治學會，1954：177～181。轉引自喬寶泰，中華民國行憲制憲史述〔M〕，臺北：中國近代出版社，1998：270。

第 5 章　南京政府對孫中山地方自治思想的修正

5.1　南京國民政府對孫中山地方自治思想的修正

5.1.1　對孫中山「軍政、訓政、憲政」革命程序的偏離

　　孫中山一直極力主張革命程序論即軍政——訓政——憲政這一革命順序，在多次場合均聲稱必須軍政完成方可訓政，必須訓政完成方可憲政，對於革命的第一個程序軍政，其內涵從 20 世紀初剛提出到《建國大綱》有個發展過程，在 1905 年，孫中山在《民報》發刊詞中提出三民主義的要義，並於 1906 年提出革命方略，對於軍政，他指出：「第一期爲軍法之治。義師既起，各地反正，土地人民，新脫滿洲之羈絆，其臨敵者，宜同仇敵愾，內輯族人，外禦寇讎，軍隊與人民同受治於軍法之下。軍隊爲人民戮力破敵，人民供軍隊之需要及不妨其安寧。既破敵者及未破敵者，地方行政，軍政府總攝之，以次掃除積弊。政治之害，如政府之壓制、官吏之貪婪、差役之勒索、刑罰之殘酷、抽捐之橫暴、辮髮之屈辱，與滿洲勢力同時斬絕。風俗之害，如奴婢之畜養、纏足之殘忍、鴉片之流毒、風水之阻害，亦一切禁止。並施教育，修道路，設警察衛生之制，興起農工商業之利源。每一縣以三年爲限，其未及三年，已有成效者，皆解軍法，布約法。」〔註 1〕其中的要義有三，一是民族主義，推翻滿清政府，重建漢人政權；二是軍政府代行行政權，掃除積弊，

〔註 1〕廣東省社會科學院歷史研究室，孫中山全集（第一卷）〔Z〕，北京：中華書局，1981：297。

將清政府數百年來欺壓漢人的種種制度廢除，將封建時代政府獨裁專制、刑罰殘酷、苛捐雜稅、鴉片流毒、人身束縛等弊病去除；三是開展教育，興修道路，設立警察、衛生制度，興辦農業、工業、商業等等，說明軍政時代不僅僅是破壞，還必須有建設，推翻滿清政府的同時還必須去除封建餘毒。民國建立後，孫中山在二次革命失敗反思教訓時認為辛亥革命勝利後沒有按照革命程序進行是失敗的一個重要原因，《中華革命黨黨章》中再次強調了革命程序論，對於軍政提出「軍政時期，此期以積極武力，掃除一切障礙，而奠定民國基礎。」﹝註2﹞1920 年 3 月，孫中山發表了《地方自治施行法》一文，提到「若自治之鼓吹已成熟，自治之思想已普遍」﹝註3﹞之後可以推行地方自治六項工作：清戶口、立機關、定地價、修道路、墾荒地、設學校。至 1924年，孫中山提出《建國大綱》，其中指出：「凡一省完全底定之日，則為訓政開始之時，而軍政停止之日。」﹝註4﹞說明孫中山的革命程序論不是以一國範圍為實行標準，其範圍是一省，只要一省完全底定便可實施訓政，並不等到全國軍政結束以後，各省再實施訓政。一省完全底定的意思在於「軍政時期，一切制度悉隸於軍政之下，政府一面用兵力以掃除國內之障礙，一面宣傳主義以開化全國之人心，而促進國家之統一。」﹝註5﹞國民黨佔領一個或若干省後，即可一方面以此為根據地繼續掃除障礙，統一全國；另一方面，則在所佔領之省實行訓政，推行地方自治。其中軍政的意義發生了變化，不但要求推翻滿清政府，掃除封建積弊，更要求宣傳國民黨的主義，以奪取政權、實現全國統一為目標，體現了孫中山在接受蘇俄幫助、國共合作之後，以黨救國的思想的強化，其要點可以分為以下三點：（1）取代北洋軍閥政權的政治權威，在上層建築建立國民黨黨國體制；（2）掃除封建障礙，宣傳國民黨的主義也即三民主義、五權憲法，使國民成為遵循國民黨主義的信徒；（3）完成地方自治的準備工作，為訓政時期地方自治提供必要條件。

　　蔣介石對軍政——訓政——憲政這一革命順序是沒有異議的，1928 年 1

﹝註2﹞ 廣東省社會科學院歷史研究室，孫中山全集（第一卷）〔Z〕，北京：中華書局，
　　　 1981：97。

﹝註3﹞ 廣東省社會科學院歷史研究室，孫中山全集（第五卷）〔Z〕，北京：中華書局，
　　　 1985：225。

﹝註4﹞ 廣東省社會科學院歷史研究室，孫中山全集（第九卷）〔Z〕，北京：中華書局，
　　　 1986：127。

﹝註5﹞ 廣東省社會科學院歷史研究室，孫中山全集（第九卷）〔Z〕，北京：中華書局，
　　　 1986：127。

月 16 日在中央黨務學校發表演講時稱：「因爲我們革命以後，一切建設的方向，就是要把建國大綱整個實現出來，一切政治制度，必須以建國大綱爲基礎，遇到實際上困難莫決的問題，也要以建國大綱爲最高原則，拿來作解決一切的準繩，所以現在大家不但要研究建國大綱，而且要時時刻刻不忘卻了建國大綱。……此外如教育、實業、及一切政治制度、政綱、政策的基礎，總不能離開這個原則。」〔註6〕1931 年 5 月 17 日在國民會議演講中蔣介石宣稱要按照《建國大綱》步驟來進行，「完成地方自治建國工作，以地方自治爲根本，此爲總理特具之灼見，吾人既已接受總理遺教而努力奉行，則今後工作，即應以建國大綱爲人人必備之課本」〔註7〕。1936 年 3 月 1 日，蔣介石在出席縣市行政講習所開學典禮時重申：「總理所著的建國大綱，地方自治開始實行法及總理致李鴻章書，都是地方行政人員所必須切實研究的遺教。」〔註8〕此後數年，蔣介石相繼在不同的場合都宣稱要完全按照《建國大綱》的步驟來進行建國，「國父分革命建國的程序，爲三個時期——軍政時期，訓政時期與憲政時期，而貫通於三個時期的基本工作，在於教育、軍事與經濟，這三個工作在本質上是合一而不可分的。可以說，三者並舉則國家富強，二者偏廢，則民族衰敗。」〔註9〕《建國大綱》的一個重要基礎便是革命程序論，遵循《建國大綱》，必然遵循軍政——訓政——憲政的這一順序。1943 年蔣介石在《中國之命運》一文中再次強調：「國民革命的方法和步驟是由軍政、訓政以達於憲政。這個步驟，是自同盟會以來，相沿不變的。」〔註10〕蔣介石認爲「這是說明軍政時期的工作，在以革命武力掃除一切建設的障礙，打破分崩離析割據紛爭的封建局面，完成國內的統一。凡是違反三民主義的一切習慣思想言論制度等等，都是我們革命的對象。」〔註11〕

〔註 6〕秦孝儀，先總統蔣公思想言論總集（卷十）〔Z〕，臺北：中國國民黨中央委員會黨史委員會，1984：278～279。

〔註 7〕秦孝儀，先總統蔣公思想言論總集（卷十）〔Z〕，臺北：中國國民黨中央委員會黨史委員會，1984：467。

〔註 8〕秦孝儀，先總統蔣公思想言論總集（卷十四）〔Z〕，臺北：中國國民黨中央委員會黨史委員會，1984：120。

〔註 9〕秦孝儀，先總統蔣公思想言論總集（卷四）〔Z〕，臺北：中國國民黨中央委員會黨史委員會，1984：80。

〔註 10〕秦孝儀，先總統蔣公思想言論總集（卷四）〔Z〕，臺北：中國國民黨中央委員會黨史委員會，1984：49。

〔註 11〕秦孝儀，先總統蔣公思想言論總集（卷四）〔Z〕，臺北：中國國民黨中央委員會黨史委員會，1984：22。

　　蔣介石雖然提出要繼承孫中山革命程序論的遺教，但對於軍政階段何時結束及軍政階段的任務卻與孫中山並不一致。1928 年 12 月 10 日在中央黨部演講時稱：「北伐完成以後，我們最要緊的工作是在外交。我們革命有兩個對象。一個是封建的制度，就是國內的軍閥；一個就是外交。國內軍閥，從北京打下了之後，北伐總算告一段落，軍事亦可作一結束。雖不敢說第一個對象的目的，已經完成，但總算已換了一個新局面了！」〔註12〕此時，二次北伐進展到平津，東北易幟，國內各新舊軍閥均宣佈將原先的北洋軍閥五色旗降下，換成國民政府的青天白日旗，從表面上看，南京國民政府替代了北洋政府成為正統，但實際上國家內部仍然是軍閥割據，中央政府對於一些地方割據勢力既沒有人事任免權，也無法控制財政，各地方實力派往往自成一體，例如桂系的李宗仁、白崇禧，東北軍張學良，晉系的閻錫山等等無一不是一方諸侯，以黨治國的黨部並不能在各省得到切實發展，中央與地方之間的關係還是要看軍事實力，決定政權歸屬的是軍權，而不是黨權，孫中山思想中關於軍政階段要求掃除封建障礙，宣傳國民黨的黨義，此兩條並未能實現。

　　其實蔣介石對於國內的形勢是很清楚的，地方割據、中央政令難以推行，國家統一隻是在表面上而已，他在國民黨第三次代表大會的開幕詞上就指出，「政治的病源就是在地方割據，中央法令不行。」〔註13〕「如果封建割據的實際，仍舊潛伏在形式的統一之下，那麼中央的一切建設計劃，決沒有實施的可能。但是中國的實際情形怎樣？中國已真正統一了麼？我們只要看一看實際政治狀況，就可斷定中國實際上還沒有統一。北伐完成以後，形式上已經統一在國民政府之下，而且地方軍事領袖，也沒有不以服從中央相號召了，但是事實卻完全相反。地方把持財政，購買軍械，私增兵額，都聽地方為所欲為，中央絲毫不能加以干涉，而且不僅地方的行動中央不能干涉，甚至地方常以軍事的實力威脅中央，要挾中央，中央對於地方，如果有什麼要做的事，都以協商的方法去徵求同意，而地方對於中央，如果有什麼請求，就以命令式的方法來要挾，中央的法規，既然不能規範地方行動，中央的命

〔註12〕秦孝儀，先總統蔣公思想言論總集（卷十）〔Z〕，臺北：中國國民黨中央委員會黨史委員會，1984：332。

〔註13〕秦孝儀，先總統蔣公思想言論總集（卷十）〔Z〕，臺北：中國國民黨中央委員會黨史委員會，1984：380。

令，也不能強制地方以服從。」〔註14〕「中國的政治到現在還沒有達到眞正統一的狀態。中國的政治既然沒有達到統一，一切建設計劃，自然不能實現。」〔註15〕

但即便如此，國民黨高層仍然認爲軍政已經完成，需要進入訓政時期。圍繞從軍政過渡到訓政、如何實施訓政的問題，在歐洲考察的國民黨元老胡漢民、孫中山之子孫科等於 1928 年 6 月 3 日聯名致電國民政府主席譚延闓，向國民黨二屆五中全會提出了《訓政大綱案》，迫不及待地要求結束軍政、進入訓政、以黨治國，在 1928 年 8 月國民黨二屆五中全會上蔣介石也認爲必須結束軍政，進入訓政，「過去十七年間，本黨經歷軍政時期，負建國大責，其主要之革命工作，爲掃除政治上之軍閥官僚及社會上之一切障礙。今後本黨入於訓政時期，受治國之重託，其主要任務則在一方面賡續軍政時期已成之緒業，使軍閥官僚永無再起之日；一方面萃全國之治入於一黨，以實行治法於全國。而其進行之方針，則爲於中央必須建設治權所賴以付託之政府；於地方必須培養政權所賴以行使之國民。」〔註16〕在這一次會議還通過了《訓政時期頒佈約法案》，決議在訓政時期，應遵照總理遺教，頒佈約法。〔註17〕10 月，國民黨中央常務委員會委員蔣介石、譚延闓、胡漢民、孫科和戴季陶等 5 人召開第二屆中央第 172 次常務委員會，會上通過了《中國國民黨訓政綱領》，1929 年 3 月在國民黨第三次全國代表大會上又予以確認。南京國民政府在 1929 年進入訓政階段。

南京國民政府宣佈進入訓政階段十年後的 1939 年軍政階段的工作其實還未完成。5 月 7 日蔣介石在中央訓練團做《三民主義之體系及其實行程序》演講，其中對軍政時期的工作做了系統闡述，軍政時期，要實行軍法之治，基本工作是建立革命武力，以掃蕩革命的一切障礙。「這裏要特加說明的，就是所謂武力不限於軍事，軍事之外，同時要有教育和經濟配合起來，才能構成整個的武力。如果單有武力，無論如何是不能抵禦外侮掃除障礙的。教育、

〔註14〕 秦孝儀，先總統蔣公思想言論總集（卷十）〔Z〕，臺北：中國國民黨中央委員會黨史委員會，1984：381。

〔註15〕 秦孝儀，先總統蔣公思想言論總集（卷十）〔Z〕，臺北：中國國民黨中央委員會黨史委員會，1984：381。

〔註16〕 榮孟源，中國國民黨歷次代表大會及中央全會資料（上）〔Z〕，北京：光明日報出版社，1985：532。

〔註17〕 秦孝儀，革命文獻（第 79 輯）〔Z〕，臺北：中央文物供應社，1979：99。

經濟、軍事三者之中，教育尤爲首要。」〔註18〕「講到教育，首先要使受教育的人，發揮其知識、道德、體魄和群性，即所謂智、德、體、群四育。智育就是知識技能的培養；德育就是品德人格的提高；體育就是精神體力的增強；群育就是團結一致互助合作習性的養成。」一切教育的中心目標是「實施軍國民教育，養成軍國民的風尚。」所謂的軍國民教育，「就是中國固有的禮、樂、射、御、書、數這六種文武合一智德兼備的六藝教育，而同時應注重的是智、信、仁、用、嚴五種武德的培養。」〔註19〕關於經濟的武力，蔣介石指出經濟的要素有三：「第一是勞力，第二是土地，第三是資本。」要確立經濟上的武力，「就要使全國的勞力、土地和資本，儘量用之於生產，不可有一點荒廢和浪費。」〔註20〕其要達到的目標是「要使地無荒土，人無遊民，物無廢材，貨無壅塞。這樣，我們國家的經濟力量才能充實，經濟方面的革命武力才能建立起來。」〔註21〕關於軍事方面，蔣介石認爲「近代的軍事由於空軍發達，已無所謂前方與後方，我們要充實國防，一定要辦到全國皆兵……造成四萬萬人都具備戰士的資格，以保衛我們的國土。」〔註22〕蔣介石將軍政時期需要辦理的事項分成了教育、經濟、軍事三類，「軍政時期，實行軍法之治，除了建黨軍用武力掃蕩革命的障礙而外，還須打定教育的基礎、經濟的基礎和軍事的基礎。」〔註23〕按照蔣介石的說法，軍政時期要建立教育、經濟、軍事的基礎，爲訓政時期做好鋪墊。

在之前的 2 月 21 日，蔣介石在參政會第三次大會閉幕會議上指出現在情況下，軍政尚未完成，訓政與軍政並舉，「國民政府成立以後，遵奉總理遺教，先求全國之統一，開始訓政，……不幸統一未成，而障礙復起，經五六年之久，傾國家之人力財力的一大半，都用於軍政時期之工作；……就目

〔註18〕 行政院縣政計劃委員會，總裁地方自治言論〔Z〕，南京：正中書局，1943：
　　　　 33。
〔註19〕 行政院縣政計劃委員會，總裁地方自治言論〔Z〕，南京：正中書局，1943：
　　　　 33。
〔註20〕 行政院縣政計劃委員會，總裁地方自治言論〔Z〕，南京：正中書局，1943：
　　　　 34。
〔註21〕 行政院縣政計劃委員會，總裁地方自治言論〔Z〕，南京：正中書局，1943：
　　　　 34。
〔註22〕 行政院縣政計劃委員會，總裁地方自治言論〔Z〕，南京：正中書局，1943：
　　　　 34。
〔註23〕 行政院縣政計劃委員會，總裁地方自治言論〔Z〕，南京：正中書局，1943：
　　　　 34。

前事實而論，不僅訓政時期的工作，受到阻礙，而軍政時期應做的工作，且須從頭再做一遍，換句話說，必須首先掃蕩侵略者的武力，消滅漢奸傀儡破壞國家毒害民族的反革命勢力，待山河恢復，國內澄清以後，才談得到訓政，進而預備憲政。因此嚴格的說來，我們目前還在軍政時期之中……雖在掃蕩障礙的軍政時期，而訓政工作，仍然要同時進行，為了迅速完成革命的偉業，不僅應該在不妨礙軍政的範圍內，積極推動訓政，同時更希望由訓政之進行可以輔助軍政。」〔註24〕在之後的 9 月 17 日，蔣介石在國民參政會第四次大會上演講時進一步指出不但軍政未結束可以訓政，訓政未結束時也可實施憲政：「我以為訓政工作，不僅在訓政時期要積極進行，而憲政也不一定要訓政完全結束之日才開始，所謂訓政具體工作，當然是實施地方自治，訓練人民行使四權。但是訓政的意義，卻是要訓練人民使具備足以擔當國家政治的資格，而這個任務，在中國經濟文化百事落後的情形下，尤其是承幾千年專制腐敗政治之後，是一件艱難巨大而不是旦夕所能完成的工作，我以為憲法儘管及早頒佈，但大家決不能忽視總理設定訓政時期的一番苦心精意，一定要全國賢智之士，尤其是領導人民的分子，一致熱心積極，有公心誠意，來共負訓政的重任。將來雖在憲法頒佈以後，我們還是不能放棄訓政的工作。」〔註25〕

蔣介石認為軍政之所以尚未完成，是因為統一的障礙復起，進而日寇侵略，「然而國府遷都南京以後，十年之間，事實與理論兩方面，都有足以妨礙訓政的基本工作的進行，使國民政府無法完成這個使命。就事實的方面來說，國民政府在政治上所遭遇的最大挫折，就是國家統一的障礙。而就理論的方面來說：在此十年之間，不獨訓政工作如何實施，成為問題，即訓政階段應否存在，訓政時期何時結束，亦起了激烈的爭辯。」〔註26〕但軍政的結束並不僅僅是軍事的統一，還必須是黨義的教化，黨國體制的完全確立。從蔣介石的話裏可以看出，雖然是時隔十年，但是軍政階段任務並沒有完成。至 1947 年，國民黨中央面對解放戰爭中節節敗退的局面不得不承認至如今軍政時期

〔註24〕秦孝儀，先總統蔣公思想言論總集（卷十六）〔Z〕，臺北：中國國民黨中央委員會黨史委員會，1984：75～76。

〔註25〕秦孝儀，先總統蔣公思想言論總集（卷十六）〔Z〕，臺北：中國國民黨中央委員會黨史委員會，1984：380～381（演講）。

〔註26〕秦孝儀，先總統蔣公思想言論總集（卷十六）〔Z〕，臺北：中國國民黨中央委員會黨史委員會，1984：58（演講）。

工作也未能完成,「黨在軍政時期,對於建國大綱所規定的『政府一面用兵力以掃除國內之障礙,一面宣傳主義以開化全國之人心,而促進國家之統一』的革命工作,未能徹底完成,以至訓政時期戰爭不息。」〔註27〕

地方自治的項目很多,僅僅以最基本的戶口普查來看,內政部1947年7月公佈的全國人口總數是 461,006,285 人,「這個數字的來源,有的是若干年以前的舊統計,有的是純粹出於估計。」除了極少數的地方外,很少有縣份能夠將所管轄地區人口進行實地的調查與登記,也沒有哪一個縣的人口是已經調查清楚並辦理了定期登記的,因爲直至南京政府憲政開始,也「沒有哪一縣的戶政機構與設備是健全而普遍建立的。」〔註28〕可以說,訓政二十年來,至憲政開始之前,全國沒有一個縣能夠達到建國大綱所規定的自治程度,至於建國大綱中規定的「凡一省全數之縣,皆達完全自治者,則爲憲政開始時期。國民代表會,得選舉省長,爲本省自治之監督;至於該省內之國家行政,則省長受中央之指揮。」〔註29〕更是沒有一個省能達到境內所轄縣全部到達完全自治,南京國民政府在1946年憲政開始之前也檢討承認「地方自治爲訓政中心工作,歷次大會均鄭重決議,而若干年來,政府未能切實執行,以至今日憲政在即之時,地方自治仍無基礎。」〔註30〕從這個程度上講,憲政開始時其實沒有一個省能達到憲政開始之期。但即使如此,國民大會仍然得以召開,並且頒佈了憲法,宣稱開始憲政。國民黨六屆三中全會時通過對《黨務報告的決議案》,指出「現在的結束訓政,不是訓政成功,而自然結束,乃是訓政失敗,而不得不結束。」〔註31〕這與孫中山的地方自治思想是完全背離的,孫中山要求由縣開始實施地方自治,指導民眾掌握創制、復決、選舉、罷免四權,進而達到縣自治,再由縣到省,直到一省所轄之縣全部達到自治,則全省地方自治宣告成功,最後召開國民大會,創制憲法,憲政開始,即先有基礎再建大廈,而南京國民政府的做法卻恰恰相反,在制定憲法,開始憲政時期,不但沒有一個省地方自治完成,即使在憲政開始之後,大多數省份甚至還處於軍政階段。當時就有學者認爲國民黨連地方自治還沒完成,

---

〔註27〕秦孝儀,革命文獻(第80輯)〔Z〕,臺北:中央文物供應社,1979:438。

〔註28〕李時友,中國國民黨訓政的經過及檢討〔J〕,東方雜誌,1948-2(第44卷,第2號)。

〔註29〕廣東省社會科學院歷史研究室,孫中山全集(第九卷)〔Z〕,北京:中華書局,1986:127。

〔註30〕秦孝儀,革命文獻(第80輯)〔Z〕,臺北:中央文物供應社,1979:403。

〔註31〕秦孝儀,革命文獻(第80輯)〔Z〕,臺北:中央文物供應社,1979:439。

便倉促憲政，有違孫中山遺教：「孫中山思想中之憲政開始本以地方自治之完成爲條件，地方自治乃民主政治之基礎，尚不能自治一地方，而謂能自治一國，古今中外，殆無此理。」〔註32〕

5.1.2　保甲制度對孫中山地方自治思想的嚴重背離

　　南京國民政府成立之初便有在基層開辦保甲的想法，但是在 20 世紀 20 年代末 30 年代初，主要實施的是地方自治，在 20 世紀 30 年代江西、湖北等地的工農紅軍發展壯大之後，保甲制度成爲所謂「剿匪」的一個利器，成爲「三分軍事、七分政治」的重要內容，而與此同時南京國民政府的地方自治在推行過程中不斷遇到困難，實際上已經很難推行下去，保甲制度也相應地由「剿匪」區推廣到其他地區，至 1939 年，新縣制實施，保甲融於自治之中以期能建立自上而下的行政網絡，實質上是國民黨當局一方面難以公開背離孫中山地方自治的遺教，另一方面又要實施與自治相違背的保甲制度而採取的以實施保甲制度爲基礎的新縣制。

　　孫中山設想的地方自治是實現以民權、民生爲目標。南京國民政府實施保甲的目的並不是以訓導民眾實施地方自治，不是以民權發展爲目的。南京國民政府起初在「剿匪」區實施保甲制度，就是爲了穩定地方秩序，反制中國共產黨領導的工農武裝，其後擴展到全國範圍是爲了對基層社會的嚴密控制。保甲組織的保長及甲長等並不是由民眾選舉產生，也不是地方豪紳憑藉資望自然形成，而是由上級機關任命，「這一任免方式在保甲人員與官府之間形成了行政隸屬關係。」〔註33〕這無疑和孫中山地方自治思想中的民眾選舉自治官吏是相違背的，在《縣各級組織綱要》中雖然規定了在保甲組織中設立了所謂的民意機關，保民大會作爲一保之內的議決機關並以戶爲單位每戶出一人組織，每月召開一次討論本保內的大小事務，「保設辦公處，置保長一人、副保長一人，由保民大會就公民中具有左列資格之一者選舉，由鄉鎮公所報告縣政府備案：（一）師範學校或初級中學畢業或有同等學力者；（二）曾任公務人員或在教育文化機關服務一年以上著有事跡者；（三）曾經訓練及格者；（四）曾辦理地方公益事業者。」〔註34〕表面上似乎新縣制實施後，保

〔註32〕錢穆，論地方自治〔J〕，東方雜誌（第 41 卷第 11 號）。
〔註33〕武乾，南京國民政府的保甲制度與地方自治〔J〕，法商研究，2001（6）：121。
〔註34〕焦如橋，劉振東，縣政資料彙編〔Z〕，影印本，重慶：中央政治學校，1939：604。

甲人員由選舉產生，但在《縣各級組織綱要》中還規定了「在未辦理選舉以前，保長、副保長由鄉鎮公所推定，呈請縣政府委任。」〔註35〕實際情況是，絕大多數地區保甲長仍然是由政府委任，選舉並未能如期辦理。

此外，保甲制度的編組不是以個人爲單位，而是以戶爲單位。保甲制度不是以地域爲劃分標準，而是以戶數爲標準，與此前實施地方自治時以單個人爲單位相比，是一種倒退，「一個社會組織的形態最應注意之點是其組織的基本單位，從單位的確定可以窺見其組織的形態。」〔註36〕

保甲制度的一大特點便是在同保、甲內各戶之間施行聯保切結，以連坐法約束民眾。有觀點認爲，連坐的施行能夠「迫使豪紳大戶與貧民、同宗與異姓之間結成責任共同體以降低豪紳身份，疏離同姓宗族間的感情，進一步抑制紳權與族權勢力。」〔註37〕但連坐最主要的功能並不是抑制紳權與族權，而是爲了使同甲同保之內人人互相監督，互相防範，戶長對全家人行爲負責，連坐其本意是指本人未實施犯罪行爲，但因與犯罪者有某種關係而受牽連入罪。是封建社會法制缺乏的一種體現，更是對民權的踐踏。

保甲的目的是爲了安定社會秩序，地方自治要求民治，保甲制度則相反，強調對地方的嚴密控制，其實施的過程難免與自治發生衝突，在實際操作中，保甲長成爲政府的耳目，負責監視民眾，成爲「團練」中的「團」，即爲地方警察之意。國民黨一方面必須遵行孫中山的思想進行地方自治建設，另一方面又想實行保甲由上到下控制民眾，導致出現保甲與自治相結合的「地方自治」，但其實質上已經違背了孫中山地方自治思想。

5.2 南京國民政府地方自治過程中對孫中山思想修正的原因

5.2.1 理論與現實的兩難，孫中山地方自治思想的一些疑義

從孫中山關於地方自治的著作、演講內容來看，他對於地方自治是有很高的期望，是希望能通過地方自治能讓全體國民逐漸掌握選舉、罷免、創制、復決的民權，是將地方自治作爲中國民眾從封建下愚民變成現代公民的轉變過程，實爲達成民權主義的途徑，並且在《地方自治開始實行法》及《建國

〔註35〕 焦如橋，劉振東，縣政資料彙編〔Z〕，影印本，重慶：中央政治學校，1939：604。

〔註36〕 陳之邁，中國政府〔M〕，影印本，北京：商務印書館，1946：79。

〔註37〕 武乾，南京國民政府的保甲制度與地方自治〔J〕，法商研究，2001（6）：121。

大綱》中均已明確在軍政——訓政——憲政三時期中的訓政時期政府的主要工作便是指導民眾施行地方自治。

　　西方社會施行地方自治尚沒有由中央政府由上到下指導民眾施行的先例，通常情況是在市民社會成熟以後，逐漸具備了實施地方自治的經濟、社會條件，以廣大民眾參與爲內容的地方自治進程是在公眾壓力下，執政者讓步的結果，是民眾自身合理要求的結果，中央政府在這一進程中大多扮演消極的作用，地方自治制度的演進遵循一個從下而上，從特殊到一般的過程，地方自治的框架和秩序是一種自然的，符合社會發展需要的結果，只是這一過程會持續很長時間，是一個漫長發展過程，中國作爲一個落後的正在轉型中的國家沒有時間去從容完成西方社會地方自治的過程，不但沒有成熟的市民社會，而且缺乏必要的經濟、社會條件，中國如果想改變國家、社會現狀必須由強大的國家權力通過一種自上而下的方式強力推行。作爲政治制度層面上的變遷，中國地方自治一直不是社會發展導致的民眾自身要求，而是國家層面制度設計——強力推行的結果，政府要發揮啓動、動員、規範功能，推廣和規範都必須要政府完成。西方國家民主是由社會民主推行國家民主，中國的社會民主依靠國家力量來推行。所以孫中山設計了訓政的概念，由信奉革命主義的革命黨掌握政府全權，訓練民眾掌握民權，實施地方自治。孫中山的訓政設想有兩個必要條件，一是民眾沒有自治能力，如果不由革命黨訓導難以實現地方自治；二是掌握政權的革命黨在沒有約束之下，僅僅憑藉總理遺教便會依照孫中山設想對民眾訓導，而不是和之前千百年來中國傳統封建王朝更迭一般僅僅是上層統治集團的更迭成爲新的專制統治。

　　孫中山對於中國民眾的政治、文化素質比較悲觀，認爲經歷了數千年封建統治，尤其是在滿清奴役了數百年之後，絕大多數民眾已經成爲適應專制統治的愚昧封建的愚民，更奢談接受現代教育，封建王朝的愚民難以一躍而成爲現代社會的公民，不可能適應現代民主政治。「夫以中國數千年之專制，退化而被征服亡國之民族，一旦革命光復，而欲成立一共和憲治之國家，捨訓政一道，斷無由速達也。」〔註38〕正因爲民眾是扶不起的阿斗，在長期的奴役之下沒有自治能力，也沒有民主意識，孫中山認爲必須經過訓政，在國民黨的訓導之下才能夠養成民主、自治的能力，訓導的方式便是通過地方自

〔註38〕廣東省社會科學院歷史研究室，孫中山全集（第六卷）〔Z〕，北京：中華書局，1985：210～211。

治，在地方自治的施行過程中，既培養民眾的地方自治能力，又進行民權訓練，使民眾掌握民權，從而使民眾從阿斗變成民國的眞正主人。孫中山設定訓政時期的目的，就是因爲人民不會行使政權，因此要對人民進行訓導，而這必須由國民黨來負責。「須知共和國，皇帝就是人民，以五千年來被壓作奴隸的人民，一旦擡他做皇帝，定然是不會作的。所以我們革命黨人應該來教訓他，如伊尹訓太甲樣。」〔註 39〕孫中山還拿出菲律賓的例子來說明訓政的重要意義，「美國之欲扶助菲島人民以獨立也，乃先從訓政著手，以造就其地方自治爲基礎。至今不過二十年，已成爲文明進化之民族。今菲島之地方自治已極發達，全島官吏，除總督尙爲美人，餘多爲土人所充任，不日必能完全獨立。將來其政治之進步，民智之發達，當不亞於世界文明之國。此即訓政之效果也。」〔註 40〕孫中山之所以設定訓政這一階段，是充分考察了美、法兩國革命過程和中國革命的具體實踐得來的，他認爲美國革命之後所定國體，百十年不會改變，而法國革命後，「大亂相尋，國體五更，兩帝制而三共和，」與美國相比，法國「其治亂得失，差若天壤者。」〔註 41〕對於其中原因，孫中山認爲美國的移民主要來自英國，富有自治能力，到達美國後就組建了自治團體，在尙未獨立之前，「地方自治已極發達，故其立國後，政治蒸蒸日上，以其政治之基礎全恃地方自治之發達也。」法國的國體一向是君主專制，傳統的中央集權強大，「無新天地爲之新盤，無自治爲之基礎也。」〔註 42〕而 20 世紀初年辛亥革命後的國內政治形勢，也讓孫中山堅定了訓政是革命必須的階段。

　　孫中山的訓政設想是充分考慮了中國當時的國情：兩千多年的封建統治，尤其是滿清政府兩百多年的異族奴役政策使得民眾精神麻木，絕大多數人是封建專制統治下的愚民，對民主政治毫不了解，民眾的政治覺悟非常低，而且大多數人是文盲。孫中山認爲在中國當時這種落後國家實施民主政治是非常艱難的，但中國欲發展必須根本改變封建的社會制度，施行民主政治，訓政便是一

〔註39〕廣東省社會科學院歷史研究室，孫中山全集（第五卷）〔Z〕，北京：中華書局，1985：400～401。

〔註40〕廣東省社會科學院歷史研究室，孫中山全集（第六卷）〔Z〕，北京：中華書局，1985：211。

〔註41〕廣東省社會科學院歷史研究室，孫中山全集（第六卷）〔Z〕，北京：中華書局，1985：207。

〔註42〕廣東省社會科學院歷史研究室，孫中山全集（第六卷）〔Z〕，北京：中華書局，1985：208。

種漸進的方案。在軍政的基礎上，由革命黨引導民眾實施地方自治，在地方自治的過程中，逐步提高民眾的政治覺悟，動員民眾廣泛的政治參與，從其目的來看，訓政是值得肯定的。但孫中山所設立的軍政──訓政──憲政三時期，關於訓政時期僅僅預計了六年時間，由專制政體經地方自治而成為民主國家，用短短六年的訓政達到憲政，有些太過於理想化。訓政時期孫中山要求國民黨一黨獨大，採用黨國體制，至憲政時期則要求政黨輪換，如何讓訓政時期長期一黨執政的國民黨捨棄絕對權力顯然是一件很困難的事情。

　　其次，關於訓政的概念。訓政一詞在中國歷史上是有其特殊的含義的，「『訓』字有許多種用法，如『教誨、教導、訓斥、訓練、馴御』。顯而易見，這個字顯示了『施訓者』的優勢地位，一般由地位高者對地位低者採用，比如父母對子女，老師對學生。」〔註43〕關於訓政，「訓政」一詞在歷史上出現了兩次，一次是清朝乾隆對嘉慶的訓政，一次是慈禧對光緒的訓政，這兩者都是對皇權的一種剝奪，而孫中山所倡導的訓政，其思想來源於古代伊尹訓太甲，孫中山對於訓政的定義是與清朝乾隆對嘉慶、慈禧對光緒的訓政完全不同的，在其演講、論著中也看不出二者之間的關係。「訓政者，乃以共和為目的。」〔註44〕可以這麼認為，孫中山重新定義了訓政的意義，即以革命黨為保姆，訓導民眾，使得民眾逐漸掌握各種民權。其前提便是黨國體制下的革命黨要成為真正意義上的純粹的革命黨，極其富有理想主義的一批革命黨員，為了主義、理想奮鬥。但孫中山認為民眾只有經過革命黨領導下的政府進行訓導才能政治啓蒙，否則仍然是封建時代的愚民，民眾的權利不是天生的而是革命黨賦予的，民主是一種恩賜，訓政一詞含有居高臨下的意思，容易形成獨裁專制。

　　也有人從理論本身指出孫中山民權主義的缺失：「最大的缺失，在於僅從『政體』的『形式民主』途徑來解決『國體』的『實質民主』問題。」解決不了人民怎樣掌握權力這一實質問題。「他顯然混淆了有權的阿斗（君）『交』權給諸葛亮（臣）和無權的人民『受』權於『先知先覺』的本質差異。這樣，人民的權力就完全取決於交權的能者的道德水準。」〔註45〕

〔註43〕王人博，中國近代憲政史上的關鍵詞〔M〕，北京：法律出版社，2009：175。
〔註44〕廣東省社會科學院歷史研究室，孫中山全集（第六卷）〔Z〕，北京：中華書局，
　　　　1985：210。
〔註45〕高力克，歷史與價值的張力──中國現代化思想史論〔M〕，貴陽：貴州人民
　　　　出版社，1992：92〜93。

　　孫中山以革命先行者和「國父」的雙重身份在國民黨中具有巨大影響力，也造成其政治設計的權威性和不可動搖性，孫中山之後國民黨內無人能再達到其地位，成為國民黨統治的最大合法性來源。孫中山死後國民黨內四分五裂，一直政爭不斷，導致無論何派勢力欲想在黨內鬥爭佔據上風，必然以繼承孫中山思想自居。在國民黨內逐漸佔據的蔣介石一直以孫中山堅定追隨者自居，在南京國民政府時期，言必國父遺教，對孫中山地方自治的一系列思想並不能提出切實有效的修改意見，以至於照本宣科，按照孫中山設想的途徑進行，南京國民政府成立後訓政得以實施，但訓政的一個前提便是軍政結束，國內穩定，卻沒有更多考慮，以至於訓政失去意義。

5.2.2 「管教養衛」與孫中山的地方自治思想的嚴重背離

　　南京國民政府成立之後，先後經歷幾次新軍閥混戰，蔣介石逐漸掌握國民黨內最高權力，至抗戰開始成為國民黨總裁，蔣介石對地方自治的看法決定了南京國民政府地方自治的實施的方向。比較蔣介石與孫中山地方自治的異同，可以更清晰地看出南京政府地方自治偏離孫中山地方自治思想的軌道。

　　孫中山與蔣介石對於地方自治的認識差別十分明顯，首先，孫中山的地方自治思想是考察歐美等國地方自治實踐後並結合中國實際情況總結得來，尤其參考了美國克利浮萊城施行的地方自治制度。但蔣介石認為孫中山思想的來源是中國古代儒家思想，1931 年 1 月 19 日蔣介石在教育部演講時稱：「總理的思想，即是繼承堯、舜、禹、湯、文、武、周公、孔子以來的仁義道德思想，將之發揚光大。」〔註 46〕1933 年 3 月 16 日，蔣介石在中央政治學校總理紀念周演講時重申孫中山的三民主義是繼承中國古代的儒家思想，「它的思想淵源，就是繼承中國從古以來——堯、舜、禹、湯、文、武、周公、孔子一脈相承所流傳下來的道統，它的根本精神，就是要用中華民族固有的精神來領導革命，復興民族。」〔註 47〕「可知總理對於歐美各種學說，並不是不注重的，他是很注重外國的東西。但他一講到大學、中庸的政治、倫理、哲學時，他就說，外國一切的政治學說，都不能超過我們固有的大學、中庸之道。……殊不知總理的最高學問，即從大學、中庸中得來。……總理研究學問，常常講求最新的智識，但是講到政治、倫理，卻常常勸我們去研究我國

〔註46〕秦孝儀，先總統蔣公思想言論總集（卷十）〔Z〕，臺北：中國國民黨中央委員會黨史委員會，1984：452。

〔註47〕秦孝儀，先總統蔣公思想言論總集（卷十一）〔Z〕，臺北：中國國民黨中央委員會黨史委員會，1984：9。

固有的東西，做溫故知新的工夫。」〔註48〕1941 年 7 月 9 日、10 日，蔣介石
在對青年團中央幹事會與監察會聯繫會議上指出孫中山的哲學思想源泉便是
中國固有哲學，「我們追溯總理創立三民主義與知難行易學說，他這個革命的
哲學，從何而來呢？總理曾說明他自己的革命思想基礎，是繼承中國堯、舜、
禹、湯、文、武、周公、孔子的正統思想，而加以發揚光大的。可見他的革
命哲學，是由中國固有的哲學而來的，是集三代以來中國固有哲學之大成的。」
〔註49〕1936 年 3 月 13 日，蔣介石在內政部對縣市行政講習所聲稱地方行政必
須按照孫中山遺教進行，「總理全部遺教尤其是與地方行政關係特別重大的幾
種遺教，即建國大綱，地方自治開始實行法和總理在少年時代所著上李鴻章
書。」〔註 50〕但同時又說，地方行政人員必須研讀管仲、商鞅、諸葛亮、王
安石、張居正、胡林翼等人著作，「一方面研究，一方面要做法施行。」〔註
51〕可以這麼理解，蔣介石對於地方自治有兩個指導原則，一個是孫中山的地
方自治思想，另一個是中國自古沿襲下來的從管仲、商鞅、諸葛亮、王安石
等政治家積纍下的地方治理經驗，這兩者差別很大。孫中山的地方自治思想
是從民權出發，賦予民眾眞正的權力，中國封建社會沿襲下的地方治理是政
府如何管理社會，如何編民防盜、防匪等等，與民權等沒有關係。

　　蔣介石將孫中山思想與儒家學說進行關聯，是要從儒家學說中吸取營
養，部分地放棄了孫中山思想中吸取西方得來的精華，諸如民權運用等，蔣
介石稱孫中山思想來源於中國傳統儒家思想，是爲「管教養衛」的提出打好
基礎，這並不是舶來品，而是中國社會沿襲下來的產物。

　　其次，孫中山地方自治設想的一個出發點便是三民主義中的民權主義，
希望通過地方自治使得民眾能夠在地方治理中掌握民權，進而作爲五權憲法
的一個基礎，其設想中的地方自治是以人民自己治理本地事務，享有選舉、
罷免、創制、復決四權爲要素，是給人民眞正的民主。蔣介石對於地方自治
的指導思想歸納起來便是「管、教、養、衛」，其發展成型也經歷了數年時間。

〔註48〕 秦孝儀，先總統蔣公思想言論總集（卷十一）〔Z〕，臺北：中國國民黨中央委
　　　　員會黨史委員會，1984：11。
〔註49〕 秦孝儀，先總統蔣公思想言論總集（卷十八）〔Z〕，臺北：中國國民黨中央委
　　　　員會黨史委員會，1984：270。
〔註50〕 秦孝儀，先總統蔣公思想言論總集（卷十四）〔Z〕，臺北：中國國民黨中央委
　　　　員會黨史委員會，1984：151。
〔註51〕 秦孝儀，先總統蔣公思想言論總集（卷十四）〔Z〕，臺北：中國國民黨中央委
　　　　員會黨史委員會，1984：151。

　　1934 年 2 月 5 日，蔣介石在浙江省政府擴大紀念周訓詞時指出「教」、「養」、「衛」是復興民族的根本任務，「總理所講的『忠孝仁愛信義和平』這八個字再概括起來，就是『禮義廉恥』。我們此後一定要根據『禮義廉恥』來教，使全國國民尤其是黨政軍學各界同志，各個人能夠『明禮儀，知廉恥，負責人，守紀律』，然後才算達到教育的責任。」〔註52〕「教」的要義便在禮義廉恥。「『養』就是『養育』，『教』和『育』本來是不可分的，現在分開來說，可以講前者側重精神修養，後者側重於實際生活，『教』以禮儀廉恥為本，『養』即總理所說的『衣、食、住、行』四項基本生活。」〔註53〕所謂的「衛」，蔣介石認為就是地方保衛的意思。七天後，也即 2 月 12 日蔣介石在南昌行營擴大紀念周上再次提到「教、養、衛」的地方治理原則，「要想救國，就只有三個字，就是：『教、養、衛』。」〔註54〕

　　蔣介石在 1934 年 2 月 5 日和 2 月 12 日的兩次關於「教」、「養」、「衛」的演講，其實質內容並無不同，「教」是從精神方面以傳統的禮義廉恥要求自己，約束自己，進而教導國民，「養」是從物質方面以整齊、清潔、簡單、樸素等要求自己，教導國民，形成衣食住行方面的基本生活修養，是與「教」相輔相成，一個是精神方面要求一個是物質方面要求，「衛」是地方能夠自我保衛，有自衛能力防範盜匪。

　　1936 年 3 月 13 日，蔣介石在「教」、「養」、「衛」外，又多加了一個「管」，「除教養衛之外，現在還要加一個『管』字。教養衛管，可以說就是縣政的四大要務。」〔註55〕同年 5 月 14 日，蔣介石在南京召開的高級行政人員會議上再次強調「教、養、衛」前必須增加「管」，「徒知教養衛而不知管理，則所有教養衛之工作，基礎必不能確實，辦理必不能一貫，結果所有工作皆不能持久。」〔註56〕

〔註52〕行政院縣政計劃委員會，總裁地方自治言論〔Z〕，南京：正中書局，1943：76。

〔註53〕行政院縣政計劃委員會，總裁地方自治言論〔Z〕，南京：正中書局，1943：76。

〔註54〕行政院縣政計劃委員會，總裁地方自治言論〔Z〕，南京：正中書局，1943：84。

〔註55〕秦孝儀，先總統蔣公思想言論總集（卷十四）〔Z〕，臺北：中國國民黨中央委員會黨史委員會，1984：165。

〔註56〕秦孝儀，先總統蔣公思想言論總集（卷十四）〔Z〕，臺北：中國國民黨中央委員會黨史委員會，1984：269。

　　5 月 16 日，蔣介石在高級行政人員會議閉會訓話時強調「教、養、衛、管」四政委建國基本要務。關於「養」的方面，「本席以爲現在我們要發展國民經濟解決民生問題，最急要的事情有兩項：第一項就是要力謀收支適合，提高法幣信用；第二項就是要發揮苦幹精神，努力生產建設。」〔註 57〕關於「教」的方面，「教育乃國家民族精神與文化亦即永久的聲明根基之所託，所以教育之優劣成敗，即國家民族興旺盛衰最大的關鍵。」〔註 58〕教育不但要注重「質」的改良與充實，還要注重「量」的發展與普及。關於「衛」的方面，「所謂『保衛』，又分爲兩方面：一方面是對於外來侵略的防禦；一方面是對於內發騷亂的平服。前者即所謂『國防』，後者即所謂『治安』。」〔註 59〕徵兵、「剿匪」、辦理保甲、壯丁訓練、團警訓練等等都是在「衛」的範疇。關於「管」的方面，「所謂『管』者，簡單言之即執行法紀，納民軌物之謂。惟有法度完密，部勒整齊，然後凡百事務，可以井然就理。現代所謂『法治』以及中國歷史上『法家』所主張的『綜嚴名實，信賞必罰』，就是這個道理。除人事以外，還須管理生產，管理土地，管理交通，尤其是糧食與勞力，必須首先注意。」〔註 60〕蔣介石在 1936 年的幾次演講與兩年前相比，內容有了不少變化，從「養」的內涵上看，明顯擴大了範圍，從「衣、食、住、行」四方面基本的生活修養擴大到經濟建設的方方面面，「教」從精神方面的「禮義廉恥」發展到教育、培養出既能有技能，又能聽從命令、嚴守紀律的知識分子，也即是能服務於國民黨一黨專政的知識分子，「衛」從地方自我保衛的含糊概念發展成爲具體的徵兵、保甲舉辦、壯丁訓練、團警訓練等等；尤其是增加了「管」的概念，蔣介石要求地方的行政人員必須將地方一切人、事進行行之有效的管理，以達到對地方的有效控制。

　　1937 年 7 月 9 日，蔣介石在廬山暑期訓練團開學典禮上指出，建國所需的必備條件是勞力、精神、物質三個要素，「建國的工具是『管』、『教』、『養』、

〔註 57〕 行政院縣政計劃委員會，總裁地方自治言論〔Z〕，南京：正中書局，1943：93。

〔註 58〕 行政院縣政計劃委員會，總裁地方自治言論〔Z〕，南京：正中書局，1943：101。

〔註 59〕 行政院縣政計劃委員會，總裁地方自治言論〔Z〕，南京：正中書局，1943：105。

〔註 60〕 行政院縣政計劃委員會，總裁地方自治言論〔Z〕，南京：正中書局，1943：110。

『衛』，即以訓練地方自治、扶植民權為要著。」〔註61〕「管」就是管理，包括管理人和事，「今後我們要建設國家，最要緊的就是要拿『管』字來作第一個革命建設的工具。」〔註62〕「教」是教導民眾，「我們建國所需的第二個工具就是『教』，所謂教就是以先知覺後知，以已知覺不知，也就是以先覺覺後覺，以已覺覺不覺的意思。」對於建國的另兩個工具「養」、「衛」，蔣介石認為「建國其它兩個工具就是養衛。養民，是培植民力，以充實國力；衛是要使人民自衛衛國，或衛國以自衛。」〔註63〕對於實施「管」、「教」、「養」、「衛」的最好場合，蔣介石認為就是地方自治的組織，「我們要從地方自治的訓練當中，來灌輸一般人民如何管理一切人事物地以及時間空間的常識和能力，……總理遺示我們的所謂地方自治，就是要我們拿管教養衛四件工具來訓練人民……換句話說，就是各地人民一定要有管教養衛的知識能力。」〔註64〕7月18 日，蔣介石在廬山暑期訓練團演講中再次提到「管」、「教」、「養」、「衛」是建國工作的入手方法，必須認真落實。

　　蔣介石在 1937 年的演講中，明確將「管」、「教」、「養」、「衛」與地方自治聯繫起來，這既是將「管」、「教」、「養」、「衛」的範圍進行界定，也是將地方自治的指導思想進行改變。1939 年 4 月 26 日，蔣介石對黨政訓練班第二期學員演講時指出，主持行政工作的長官必須具備「管」、「教」、「養」、「衛」的常識，「而且惟有我們主管長官對於所屬部下和民眾，能夠切實盡到管教養衛的責任。我們的工作才能夠開展，人民才能夠聽從領導，所辦的事業才能夠成功。」〔註65〕並指出，行政訓練的主要目的在於建立地方自治。保甲機關內的民政、經濟、文化、警衛各股分別對應「管」、「教」、「養」、「衛」的關係為：「民政股（管）之戶籍（清查戶口）土地、衛生（助產，治療）；經濟股（養）之財政（財務徵收與稽核，及款產管理）、經濟（墾荒地，修道路，

〔註61〕秦孝儀，先總統蔣公思想言論總集（卷十四）〔Z〕，臺北：中國國民黨中央委員會黨史委員會，1984：562。

〔註62〕秦孝儀，先總統蔣公思想言論總集（卷十四）〔Z〕，臺北：中國國民黨中央委員會黨史委員會，1984：574。

〔註63〕秦孝儀，先總統蔣公思想言論總集（卷十四）〔Z〕，臺北：中國國民黨中央委員會黨史委員會，1984：575。

〔註64〕秦孝儀，先總統蔣公思想言論總集（卷十四）〔Z〕，臺北：中國國民黨中央委員會黨史委員會，1984：575～576。

〔註65〕秦孝儀，先總統蔣公思想言論總集（卷十六）〔Z〕，臺北：中國國民黨中央委員會黨史委員會，1984：207。

設糧食管理局，及推行合作與各項國民經濟建設）；文化股（教）之文化（國民精神動員，新生活及婦女俱樂部等），社會（國民工役，體育，息訟等）；以及警衛股（衛）之消防、自衛、守望與兵役等。」〔註66〕

　　從「管」、「教」、「養」、「衛」的內涵發展演變來看，由原先的要求個體的行為準繩，逐漸過渡到地方自治的推行手段，「教」是從精神方面以傳統的禮義廉恥要求自己，約束自己，進而教導國民，「養」是從物質方面以整齊、清潔、簡單、樸素等要求自己，教導國民，形成衣食住行方面的基本生活修養，是與「教」相輔相成，一個是精神方面要求一個是物質方面要求，「衛」是地方能夠自我保衛，有自衛能力防範盜匪。但蔣介石的「管、教、養、衛」恰恰沒有說明如何指導民眾實現民權主義、民生主義，而孫中山地方自治思想所要達到的就是民權、民生的實現。

　　蔣介石力圖將地方自治沿著他所主張的還原到封建時代的管理模式，「管」、「教」、「養」、「衛」思想其實是一種政治保守主義的體現，頑固地以所謂禮義廉恥、教化養衛為核心，試圖以中國傳統的儒家思想作為維持社會秩序的手段，只是部分地吸收孫中山地方自治思想中若干因素，將孫中山地方自治遺教的內核做了改變，迴避了孫中山要求的賦予民眾四項基本民權等主張，可以說是「孫學」為體，「蔣學」為用。地方自治指導思想的改變，必然導致地方自治的方向發生變化，南京國民政府時期地方自治過程中對孫中山地方自治思想的修正就不足為奇了。

5.2.3　國民黨以黨訓政與地方黨政關係的變化

　　南京國民政府自 1928 年宣佈訓政開始，到 1947 年開始由訓政向憲政過渡，為訓政時期。按照國民黨、南京政府自我標榜是按照孫中山手訂《建國大綱》確定其訓政體制。孫中山生前強調軍政時期和訓政時期以黨建國、以黨治國，但是對訓政時期地方黨政關係卻沒有詳細規劃，這給了國民黨和南京國民政府以按照統治的實際需要而構建地方黨政關係的空間。南京國民政府建立以後，以奉行孫中山遺教為標榜，實行一黨專政，構建了以黨控政的黨國體制，地方黨政關係則經歷了由黨政分開到黨政融合的變化過程。

　　訓政時期南京國民政府地方黨政關係的構建源於孫中山的訓政理論和以

〔註66〕秦孝儀，先總統蔣公思想言論總集（卷十六）〔Z〕，臺北：中國國民黨中央委員會黨史委員會，1984：226。

黨治國思想。早在 1905 年秋冬，在與汪精衛的談話中，孫中山就已經提到「軍政府」、「約法」、「憲法」等概念，建國三時期的思想呼之欲出。孫中山說：「革命之始，必立軍政府，此軍政府既有兵事專權，復秉政權。譬如既定一縣，則軍政府與人民相約，凡軍政府對於人民之權利義務，人民對於軍政府之權利義務，其犖犖大者悉規定之。軍政府發命令組織地方行政官廳，遣吏治之；而人民組織地方議會，……第監視軍政府之果循約法與否，是其重職。……而發難以來，國民瘁力於地方自治，其繕性操心之日已久，有以陶冶其成共和國民之資格，一旦根本約法，以爲憲法，民權立憲政體有如磐石之安，無漂搖之慮矣。」〔註 67〕這裏幾乎包括了革命程序論的全部內容，只是還沒有明確一定是三個時期而已。1906 年秋冬，孫中山制定《中國同盟會革命方略》，建國三時期思想全面成熟並已經系統化了。他規定「驅除韃虜，恢復中華，建立民國，平均地權」「其措施之次序分爲三期：第一期爲軍法之治……。第二期爲約法之治……。第三期爲憲法之治。」〔註 68〕1914 年 7 月，孫中山制定的《中華革命黨總章》，把軍法之治、約法之治、憲法之治又表述爲軍政時期、訓政時期、憲政時期，規定訓政時期的任務是「以文明治理，督率國民，建設地方自治。」〔註 69〕其後，孫中山又多次闡述了建國三時期思想。

按照建國三時期的思想，訓政時期是以黨治國。1914 年制定的《中華革命黨總章》和 1920 年修正的《中國國民黨總章》都明確規定：「自革命起義之日至憲法頒佈之日，總名曰革命時期；」也即包括軍政時期和訓政時期，在此時期內的黨政關係是「一切軍國庶政，悉由本黨負完全責任。」〔註 70〕具體方法是以俄爲師，黨在國上。「此後欲以黨治國，應效法俄人。」〔註 71〕

〔註 67〕廣東省社會科學院歷史研究室，孫中山全集（第一卷）〔Z〕，北京：中華書局，1981：290～291。

〔註 68〕廣東省社會科學院歷史研究室，孫中山全集（第一卷）〔Z〕，北京：中華書局，1981：297～298。

〔註 69〕廣東省社會科學院歷史研究室，孫中山全集（第三卷）〔Z〕，北京：中華書局，1984：97。

〔註 70〕廣東省社會科學院歷史研究室，孫中山全集（第五卷）〔Z〕，北京：中華書局，1985：402。（《中華革命黨總章》與此只有數字不同，其意完全一致，見廣東省社會科學院歷史研究室，孫中山全集（第三卷）〔Z〕，北京：中華書局，1984：97。）

〔註 71〕廣東省社會科學院歷史研究室，孫中山全集（第八卷）〔Z〕，北京：中華書局，1986：268。

「俄國完全以黨治國，比英、美、法之政黨，握權更進一步」，俄國之所以能夠最終取得成功，「即因其將黨放在國上。」〔註72〕「故吾等欲革命成功，要學俄國的方法組織及訓練，方有成功的希望。」孫中山強調以黨建國，以黨治國，並強調「所謂以黨治國，並不是要黨員都做官，然後中國才可以治，是要本黨的主義實行，全國人都遵守本黨的主義，中國然後才可以治。簡而言之，以黨治國並不是用本黨的黨員治國，而是用本黨的主義治國。」〔註73〕但是，孫中山並沒有關於黨政關係的明確論述，只能從他的言論和實踐中探討他關於黨政關係的趨向。

首先，他在任國民黨總裁和廣東大元帥府期間，對國民黨是以總裁的身份指導國民黨中央黨務，以大元帥身份指揮大元帥府政務，國民黨中央執行委員會對政府沒有指揮、指導、干預之權。國民黨中央執委會第一次全體會議對《對廣東政治財政統一問題案》決議的執行方式爲：「以中央黨部名義建議於本黨總理」〔註74〕。1924 年 7 月，孫中山決定成立國民黨中央政治委員會，輔助他「計劃政治的方針」〔註75〕，政治委員會第十次會議重新明確其職能：「爲唯一討論政治之機關，至於實行，則一方面由於政府，一方面由於中央執行委員會」，強調「其討論結果，將於本會委員有拘束效力」〔註76〕。「政治委員會對政府並無直接指導權和監督權，只能通過約束身爲黨政高層的委員來實現對政府的間接領導。」〔註77〕「國民黨的政治體制形成了這樣一種格局：國民黨中央執行委員會專理黨務，中央政治委員會籌劃政治上的大政方針，中央軍事委員會負責軍事。」〔註78〕

其次，孫中山雖然強調要以黨的主義治國，但也不是不用國民黨黨員治

〔註72〕廣東省社會科學院歷史研究室，孫中山全集（第九卷）〔Z〕，北京：中華書局，1986：103、104。

〔註73〕廣東省社會科學院歷史研究室，孫中山全集（第八卷）〔Z〕，北京：中華書局，1986：282。

〔註74〕榮孟源，中國國民黨歷次代表大會及中央全會資料（上冊）〔Z〕，北京：光明日報出版社，1985：67。

〔註75〕中國第二歷史檔案館，中國國民黨第一、二次全國代表大會會議史料（上冊）〔Z〕，南京：江蘇古籍出版社，1987：194。

〔註76〕〔美〕陳福霖，余炎光，廖仲愷年譜〔Z〕，長沙：湖南出版社，1991：287。

〔註77〕劉斌，試論廣東時期國民黨黨治模式的演變——以黨政關係爲中心〔J〕，大眾文藝，2010（16）：132。

〔註78〕彭厚文，國民黨中央政治委員會的演變述略〔J〕，湖北大學學報，1993（4）：121。

國，在同等條件下，他是要優先任用國民黨黨員的。他說：「至於本黨黨員若是確爲人才，能勝大任的，自當優先任用，以便實行本黨的主義。」只是「倘若有一件事發生，有一個時機或者一個地方，於本黨中求不出相當人才，自非借才於黨外不可。」〔註 79〕就是說，只有國民黨內沒有合適的人才可用的特定的時間、地點，才「借才於黨外」。再次，孫中山不僅是這樣說的，也是這樣做的，無論是在任非常大總統期間還是大元帥期間，他所任用的主要的還是國民黨人。1917 年 7 月至 1918 年 5 月，孫中山在第一次護法運動期間，在廣州設立大元帥府，在大元帥府的重要人員選任上孫中山多用國民黨人，外交總長伍廷芳（林森）、次長王正廷（戴傳賢）、財政總長廖仲愷、次長鄒魯，陸軍總長張開儒（許崇智）、次長崔文藻，海軍總長程璧光、內政總長居正、次長葉夏聲、交通總長胡漢民（馬君武）、參謀總長李烈鈞、衛戍總司令方聲濤、秘書長章炳麟等人多爲同盟會時期便追隨孫中山的老同盟會會員，在 1921 年 5 月至 1922 年 6 月第二次護法運動期間（非常大總統時期），孫中山所選用的重要人員也還是國民黨人居多，外交總長伍廷芳、陸軍部次長程潛、內政總長居正、大理院長兼管司法行政事務的徐謙等人都是國民黨員，至 1923 年 2 月孫中山重返廣州，建立陸海軍大元帥大本營，在一系列重要職務上仍然選用的都是國民黨人：楊庶堪爲大本營秘書長、廖仲愷爲財政部長、程潛爲軍政部長等，這些人事安排反映出孫中山用人上仍傾向於國民黨員，「爲了確保政府能夠貫徹國民黨的主義和精神，孫中山下令在政府機構中建立國民黨基層黨部，責令各政府機關首長加入國民黨，積極發展黨員，使公務人員國民黨化，由此構成制度建設之外的另一種黨治實現方式。」〔註 80〕

　　倒是孫中山逝世後，國民黨對政府的指導、監督關係漸漸明確起來。「1925年 3 月 21 日，廖仲愷在國民黨中央聯席會議上提議，爲紀念孫中山，『改香山縣爲中山縣，由黨施行模範政治，以實現黨綱，訓練實際政治人才』，獲得通過。4 月 20 日，聯席會議又通過廖仲愷的提案，決議由中央執行委員會致函廣東省政府轉飭香山縣長於 5 月 5 日將行政權移交給新任中山縣縣長。省長胡漢民隨即按中央執委會的要求諭令香山縣長如期辦理交接。中山縣縣長

〔註79〕廣東省社會科學院歷史研究室，孫中山全集（第八卷）〔Z〕，北京：中華書局，1986：282。

〔註80〕劉斌，試論廣東時期國民黨黨治模式的演變——以黨政關係爲中心〔J〕，大眾文藝，2010（16）：132。

人選由國民黨中央聯席會議決定、省政府委派，受國民黨中央領導，定期向
其彙報施政情況並向省政府通報。」〔註81〕6 月 14 日，國民黨中央政治委員
會關於改大元帥大本營爲中華民國國民政府的決議決定「關於政治之方針，
由政治委員會決定，以政府之名義執行。」其後，更規定「國民政府各高級
機關（軍事委員會、政府各部、監察院和審政院、司法行政委員會、教育行
政委員會、廣州市政府、廣東省政府各廳、中央銀行等），每月向中政會報告
工作情況及計劃，外交部每半月報告一次，遇緊急情況得隨時報告。」〔註82〕
1926 年 11 月 10 日，廣州國民政府公佈《修正省政府組織法》，明確規定「省
政府於中國國民黨中央執行委員會及省執行委員會指導、監督之下，受國民
政府之命令，管理全省政務。」〔註83〕

　　1925 年 7 月 1 日，國民政府在廣州成立，雖然此時國民政府的統轄權只
有廣東一省，但卻奠定了中國黨治模式的基礎。對於以黨治國，蔣介石在 1928
年 7 月 18 日北平招待各界人士時就指出：「我們必須以黨治國。以黨治國這
句話，有許多人很懷疑的，所以兄弟特別提出來向各位同志說明：以黨治國，
並不是說以黨員治國，是以黨義治國，就是以本黨三民主義來治中國。」〔註
84〕「還有一點要貢獻的，以後各社會各團體，一定要養成黨化、軍隊化，黨
的紀律，是最嚴的，大家都要服從三民主義，和黨的一切章程；軍隊的組織，
也是最細密的；命令發出以後，不能錯一分時間，大家不要以爲軍隊是粗野
的，軍隊實在是最講究組織和紀律的。」〔註85〕南京國民政府成立之後，於
1928 年 8 月 8 日至 15 日召開國民黨第二屆第五次中央全會，蔣介石在會上宣
佈軍政結束，「今後本黨入於訓政時期」，10 月 3 日，國民黨中央常務委員會
委員蔣介石、譚延闓、胡漢民、孫科和戴季陶等 5 人召開第二屆中央第 172
次常務委員會，會上通過了《中國國民黨訓政綱領》，1929 年 3 月 19 日在國
民黨第三次全國代表大會上又予以確認，其內容主要是：「（一）中華民國於

〔註81〕劉斌，試論廣東時期國民黨黨治模式的演變——以黨政關係爲中心〔J〕，大
　　　　衆文藝，2010（16）：132。
〔註82〕陳瑞雲，現代中國政府〔M〕，長春：吉林文史出版社，1988：132、133。
〔註83〕國民政府公報〔N〕，1926（第 50 號），中國第二歷史檔案館，中華民國檔案
　　　　資料彙編（第 4 輯上）〔Z〕，南京：江蘇古籍出版社，1986：76。
〔註84〕秦孝儀，先總統蔣公思想言論總集（卷十）〔Z〕，臺北：中國國民黨中央委員
　　　　會黨史委員會，1984：323。
〔註85〕秦孝儀，先總統蔣公思想言論總集（卷十）〔Z〕，臺北：中國國民黨中央委員
　　　　會黨史委員會，1984：327。

訓政期間，由中國國民黨全國代表大會，國民大會領導國民行使政權。（二）
中國國民黨全國代表大會閉會時，以政權付託中國國民黨中央執行委員會執
行之。（三）依照總理建國大綱所定選舉、罷免、創制、復決四種政權，應訓
練國民逐漸推行，以立憲政之基礎。（四）治權之行政、立法、司法、考試、
監察五項，付託於國民政府總攬而執行之，以立憲政時民選政府之基礎。（五）
指導監督國民政府重大國務之施行，由中國國民黨中央執行委員會政治會議
行之。（六）中華民國國民政府組織法之修正及解釋，由中國國民黨中央執行
委員會政治會議決行之。」〔註 86〕《中國國民黨訓政綱領》確定的原則就是
將政權交給國民黨全國代表大會或國民黨中央執行委員會，將治權交給國民
政府，國民黨中央委員會政治會議指導監督國民政府，實際上是國民黨將政
權與治權全部掌控在其一黨手中。

　　根據《中國國民黨訓政綱領》，國民黨第三次代表大會通過了《確定訓
政時期黨、政府、人民行使政權治權之分際及方略案》，其中規定「培植地
方自治之社會的基礎，宣傳訓政之方針，開導人民接受四權使用之訓練，指
導人民努力完成地方自治所必備之先決條件，並促進一切關於地方自治之工
作，由中國國民黨中央執行委員會指揮並監督下級黨部推行之。決定縣自治
制之一切原則及訓政之根本政策與大計，由中國國民黨中央執行委員會政治
會議行之；但政治會議行使四項職權時，對外不發生直接之關係。實施縣自
治制及執行一切訓政之根本政策與方案，由國民政府及其所屬主管機關行
之。中國國民黨中央執行委員會政治會議，在決定訓政大計指導政府上，對
中國國民黨中央執行委員會負責；國民政府在實施訓政計劃與方案上，對中
國國民黨中央執行委員會政治會議負責。」〔註 87〕訓政時期，關於地方自治
的大政方針由國民黨中央決定；國民黨中央及地方各級黨部主要負責訓政時
期對於訓政工作的宣傳及指導人民完成地方自治的先決條件，配合政府完成
地方自治；國民政府及所屬機關負責對地方自治政策、法令的執行，是地方
自治的施行機關。

　　在訓政開始後，國民黨確立了一黨專政，實現了對國家政治權力的絕對

〔註86〕榮孟源，中國國民黨歷次代表大會及中央全會資料（上）〔Z〕，北京：光明日
　　　　報出版社，1985：658。
〔註87〕榮孟源，中國國民黨歷次代表大會及中央全會資料（上）〔Z〕，北京：光明日
　　　　報出版社，1985：659。

控制，「一切權力全操於中國國民黨」〔註88〕國民政府對國民黨中央執行委員會政治會議負責，由國民黨中央執行委員會政治會議指導監督國民政府大政方針的施行，國民黨中央執行委員會政治會議對國民黨中央執行委員會負責，服從國民黨中央執行委員會的領導，國民黨中央以此途徑來對國家大政方針行使決策權。國民黨中央不但指導監督國民政府的重大國務施行，還掌握了國民政府的人事大權，「國民政府主席及委員、各院院長、副院長及委員、及特任、特派官吏之人選」〔註89〕全部都由國民黨中央執行委員會政治會議決定，並且中國國民黨中央執行委員會還擁有訓政時期《中華民國訓政時期約法》的解釋權，在國家層面，國民黨實現了對政府的完全控制，但是在地方，國民黨地方黨部與地方政府的關係卻與中央相去甚遠。

在國民黨二屆五中全會上還通過了《各級黨部與同級政府關係臨時辦法》，對地方各級黨部與政府之間關係作了界定：「（一）一切地方財政收支須報告於同級黨部，黨部認為不當時，得呈請上級黨部核定辦理；（二）各級黨部對同級政府有建議權，質問權，警告權，及彈劾權；（三）各級黨部與同級政府認為必要時，得開聯席會議，如有不能解決之處，各自呈請上級機關核辦。」〔註90〕此時，地方黨部與同級政府相比，仍然可以對其產生制約效力。1929 年 6 月，國民黨三屆二中全會根據《確定訓政時期黨、政府、人民行使政權治權之分際及方略案》通過了《訓政時期黨務進行計劃案》，正式規定了各級黨部與同級政府的關係：「（一）凡各級黨部對於同級政府之用人、行政、司法及其他舉措，有認為不合時，應報告上級黨部，由上級黨部，由上級黨部轉咨其上級政府處理。（二）凡各級政府對於同級黨部之舉措有認為不滿意時，應報告上級政府，轉咨其上級黨部處理。」〔註91〕與 1928 年 8 月二屆五中全會頒佈的《各級黨部與同級政府關係臨時辦法》相比，意味著地方黨部權力的下降，不但取消了地方黨部對同級政府財政的制約權，甚至連建議權、質問權、警告權及彈劾權也一併取消了，這也意味著地方政府與地方黨部地

〔註88〕國民政府主席蔣中正對政治報告之說明〔N〕，《大公報》（天津版），1931－5－11。
〔註89〕榮孟源，中國國民黨歷次代表大會及中央全會資料（上）〔Z〕，北京：光明日報出版社，1985：797～798。
〔註90〕秦孝儀，革命文獻（第79輯）〔Z〕，臺北：中央文物供應社，1979：98。
〔註91〕榮孟源，中國國民黨歷次代表大會及中央全會資料（上）〔Z〕，北京：光明日報出版社，1985：757。

位平等，自成系統。1930 年 11 月 18 日，在國民黨三屆四中全會上通過的《對於各級黨部及全體黨員之訓令》很能說明國民黨中央是如何看待國民黨與國民政府之間關係，其中強調：「吾黨主義之實施與政綱、政策之推行，當完全透過黨之最高權力機關而付託之於政府，決無敢於黨部對於每級政府施以節節之干涉，甚或加以事事吹求。吾人必須以代表各級黨部之整個黨的最高權力機關，督責代表各級政府之整個國民政府以施行黨治。乃足達到政令一貫制目的。若欲以每一級黨部督責其同級政府施行黨治，則不啻視各級黨部為各個離立之政黨，而以之督責各級政府施行其各有所見之黨治，則亦不啻視各級政府為各個離立之政府，豈不大謬！」〔註 92〕對於地方黨部與政府，國民黨中央執行委員曾養甫也指出：「黨部與政府應相互協助也，黨的作用，在提挈政府與人民，向三民主義之終極點前進，既如上述，故黨部與政府乃一氣相屬之機關而非彼此對立者也。政府以急於日行政務之應付，於黨義或未及深研，則黨部指導之；政府以牽於環境，格於例規，欲革新而勢或有所不許，則黨部提挈之；其或政務密集，易生惰性，則黨部督促之。黨之於政，相成而非相劫，相輔而非相消，必如是而後黨政相關之效用以生。」只是這種理想的狀態最終被證明是國民黨中央的一廂情願，地方黨政關係問題十分嚴重，「政府時憤黨部之干涉牽制，尚空言而不負責任，黨部則時詬政府之拘陳腐朽，背主義而不肯革新，其甚者，意氣相爭，權術相尚，官治與黨治，遂如水火之不能相容」〔註 93〕。

雖然蔣介石說：「在訓政時期，黨員就是民國的主人」〔註 94〕。但國民黨的權力卻難以達到基層黨部。從已有的資料看，地方黨部的權力在訓政初期受到了嚴重限制：一、地方黨部沒有設立地方法規的權力；訓政綱領中規定的以國民黨代行政權，是指由國民黨中央代表整個的立法權，國民黨中央政治會議所決定的立法原則，立法院不得違背或否決，各省設立的政策法規必須事先送呈國民黨中央，通過後才能施行。「縣立法以縣自治完成為前提。」在從 1928 年開始之後的訓政時期，「縣只是地方行政組織，其立法作用，中央與省已能完成之；故在此時期，縣無所用其立法。縣黨部於此訓政之始，

〔註 92〕 榮孟源，中國國民黨歷次代表大會及中央全會資料（上）〔Z〕，北京：光明日報出版社，1985：905～906。

〔註 93〕 曾養甫，本黨今後努力之途徑〔N〕，中央週報，1930（增刊）。

〔註 94〕 秦孝儀，先總統蔣公思想言論總集（卷十四）〔Z〕，臺北：中國國民黨中央委員會黨史委員會，1984：137。

最重要之工作，在訓練人民接受主義，行使政權，庶於六年期間，得以完畢
其訓政之大業。」「至訓政綱領所謂訓政時期黨得代行政權，是由中央代表整
個立法權，如中央政治會議所決定之立法原則，立法院不得有所違背或否決；
更如各省之單行法，須送由中央通過，是其明證。各級黨部不得支離破碎，
多所旁務也。」〔註95〕二、地方黨部黨員不能代行直接民權；「黨與政府的關
係，係以整個的黨監督指導整個的政府，非以各級黨部監督其各級政府；更
非以黨員個人行使監督政府之權。」並且地方黨部在訓政時期「職責在訓民
以政，黨員自應在黨的指導下努力於本黨政綱政策之實現，而不應汲汲於四
權的代行。」〔註96〕所以，地方黨員個人不能代行選舉、創制、復決、罷免
的直接民權。甚至國民黨地方黨務人員在性質上，「不能認為公務員」〔註97〕，
只是普通民眾。三、地方黨部對同級政府只有建議權，其決議對政府沒有強
制力；「縣代表大會關於縣政之決議，只能建議於縣政府，而縣政府有自由取
捨之權。」因為在制度設計上，縣政府既不是縣代表大會的隸屬機關又不是
執行機關，縣代表大會對縣政府沒有強制的權力。「至縣代表大會之決議案確
有執行之必要，而縣政府不予執行者，可呈請省黨部轉咨省政府核辦。」〔註
98〕「縣代表大會非永久存在機關，在閉會期間，一縣黨的權力機關為執行委
員會，按總章所規定，縣代表大會之決議，仍應由執委會執行，而執委會執
行決議則有一定之手續，亦應呈報上級黨部斟酌核辦，不得強縣政府以必行
也。」〔註 99〕「各級黨部不得干涉、接受及批答關於民刑訴訟事件，並不得
對黨外團體用命令式之公文。」〔註 100〕四、地方黨部對政府只有稽查權，沒
有處置權；「省縣監委會雖得稽核同級政府之施政方針及政績是否根據本黨政
綱及政策，但稽核之職權與對於稽核所得結果加以糾正之職權，純為兩事，

〔註95〕中央黨務月刊（第 16 期）〔N〕，中國國民黨中央執行委員會秘書處印行，1929
　　　　－11（11）。
〔註96〕中央黨務月刊（第 16 期）〔N〕，中國國民黨中央執行委員會秘書處印行，1929
　　　　－11（12）。
〔註97〕中央黨務月刊（第 52 期）〔N〕，中國國民黨中央執行委員會秘書處印行，1932
　　　　－11（778）。
〔註98〕中央黨務月刊（第 16 期）〔N〕，中國國民黨中央執行委員會秘書處印行，1929
　　　　－11（13）。
〔註99〕中央黨務月刊（第 16 期）〔N〕，中國國民黨中央執行委員會秘書處印行，1929
　　　　－11（14）。
〔註100〕秦孝儀，革命文獻（第 79 輯）〔Z〕，臺北：中央文物供應社，1979：183。

且稽核者尤以不參與行政會議爲宜。」「縣黨部參與縣政會議」，會導致「混淆黨政系統，轉茲糾紛」〔註101〕明令禁止。甚至縣政府召集各區區長舉行的縣政會議，縣黨部「除經該縣政府函請派員列席外，毋庸參加」，因爲「縣政務會議純屬行政範圍」〔註102〕與縣黨部無關。

　　這種黨政分立的地方黨政關係，不但使得官僚隊伍擴大，更使得地方政府與地方黨部之間矛盾尖銳，地方黨部雖然在實質上只是宣傳黨義、推進自治的宣傳機構，是地方政府及軍隊的喉舌，但是在以黨治國的體制下，黨部對政府具有監督權，1929 年 12 月 5 日，國民黨中央監察委員會第二次全體會議上通過《各級監察委員會稽查各同級政府施政方針及政績通則》的決議，同月 19 日在國民黨中央執行委員會第五十八次會議上此決議得到通過並予以公布施行，其中規定「中央及省市縣政府之施政方針應及時函至同級黨部執行委員會轉監察委員會稽核；各級監察委員會稽核同級政府施政方針如與本黨政綱政策不合者得附意見函由執行委員會轉請同級政府修改。」「中央及省縣市政府於每年須將政績造具報告書送同級黨部執行委員會轉監察委員會稽核；各級監察委員會稽核同級政府政績發現有違反本黨政綱及政策者得提出彈劾案於各同級執行委員會。」〔註103〕各同級執行委員會收到彈劾案後轉程上級黨部執行會，再由上級黨部執行委員會轉請其上級政府辦理，可以看出監察權仍然是以《訓政時期黨務進行計劃案》爲依據，而且對於同級政府的財政並不能予以監督〔註104〕，這種監督權並不能保證黨部對政府的約束力，黨部對從政黨員又沒有制度上的約束力，甚至連檢舉違法失職都被國民黨中央明令禁止，「並未許可各級黨部對於公務失職之個人違法有檢舉之職權。」〔註105〕以至於黨政衝突不斷，「政府爲泄憤起見，不惜在經費及行政方面，不予黨部以便利，而黨部爲報復計，則籍核查政府施政方針與政績之權，彈劾

〔註101〕中央黨務月刊（第 16 期）〔N〕，中國國民黨中央執行委員會秘書處印行，1929－11（15）。

〔註102〕中央黨務月刊（第 101 期）〔N〕，中國國民黨中央執行委員會秘書處印行，1936－12（1263）。

〔註103〕中央黨務月刊（第 17 期）〔N〕，中國國民黨中央執行委員會秘書處印行，1929－12（34～35）。

〔註104〕中央黨務月刊（第 31 期）〔N〕，中國國民黨中央執行委員會秘書處印行，1931－2（265）。

〔註105〕中央黨務月刊（第 15 期）〔N〕，中國國民黨中央執行委員會秘書處印行，1929－10（5）。

並限制政府措施，使政府一籌莫展。」〔註106〕在 1929 年，江蘇省政府民政廳廳長繆斌藉口抓改組派竟然派人將江蘇省黨部宣傳、訓練兩部大小職員二十餘人用繩索綁縛，拘押了二十餘日，導致輿論譁然〔註107〕。更有甚者，黨部人員性命都受到嚴重威脅，1929 年前後，四川兩名縣黨部指導委員冉開先、周復生先後被害，以至於國民黨中央執行委員會向四川省政府和當地駐軍發出命令，「嚴飭四川省政府及各軍切實保護黨務工作人員，如有糾紛時應遵照第五次全體會議決議，分別呈請上級黨部和政府會同處理」對黨務人員不准私自逮捕〔註108〕。如此種種，削弱了國民黨的權威，從基層動搖了國民黨的統治基礎，國民黨中央宣傳部副部長程天放在視察了河南省黨務後指出國民黨黨員不但數量少，而且往往集中在縣城，「有許多縣份，鄉村裡面一個黨員都沒有，於是本黨的工作也就限於城區一隅之地。」對於鄉村事情漠不關心，「縣以下的黨部，大多數工作都很鬆散」，各縣黨部的黨員往往兼職，不能專心做黨務，「有些縣黨部連會議記錄都沒有」〔註109〕，黨部與黨員之間關係脫節，更是遠離民眾。在 1947 年 3 月，中國國民黨第六屆三中全會在檢討過去黨政關係時指出，在訓政時期「黨不能管理從政黨員，更未根據政綱予以指導。因此黨失掉了實際政治中心的作用，使黨員不能看重他。而從政黨員未執行黨的政策，黨亦無如之何。」〔註110〕

　　國民黨在發展歷程中，一向是注重上層，忽視下層民眾，其組織並未能深入基層，只是在國共合作時期，才在蘇俄及中共的幫助下，國民黨組織才得以貫徹至基層，但國民黨「僅襲用俄共組織的形式，而未能得其組織內涵，組織形式與意識形態相脫離」〔註111〕，致使其基層黨組織渙散、黨力不足。在國共合作時期，中共在基層的嚴密組織、對民眾的強大動員能力有效彌補了國民黨的不足，國民黨在 1927 年發動反革命政變之後，致力於基層組織、民眾運動的國民黨中的共產黨員及國民黨左派被趕出國民黨，使得原先已經

〔註106〕蕭文哲，改善省以下各級政治機構芻議〔N〕，中央周刊，1938－12－22（第一卷第二十期）。

〔註107〕江蘇文史資料選輯（第九輯）〔Z〕，南京：江蘇人民出版社，1982：71～76。

〔註108〕中央黨務月刊（第 12 輯）〔N〕，中國國民黨中央執行委員會秘書處印行，1929－7。

〔註109〕程天放，視察河南黨務後的感想——1931 年 4 月 20 日在中央紀念周的演講〔N〕，中央周報（第 151 期）。

〔註110〕秦孝儀，革命文獻（第 80 輯）〔Z〕，臺北：中央文物供應社，1979：439。

〔註111〕王奇生，中國近代通史（第七卷）〔M〕，南京：江蘇人民出版社，2006：446。

渙散的國民黨基層組織更加失去活力。另一方面，蔣介石在國民黨內的政治
鬥爭中是依賴軍權與汪精衛、胡漢民等相抗衡，在訓政初期蔣介石對黨權並
不能完全掌控，汪精衛、陳公博的改組派一度甚囂塵上，所以在制度設計上，
蔣介石更多的是利用軍事實力來影響政治，也正因此，此時所謂的黨國體制
僅僅停留在中央層級，在地方上更多的是以軍事實力來影響政治，地方黨部
大多數成為擺設，以黨治國是一句空話。蔣介石也認識到了這種情況：「到
了現在本黨差不多是奄奄一息，沉寂無聲，一般民眾不僅對黨無信仰，而且
表示蔑視，這就是由於黨員不負責任，不知恥辱，因此黨的基礎就敗壞了！」
〔註112〕

　　抗戰爆發後，1938 年 3 月 29 日至 4 月 1 日，中國國民黨於武漢召開了臨
時全國代表大會，在這次大會上國民黨中央認為「就黨政關係言，本黨執政
以後，黨政似成為兩個重心，除中央有正常之黨政關係外，各級地方，此兩
個重心始終處於似並立而非並立之地位，因之地方政府之設施，與黨部之工
作，有往往未盡協調之處。」〔註113〕因此必須對地方黨政體制進行重新調整，
在 3 月 31 日通過的《改進黨務並調整黨政關係案》中，明確指出：「調整黨
政關係之原則：①中央採取以黨統政的形態；②省及特別市採取黨政聯繫的
形態；③縣採取黨政融化，即融黨於政的形態。」〔註114〕融黨於政並不意味
著消除國民黨地方黨部的組織和工作，「其真義乃在使黨政合為一體。」〔註115〕
對地方黨部組織情況，大會也做了相應調整，「地方黨部於設置委員制外，在
省應採取主任委員制，在縣採取書記長制，在區以下採取書記制」〔註116〕，
縣書記長，由省黨部呈請中央從縣黨部委員中指定一人擔任，縣黨部會議以
書記長為主席，對於會議的決議，書記長擁有最後決定權。「縣政府設地方自
治指導員一人，由縣黨部書記長兼任之，協助縣長指導地方自治之籌備事宜。
並增設社會科，受指導員之命，專司民眾之組織與訓練及籌備地方自治事宜；

〔註112〕秦孝儀，先總統蔣公思想言論總集（卷十六）〔Z〕，臺北：中國國民黨中央
　　　　委員會黨史委員會，1984：27。
〔註113〕榮孟源，中國國民黨歷次代表大會及中央全會資料（下）〔Z〕，北京：光明
　　　　日報出版社，1985：501。
〔註114〕榮孟源，中國國民黨歷次代表大會及中央全會資料（下）〔Z〕，北京：光明
　　　　日報出版社，1985：477。
〔註115〕秦孝儀，革命文獻（第 80 輯）〔Z〕，臺北：中央文物供應社，1979：48。
〔註116〕榮孟源，中國國民黨歷次代表大會及中央全會資料（下）〔Z〕，北京：光明
　　　　日報出版社，1985：477。

必要時得兼辦兵役事宜。」〔註117〕除此之外，各縣還須設立地方自治籌備委員會，並且「由縣黨部及地方民眾團體共同選舉若干人組織之。」地方自治籌備委員會成立之後，即進行籌備設立縣參議會，作爲設立地方民意機關的準備，縣參議會的權力很大，縣政府的「預算、決算及其施政方針，須經縣參議會通過。」〔註118〕在縣參議會未能成立之前，由地方自治籌備委員會代行其職權。縣書記長與地方自治籌備委員會的設立，表明地方黨部向同級政府進行滲透，黨政逐漸融合。

　　在 4 月 8 日國民黨五屆四中全會上，蔣介石發表了《改進黨務與調整黨政關係》的演講，強調「縣以下每一區須有一個區黨部，每一鄉鎮至少須有一個區分部」〔註119〕。根據蔣介石的提議，1939 年 1 月 26 日，國民黨中央常務委員會提出《改進縣以下黨政機構案之實施案》，提出由四川、貴州、江西、陝西等省各劃出兩個縣試行此項計劃，並提出在縣設置縣政計劃委員會的建議，該委員會直接隸屬於國民政府行政院，「主任委員必須由一富有資望且長於行政學識之人員充任之，黨部及內政部應各派一人爲委員。」對於縣政計劃委員會的職權，方案中指出：「（1）擬定與新制有關之法規；（2）推薦推行新制各縣所必須之人才（包括縣長）；（3）考察推行新制各縣之實際情形並提出報告。」〔註120〕由地方黨部和內政部組織的縣政計劃委員會擁有推薦縣長的權力，表明在制度設計上地方黨部地位的提高及對同級政府的約束力加強。雖然國民黨中央對地方黨政制度做出改變，但在抗戰期間，很多地方黨政機構癱瘓，尤其是地方黨部往往人去樓空，很難落實到基層，例如 1937 年無錫淪陷，江蘇省黨部命令原無錫縣黨部委員高祖羔爲縣黨部書記長，結果高祖羔上任後發現不但沒有經費，甚至手下連一個工作人員都沒有，自己一個光杆司令，工作不能開展，只能辭職，即使省黨部另外又派人繼任，仍然無法展開工作〔註121〕。

〔註117〕榮孟源，中國國民黨歷次代表大會及中央全會資料（下）〔Z〕，北京：光明日報出版社，1985：482。

〔註118〕榮孟源，中國國民黨歷次代表大會及中央全會資料（下）〔Z〕，北京：光明日報出版社，1985：482。

〔註119〕胡夢華，臨全大會以來本黨的建設〔N〕，中央周刊（第一卷第 25 期），1939－1－25。

〔註120〕秦孝儀，革命文獻（第 79 輯）〔Z〕，臺北：中央文物供應社，1979：481。

〔註121〕無錫文史資料（第六輯）〔M〕，無錫：江蘇省無錫縣委員會文史資料研究委員會，1983。

　　1941 年 3 月 24 日至 4 月 2 日，國民黨中央在重慶召開了五屆八中全會，此次會議從增強黨部在政府中組織和加大黨部對政府的監督權兩方面入手試圖實現國民黨臨全大會提出的黨政體制。在會議開幕時蔣介石就提出要「加強國民黨在人民團體和政府機構的組織和活動。」〔註122〕在《對黨務報告的決議案》中也提出「今後宜於各政府機關內普遍加強黨之組織。」〔註123〕根據蔣介石的建議，國民黨中央組織部提出《加強政府機關內黨的組織及活動案》，提案中指出「今後應加強本黨在政府機關之組織與活動，即在各級政府機關內普遍建立黨部，並採用『由黨部指揮在機關中服務之黨員』由在機關中服務之黨員各自在其工作崗位上，將本黨政綱政策及一切決議案表現爲實際的設施之方式，以求本黨主義之實現。」並強調「在政府機關內服務之黨員，應絕對服從該機關黨部的命令，出席黨的各種會議，執行黨部所分配之工作。」〔註124〕還提出「極力發展黨的力量，以黨的力量推動一切國防建設計劃」〔註125〕要大量培養黨內人才，以充實於行政工作。另一方面，全會還通過了《增進各級黨部與政府之聯繫並充實本黨基礎案》，提出省縣黨部「對其下一級行政機關，如行政督察專員公署、縣政府區署及鄉鎮公所」〔註126〕協助督導其施政方針及政績是否根據本黨政綱及政策，並監督其實施，不再局限於只稽核同級政府，但地方黨部的權力也還是局限於監督權。

　　1942 年，國民黨五屆十中全會通過《關於革新本黨精神策進黨政工作》，對於地方黨務，提出「提高縣黨部書記長之地位與人選標準，以書記長兼任縣長爲原則；以區黨部書記兼任鄉鎮長或中心學校國民學校之校長，實施即教即行與黨政學三者合一之方針。」〔註127〕至此，國民黨中央明確提出由縣黨部書記長兼任縣長，由區黨部書記兼任鄉鎮長。而在之前，縣長、區長的產生是與地方黨部沒有關係的，1928 年 6 月國民政府公佈《縣組織法》中規

〔註122〕榮孟源，中國國民黨歷次代表大會及中央全會資料（下）〔Z〕，北京：光明日報出版社，1985：664。
〔註123〕榮孟源，中國國民黨歷次代表大會及中央全會資料（下）〔Z〕，北京：光明日報出版社，1985：681。
〔註124〕榮孟源，中國國民黨歷次代表大會及中央全會資料（下）〔Z〕，北京：光明日報出版社，1985：695～696。
〔註125〕秦孝儀，革命文獻（第 80 輯）〔Z〕，臺北：中央文物供應社，1979：145。
〔註126〕榮孟源，中國國民黨歷次代表大會及中央全會資料（下）〔Z〕，北京：光明日報出版社，1985：697。
〔註127〕秦孝儀，革命文獻（第 80 輯）〔Z〕，臺北：中央文物供應社，1979：265。

定：縣長「由民政廳提出合格人員二人至三人經省政府議決任用之」〔註128〕，
區長在選民選出前「由民政廳就訓練考試合格人員委任之。」〔註129〕1934 年
12 月，立法院通過的《縣自治法》中，指出縣長「由縣民大會選舉之，報經
上級機關給予任狀，縣長候選人以經中央考試或銓定合格者爲限。」〔註130〕
立法院同時通過的《縣自治施行法》中規定：「縣長未民選以前，其任用依縣
長任用法之規定。」〔註131〕但是在實際的政治運作中，縣長的任命權掌握在
所在省份的軍政首腦手中，「省黨部乃至中央黨部均無權讓縣黨部書記長兼任
縣長」，而地方黨部基本上掌握在 CC 系的手中，「省政府和中央政府也無法讓
縣長兼任縣黨部書記長。」〔註132〕

　　1946 年 3 月，國民黨六屆二中全會通過《對於黨務報告之決議案》，提出：
「已正式成立之省（市）黨部主任委員及縣（市）書記長，由各該執行委員
會選舉之。」「縣（市）以上各級黨部設政治委員會，由各該黨部就黨政幹部
同志中遴選委員若干人組織之，負政治之設計運用及指揮監督從政黨員之
責，原有之黨政特別小組及黨政聯繫等辦法，概行取消。」〔註133〕從中可以
看出，縣黨部書記長已經不再是由省黨部委任，而是由該級黨部執行委員會
自行選舉，政治委員會是由地方黨部遴選黨政人員組成，不再是縣政計劃委
員會時需要地方黨部和內政部聯合組成，並且負責政治上的設計運用，甚至
可以指揮監督從政黨員。關於地方黨部對從政黨員的管理，1947 年 3 月國民
黨六屆三中全會相繼通過了《關於各級秘密性之政治委員會與政府及民意機
構間相互關係之決議》和《關於訓練黨務經費及黨政關係之綜合決議案》兩
個決議案，《關於各級秘密性之政治委員會與政府及民意機構間相互關係之決
議》指出：「中央至地方設有各級秘密性之政治委員會，以控制從政黨員。凡
本黨決定之政策，須賴政府執行或監督指導實施者，由黨部提同級政治委員

〔註128〕焦如橋，劉振東，縣政資料彙編〔Z〕，影印本，重慶：中央政治學校，1939：208。
〔註129〕焦如橋，劉振東，縣政資料彙編〔Z〕，影印本，重慶：中央政治學校，1939：212。
〔註130〕焦如橋，劉振東，縣政資料彙編〔Z〕，影印本，重慶：中央政治學校，1939：252。
〔註131〕焦如橋，劉振東，縣政資料彙編〔Z〕，影印本，重慶：中央政治學校，1939：261。
〔註132〕王奇生，中國近代通史（第七卷）〔M〕，南京：江蘇人民出版社，2006：290。
〔註133〕秦孝儀，革命文獻（第 80 輯）〔Z〕，臺北：中央文物供應社，1979：397。

會決定，命令從政黨員於政府中制定方案，作爲施政之依據，並檢討其成效。」
〔註134〕《關於訓練黨務經費及黨政關係之綜合決議案》指出：「關於黨政關係
者：一、加強政治領導，確定從政黨員管理辦法，嚴格施行。二、迅速成立
省縣政治委員會，並加強其組織，以指導監督省縣行政，並嚴格管理從政黨
員。三、從政黨員如違反本黨主義、政綱、政策，或奉行不力者，黨應予以
適當之懲處。並於省縣政治委員會組織章程中增加如下一項：『對於同級政府
從政黨員之違反本黨主義、政綱、政策及黨的決議，或奉行不力者，得提請
上級黨部予以適當之懲處。』」〔註135〕地方黨部以政治委員會爲中介對地方政
府有指導權，監督權，對政府內的從政黨員更是能加以約束，表明地方黨部
在制度設計上已經凌駕於同級政府之上。

　　30 年代後期，隨著蔣介石在國民黨地位的逐漸穩固，國民黨內矛盾已經
逐步由擁蔣與反蔣派的矛盾變爲擁蔣派內部各派系之間矛盾。1938 年 3 月國
民黨臨時全國代表大會上，通過對黨政機構進行調整，蔣介石正式成爲國民
黨總裁後，在國民黨中實現法理上的獨裁，黨權也被視作控制社會的一個重
要工具，因此加強地方黨務建設，提高地方黨部的地位就迫在眉睫。另一方
面，抗戰後，雖然國共實現了二次合作，但是「中共的邊區政府和隨後建立
的一系列根據地迅速發展壯大，其嚴密的組織，與民眾的緊密結合，蓬勃的
發展勢態使國民黨顯得既羨慕又擔憂，他們針對中共的基層政策，提出了一
系列的應對辦法。」〔註136〕地方黨政體制由並立到融合也是中共的組織形式
對國民黨的影響結果。

　　國民黨在訓政時期對地方黨政體制的構建經歷了一個變化過程，從抗戰
前的黨政分開逐漸向黨政融合過渡，企圖以加強國民黨基層黨部的力量來重
新整合政治資源，將黨治由僅僅中央一級轉爲從中央到地方各級，但是國民
黨本質上不是一個組織嚴密的政黨，其基層組織薄弱，不能深入群眾，地方
黨部力量弱小，雖然蔣介石 1938 年後成爲國民黨的總裁，但他並能使得國民
黨一躍成爲組織嚴密、紀律嚴格的政黨，也不能使國民黨地方黨部能夠眞正

〔註134〕榮孟源，中國國民黨歷次代表大會及中央全會資料（下）〔Z〕，北京：光明
　　　　日報出版社，1985：1125。
〔註135〕榮孟源，中國國民黨歷次代表大會及中央全會資料（下）〔Z〕，北京：光明
　　　　日報出版社，1985：1129。
〔註136〕曹成建，二十世紀三、四十年代國民黨基層控制政策的新趨向〔J〕，民國檔
　　　　案，2007（4）。

凌駕政府之上，只能在制度設計上進行調整，而且蔣介石是以軍權起家，進而駕馭政權、黨權，在國民黨的體制內軍權佔據首要位置，不論國民黨中央如何在制度上進行調整而不對國民黨進行徹底的改造，地方黨部的力量是難以駕馭政府，地方黨政關係也不會達到預期目標，也正因為如此，黨國體制並不能真正建立，訓政難以達到孫中山預期目標，地方自治更是一句空話。

結　語

　　中央與地方關係，是古今中外都需要解決的一個問題，地方自治是西方
國家在歷史的長河中逐漸摸索出的符合自身條件的一種行之有效的方式，在
近代傳入中國。1840 年後滿清政府屢次在對外戰爭中失敗，國家主權、領土
受到嚴重侵犯，救亡圖存是爲此後百年中國仁人志士面臨的首要任務，雖然
一些知識分子向國人宣傳了不少西方先進的政治理念，但是其目的還是爲了
救亡圖存，地方自治便是其中之一。滿清政府新政及北洋政府施政中的地方
自治是順應了這一潮流，但其實質卻不是爲了實現眞正意義上的地方自治，
而是輔助傳統官僚統治。孫中山地方自治思想是他認眞吸取歐美各國地方自
治思想的先進因素，並結合中國當時社會中的現實狀況，進而加以總結形成
的一套在當時看來超於時代的先進設想。孫中山的地方自治思想的最終目的
是爲了實現民主，在理論上是與他主張的三民主義、五權憲法緊密相連，五
權憲法標榜權能分開，中央層級的五權分立、互相制衡，其基礎是直接民權，
只有直接民權的普及深入才能使得國民大會眞正擁有制約政府的權力，直接
民權的普及恰恰是孫中山要求的地方自治的主要目的，而民權的運用又是三
民主義中民權主義的核心。另外，孫中山的地方自治思想還與他所提出的革
命程序論（即軍政——訓政——憲政）密切相關，訓政時期的主要工作便是
地方自治，孫中山認爲中國民眾受到長達數百年來的奴役，已經徹底成爲封
建社會下的愚民，沒有自治能力，必須依靠以三民主義爲圭臬的革命政府訓
導民眾逐漸學會自治，訓政的主導者便是黨國體制下的執政黨，對應的是孫
中山創立的中國國民黨，信奉三民主義、五權憲法的國民黨政府對缺乏自治

能力的廣大民眾進行訓導，完成地方自治的準備條件並指導民眾進行地方自治，待民眾在完成地方自治過程中掌握了民權運用，順利過渡到憲政時期。孫中山地方自治的設想是爲了民眾自治能力的形成以及在地方自治過程中對民權的掌握運用，也是訓政時期黨國體制的主要指導思想。

但是孫中山地方自治思想的實現在 20 世紀初年的中國社會存在多方面的制約：

一、中國兩千年來的中央集權制不但表現在政治制度上，也反映在政治文化上，民眾成爲專制制度下的順民、愚民，地方自治並不是中國社會的傳統，中國歷來的傳統是中央政府權力下達縣一級，縣級以下以鄉紳代替官府對民眾編組，以血緣、宗族聯繫爲紐帶，並非是要讓民眾實施自治，自己管理自己事務，只不過是當時的封建王朝難以建立嚴密的體系來對每一個社會個體進行控制，只能用鄉紳來管理廣大農村地區，長久以來的專制傳統不可能短時間內改變。

二、當時中國社會歷史條件的制約。20 世紀初年清王朝崩潰，中華民國建立，但這已經不是中國傳統的王朝更迭，是一個嶄新的先進的政治體制代替落後的腐朽的封建王朝體制，社會處於一個劇烈的轉型期。從更長遠來看，1840 年鴉片戰爭後中國社會在西方殖民主義者的侵略下就開始了痛苦的轉變，只是這種轉變直到 1912 年清政府覆亡才開始在制度層面上進入徹底變革時期。中華民國是以一種嶄新的政治形態出現在政治舞臺上，封建社會向現代社會的過渡，不僅僅是上層建築的改變，更重要的是基層政治生態的變化，但另一方面，雖然鴉片戰爭後中國半殖民地化日益加深，至 20 世紀初年，中國廣大的農村依舊是以小農經濟爲主，分散的自然經濟要求政治上採取集權。另一方面，中國在 20 世紀上半葉一直處於動蕩不安的局面，先是北洋軍閥割據，南京政府建立之後國民黨內依舊是眾多派系割據一方，日本帝國主義更是虎視眈眈，從九一八事變至一二八事變、長城抗戰，日軍先是侵佔了東三省，後又擴展到長城一線，從 1937 年七七事變開始全面抗戰爆發，八年抗戰，半壁江山淪喪，兩千萬民眾喪生，經濟損失更是高達數千億美元，因爲處於戰爭期間，運用高度集中統一的軍事化方法達成目標是順理成章的事情，必須要求高度集權，地方自治中的分權要求成爲與當時局勢相背離的因素，在戰爭狀態下中央政府更需要進行集權，而不是地方自治倡導分權，錢穆指出：「中國今日之大病，在貧在弱，使貧弱不治，斷不足以自立於今日之

世界，更何論夫民主！故中國之新政治，首當求富求強，新中國之理想的地方自治，亦必以求富求強，自生自保爲目的。」〔註1〕

　　三、中國國民黨的性質和狀況。中國國民黨1927年建立的南京國民政府標榜繼承孫中山思想，進入訓政、實施地方自治，更多是以繼承孫中山思想爲由尋求統治的合法性。國民黨不是其一再宣稱的代表全民族、各階級的政黨，1928年宣佈進入訓政階段的中國國民黨已經不是第一次國共合作時期的國民黨，1927年清黨之後，國民黨不但與中共存在著尖銳的矛盾，與民眾也處於深刻的矛盾之中，國民黨爲了統治需要必然要求集權。其次，國民黨黨外存在著力量強大的反對派，中共和民主黨派對國民黨的集權、獨裁統治一直沒有認可，中共的工農武裝割據，民主人士對國民黨獨裁的批判，都在動搖著國民黨的統治基礎。再次，國民黨內也不團結，派系眾多，從同盟會時期開始便存在各種力量，直到中國國民黨時期也沒有轉變成一個有堅強組織、嚴密紀律的政黨，孫中山在時能夠整合各方派系，孫中山逝世後國民黨內的派系糾紛尤其嚴重，桂系、晉系等地方勢力派不但擁兵自重，而且控制著所在地盤的人事、財政，集權統治尚且不能穩定，如果實施分權則國民黨的統治更加危險。

　　孫中山等人從西方民主制度中找到救治中國需要民主，因而提出了民主與憲政的思想，在中央與地方關係上主張地方自治，通過直接民權來實現民主化。國民黨宣稱繼承孫中山遺教，施行三民主義、五權憲法，但在上述各方面條件制約下，地方自治又與其建立強力統治的目標極爲矛盾，形成政治上的悖論。這是中國特殊的社會歷史條件造成的。

　　綜上所述，中國需要民主，需要地方自治，但是不能一蹴而就，必須經歷長時間的過程，另一方面20世紀上半葉的地方自治在國民黨領導下又無法完成，只能以失敗而告終。中國民主的方向是不容逆轉的，但必須要經過歷史的迂迴才能實現。孫中山設計的地方自治，直接民權與間接民權相結合而達於民主憲政的路徑，表達了當時中國資產階級追求民主憲政的良好的意願，但卻由於種種因素未能實現。時至今日，中國的社會歷史條件已經發生了天翻地覆的變化，中國需不需要地方自治？需要什麼樣的地方自治？通過什麼樣的路徑實現？是在未來的長期實踐中需要進一步深入探討的課題之一，孫中山的理想設計和南京政府的實踐或可爲我們提供可資借鑒的正反兩方面的參數。

〔註1〕錢穆，論地方自治〔J〕，東方雜誌（第41卷第11號）。

參考文獻

一、報刊

1. 申報
2. 大公報
3. 民國日報
4. 政府公報（1928 年～1949 年）
5. 中央日報
6. 湘報，中華書局影印本，1965
7. 中央黨務月刊
8. 東方雜誌
9. 中央周刊
10. 地方自治半月刊社，地方自治

二、史料

1. 曾國藩，曾文正公全集〔Z〕，刻本，清同治光緒間傳忠書局。
2. 駱秉章，駱文忠公奏稿〔Z〕，刻本，清光緒 17 年（1891 年）。
3. 王錫祺，小方壺齋輿地叢鈔再補編〔Z〕，排印本，上海：著易堂，清光緒 23 年（1897 年）。
4. 大清會典事例〔Z〕，石印本，清光緒 34 年（1906 年）。
5. 載澤，考察政治日記〔Z〕，鉛印本，清光緒 34 年（1906 年）。
6. 內政年鑒編撰委員會，內政年鑒〔Z〕，上海：商務印書館，1936 年。
7. 地方自治法規輯要〔Z〕，南京：正中書局，1936 年。

8. 焦如橋、劉振東，縣政資料彙編〔Z〕，影印本，重慶：中央政治學校，1939 年。

9. 蔣介石，改進黨務與調整黨政關係〔M〕，南京：正中書局，1939 年。

10. 國民政府行政院，國民政府年鑒〔Z〕，重慶：中心印書局，1943 年。

11. 行政院縣政計劃委員會，總裁地方自治言論〔Z〕，南京：正中書局，1943 年。

12. 中國史學會，戊戌變法〔Z〕，上海：上海人民出版社，1957 年。

13. 中國史學會主編，洋務運動〔Z〕，上海：上海人民出版社，1961 年。

14. 中國人民銀行總行編輯室，中國近代貨幣史資料〔Z〕，北京：中華書局，1964 年。

15. 趙爾巽，清史稿〔Z〕，北京：中華書局，1976 年。

16. 秦孝儀，革命文獻（第 71 輯）〔Z〕，臺北：中央文物供應社，1977 年。

17. 秦孝儀，革命文獻（第 79 輯）〔Z〕，臺北：中央文物供應社，1979 年。

18. 秦孝儀，革命文獻（第 80 輯）〔Z〕，臺北：中央文物供應社，1979 年。

19. 廣東省社會科學院歷史研究室、中國社會科學院近代史研究所中華民國史研究室、中山大學歷史系孫中山研究室合編，孫中山全集（全 11 卷）〔Z〕，北京：中華書局，1981 年。

20. 中國國民黨黨史委員會，中華民國重要史料初編（對日抗戰時期）〔Z〕，臺北：中國國民黨中央委員會黨史委員會，1981 年。

21. 湯志鈞，康有為政論集〔Z〕，北京：中華書局，1981 年。

22. 劉錫鴻，英軺私記〔Z〕，長沙：湖南人民出版社，1981 年。

23. 斌椿，乘槎筆記〔Z〕，長沙：湖南人民出版社，1981 年。

24. 江蘇文史資料選輯（第九輯）〔Z〕，南京：江蘇人民出版社，1982 年。

25. 戴鴻慈，出使九國日記〔Z〕，長沙：湖南人民出版社，1982 年。

26. 梁啟超，梁啟超選集〔Z〕，李華興、吳嘉勳編，上海：上海人民出版社，1984 年。

27. 秦孝儀，先總統蔣公思想言論總集〔Z〕，臺北：中國國民黨中央委員會黨史委員會，1984 年。

28. 榮孟源，中國國民黨歷次代表大會及中央全會資料（上、下）〔Z〕，北京：光明日報出版社，1985 年。

29. 榮孟源、章伯鋒，近代稗海〔Z〕，成都：四川人民出版社，1985 年。

30. 王慶雲，石渠餘紀〔Z〕，北京：北京古籍出版社，1985 年。

31. 清實錄〔Z〕，北京：中華書局，1986 年。

32. 中國人民政協會議全國委員會文史研究委員會，文史資料選輯〔Z〕，北京：中國文史出版社，1986 年。

33. 中國第二歷史檔案館，中國國民黨第一、二次全國代表大會會議史料〔Z〕，南京：江蘇古籍出版社，1987 年。

34. 陳旭麓、郝盛潮，孫中山集外集〔Z〕，上海：上海人民出版社，1990 年。

35. 中國第二歷史檔案館，中華民國史檔案資料彙編〔Z〕，南京：江蘇古籍出版社，1991 年。

36. 中國第二歷史檔案館，中華民國史史料長編〔Z〕，南京：南京大學出版社，1993 年。

37. 中國第二歷史檔案館，國民黨政府政治制度檔案史料選編（上、下）〔Z〕，合肥：安徽教育出版社，1994 年。

38. 郝盛潮，孫中山集外集補編〔Z〕，上海：上海人民出版社，1994 年。

39. 季嘯風、沈友益，中華民國史史料外編〔Z〕，桂林：廣西師範大學出版社，1996 年。

40. 愛漢者等，東西洋考每月統記傳〔Z〕，黃時鑒整理，北京：中華書局，1997 年。

41. 《近代史資料》編輯部，近代史資料〔Z〕，北京：中國社會科學出版社，1997 年。

42. 中國第二歷史檔案館，中國國民黨中央執行委員會常務委員會記錄（第23 冊）〔Z〕，桂林：廣西師範大學出版社，2000 年。

43. 徐繼畬，瀛寰志略〔Z〕，上海：上海書店出版社，2001 年。

44. 徐秀麗，中國近代鄉村自治法規選編〔Z〕，北京：中華書局，2004 年。

三、專著

1. 張雲伏，地方自治大綱〔M〕，上海：華僑圖書印刷公司，1934 年。

2. 趙如珩，怎樣實施地方自治〔M〕，上海：華通書局，1934 年。

3. 梁漱溟，中國之地方自治問題〔M〕，濟南：山東鄉村建設研究院，1935 年。

4. 冷雋，地方自治述要〔M〕，南京：正中書局，1935 年。

5. 聞鈞天，中國保甲制度〔M〕，上海：商務印書館，1935 年。

6. 黃強，中國保甲實驗新編〔M〕，南京：正中書局，1935 年。

7. 程方，中國縣政概論〔M〕，重慶：商務印書館，1939 年。

8. 阮毅成等，地方自治與保甲制度〔M〕，上海：獨立出版社，1939 年。

9. 陳柏心，中國縣制改造〔M〕，重慶：國民圖書出版社，1942 年。

10. 許崇灝，中國政制概要〔M〕，重慶：商務印書館，1943 年。

11. 李宗黃，新縣制之理論與實際〔M〕，北京：中華書局，1943 年。

12. 李宗黃，現行保甲制度〔M〕，北京：中華書局，1945 年。

13. 陳之邁，中國政府〔M〕，影印本，北京：商務印書館，1946 年。

14. 楊熙時，中國政治制度史〔M〕，重慶：商務印書館，1946 年。

15. 陳錫琪，同盟會成立前的孫中山〔M〕，廣州：廣東人民出版社，1957 年。

16. 王思華，孫中山哲學思想研究〔M〕，上海：人民出版社，1960 年。

17. 田宏懋，國民黨中國的政府與政治〔M〕，加利福利亞：斯坦福大學出版社，1972 年。

18. 秦孝儀，實施憲政〔M〕，臺北：中國國民黨中央委員會黨史委員會，1978 年。

19. 李澤厚，中國近代思想史論〔M〕，北京：人民出版社，1979 年。

20. 張磊，孫中山思想研究〔M〕，北京：中華書局，1981 年。

21. 王志光，孫中山的反帝思想〔M〕，鄭州：河南人民出版社，1981 年。

22. 李時岳、趙矢元，孫中山與中國民主革命〔M〕，瀋陽：遼寧人民出版社，1981 年。

23. 策萬源，孫中山哲學思想〔M〕，北京：中國社會科學出版社，1981 年。

24. 韋傑廷，孫中山哲學思想研究〔M〕，長沙：湖南人民出版社，1981 年。

25. 張磊，孫中山思想研究〔M〕，北京：中華書局，1981 年。

26. 〔美〕史扶鄰，孫中山與中國革命的起源〔M〕，丘權政、符致興譯，北京：中國社會科學出版社，1981 年。

27. 邵德門，中國近代政治思想史〔M〕，北京：法律出版社，1983 年。

28. 蔡尚思，中國現代思想史資料簡編〔M〕，杭州：浙江人民出版社，1983 年。

29. 李新、陳鐵建，中國新民主主義革命史——偉大的開端（1919～1923）〔M〕，北京：中國社會科學出版社，1983 年。

30. 林茂生，王維禮，王檜林，中國現代政治思想史（1919～1949）〔M〕，哈爾濱：黑龍江人民出版社，1984 年。

31. 劉興華，孫中山思想論稿〔M〕，哈爾濱：黑龍江人民出版社，1985 年。

32. 秦孝儀，中華民國政治發展史〔M〕，臺北：近代中國出版社，1985 年。

33. 張江明，孫中山哲學研究〔M〕，廣州：廣東人民出版社，1986 年。

34. 張磊，孫中山論〔M〕，廣州：廣東人民出版社，1986 年。

35. 韋傑廷，孫中山社會歷史觀研究〔M〕，長沙：湖南人民出版社，1986年。

36. 張俊顯，新縣制之研究〔M〕，臺北：正中書局，1987年。

37. 〔法〕盧梭，社會契約論〔M〕，何兆武譯，北京：商務印書館，1987年。

38. 林代昭、陳有和、王漢昌，中國近代政治制度史〔M〕，重慶：重慶出版社，1988年。

39. 李時岳、胡濱，從閉關到開放〔M〕，北京：人民出版社，1988年。

40. 陳瑞雲，現代中國政府〔M〕，長春：吉林文史出版社，1988年。

41. 〔美〕費正清，劍橋中華民國史（第一部）〔M〕，上海：上海人民出版社，1991年。

42. 〔美〕費正清，劍橋中華民國史（第二部）〔M〕，上海：上海人民出版社，1992年。

43. 〔美〕易勞逸，流產的革命（1927～1937國民黨統治下的中國）〔M〕，陳謙平等譯，北京：中國青年出版社，1992年。

44. 高力克，歷史與價值的張力——中國現代化思想史論〔M〕，貴陽：貴州人民出版社，1992年。

45. 中國大百科全書出版社編輯部，中國大百科全書‧政治學〔M〕，北京：中國大百科全書出版社，1992年。

46. 李侃、李時岳等，中國近代史〔M〕，北京：中華書局，1994年。

47. 賀淵，三民主義與中國政治〔M〕，北京：社會科學文獻出版社，1995年。

48. 王永祥，中國現代憲政運動史〔M〕，北京：人民出版社，1996年。

49. 韓信夫、姜可夫，中華民國史大事記〔M〕，北京：中國文史出版社，1996年。

50. 王人博，憲政文化與近代中國〔M〕，北京：法律出版社，1997年。

51. 喬寶泰，中華民國行憲制憲史述〔M〕，臺北：中國近代出版社，1998年。

52. 孔慶泰等，國民黨政府政治制度史〔M〕，合肥：安徽教育出版社，1998年。

53. 劉會軍，中華民國政治研究〔M〕，長春：吉林人民出版社，1999年。

54. 茅家琦，孫中山評傳〔M〕，南京：南京大學出版社，2001年。

55. 宋玉波，民主政制比較研究〔M〕，北京：法律出版社，2001年。

56. 桑兵，孫中山的活動與思想〔M〕，廣州：中山大學出版社，2001年。

57. 楊奎松，蔣氏密檔與蔣介石真相〔M〕，北京：社會科學文獻出版社，2002年。

58. 周天度，中華民國史〔M〕，北京：中華書局，2002 年。

59. 王人博，憲政的中國之道〔M〕，濟南：山東人民出版社，2003 年。

60. 王林，西學與變法：萬國公報研究〔M〕，濟南：齊魯書社，2004 年。

61. 李國忠，民國時期中央與地方的關係〔M〕，天津：天津人民出版社，2004 年。

62. 魏光奇，官治與自治——20 世紀上半期的中國縣制〔M〕，北京：商務印書館，2004 年。

63. 錢端升，民國政制史〔M〕，上海：上海世紀出版集團，2005 年。

64. 蕭公權，中國政治思想史〔M〕，北京：新星出版社，2005 年。

65. 王奇生，中國近代通史（第七卷）〔M〕，南京：江蘇人民出版社，2006 年。

66. 李劍農，中國近百年政治史：1840～1926〔M〕，武漢：武漢大學出版社，2006 年。

67. 王兆剛，國民黨訓政體制研究〔M〕，北京：中國社會科學出版社，2006 年。

68. 〔美〕杜贊奇，文化、權力、國家——1900 至 1942 年的華北農村〔M〕，王福明譯，南京：江蘇人民出版社，2006 年。

69. 田湘波，中國國民黨黨政體制剖析（1927～1937）〔M〕，長沙：湖南人民出版社，2006 年。

70. 崔之清，國民黨政治與社會結構之演變（1905～1949）〔M〕，北京：社會科學文獻出版社，2007 年。

71. 王建朗、曾景忠，中國近代通史（第九卷）〔M〕，南京：江蘇人民出版社，2007 年。

72. 田芳，地方自治法律制度研究〔M〕，北京：法律出版社，2008 年。

73. 李劍農，中國近百年政治史〔M〕，長沙：湖南教育出版社，2008 年。

74. 汪太賢，從治民到民治：清末地方自治思潮的萌生與變遷〔M〕，北京：法律出版社，2009 年。

75. 王奇生，黨員、黨權與黨爭——1924～1949 年中國國民黨的組織形態〔M〕，上海：上海書店，2009 年。

76. 王人博，中國近代憲政史上的關鍵詞〔M〕，北京：法律出版社，2009 年。

77. 萬昌華，秦漢以來地方行政研究〔M〕，濟南：齊魯書社，2010 年。

78. 江西省戰時民眾組訓委員會，保甲要義戰時民眾組訓〔M〕，出版地不詳，出版時間不詳。

四、論文

碩士論文

1. 趙麗娜，民國時期湖北保甲制度研究（1927～1937）〔D〕，武漢：武漢大學，2005 年。

2. 邸軍，孫中山憲法思想研究〔D〕，濟南：山東大學，2006 年。

3. 鄒靜頡，清末民初地方自治法研究（1908～1936）〔D〕，呼和浩特：內蒙古大學，2009 年。

4. 裴本成，孫中山地方自治思想研究〔D〕，成都：西南政法大學，2011 年。

博士論文

1. 顏軍，孫中山民權主義研究〔D〕，北京：中國社會科學院，2000 年。

2. 曹成建，二十世紀二十至四十年代國統區的地方自治與縣政改革考察研究〔D〕，成都：四川大學，2000 年。

3. 李默海，孫中山的憲政思想及其實踐問題研究〔D〕，濟南：山東大學，2006 年。

4. 鄭率，蔣介石與民末憲政〔D〕，長春：吉林大學，2009 年。

5. 趙紅，抗戰時期國民政府政治體制研究〔D〕，長春：吉林大學，2011 年。

6. 孫岩，南京國民政府時期地方黨政關係研究〔D〕，南京：南京大學，2011 年。

學術論文

1. 胡哲峰，對蔣介石「三分軍事、七分政治」方針的剖析〔J〕，史學月刊，1988 年（2）。

2. 彭厚文，國民黨中央政治委員會的演變述略〔J〕，湖北大學學報，1993 年（4）。

3. 周紹應，抗戰時期國民黨新縣制述評〔J〕，重慶師院學報哲社報，1995 年（3）。

4. 鐘聲，試論南京國民政府訓政前期（1928～1937）的地方黨政糾紛〔J〕，史學月刊，1999 年（2）。

5. 孫東河，略論孫中山的地方自治思想〔J〕，唯實，2000 年（8）。

6. 曹成建，20 世紀 40 年代新縣制下地方自治的推行及其成效〔J〕，四川師範大學學報，2000 年（11）。

7. 王兆剛，南京國民政府的縣自治〔J〕，安徽史學，2001 年（2）。

8. 王兆剛，南京國民政府訓政體制論〔J〕，天津師範大學學報，2001 年（2）。

9. 周玉玲等，孫中山與蔣介石地方自治思想的差異〔J〕，江南社會學院學報，2001 年（2）。

10. 吳永明，清末民初的地方自治述論〔J〕，江西社會科學，2001 年（3）。

11. 武乾，南京國民政府的保甲制度與地方自治〔J〕，法商研究，2001 年（6）。

12. 唐衛國，孫中山地方自治思想研究〔J〕，河北法學，2001 年（6）。

13. 武乾，南京國民政府的保甲制度與地方自治〔J〕，法商研究，2001 年（6）。

14. 武乾，論梁漱溟的地方自治思想〔J〕，江漢論壇，2002 年（1）。

15. 李德芳，南京國民政府鄉村自治制度述論〔J〕，河北大學學報，2002 年（4）。

16. 賈世建，試論南京國民政府「訓政前期」的地方自治〔J〕，華北水利水電學院學報，2002 年（11）。

17. 魏紅英，對當代中國地方自治制度若干特徵的認識〔J〕，江漢論壇，2002 年（12）。

18. 曹成建，20 世紀 20 年代末 30 年代前期南京國民政府的地方自治政策及其實施成效〔J〕，四川師範大學學報，2003 年（1）。

19. 陶炎武，南京國民政府地方自治初探〔J〕，廣西梧州師範高等專科學校學報，2003 年（1）。

20. 周松青，清末上海地方自治與合法性〔J〕，華東師範大學學報，2003 年（1）。

21. 賈世建，淺析南京國民政府的縣政實驗〔J〕，天中學刊，2003 年（2）。

22. 王兆剛，抗戰前南京國民政府縣自治失敗原因探析〔J〕，青島海洋大學學報，2003 年（3）。

23. 韓雪峰，西方國家地方自治比較〔J〕，唯實，2003 年（5）。

24. 曹成建，20 世紀 30 年代中前期南京國民政府對地方自治政策的調整〔J〕，四川師範大學學報，2003 年（9）。

25. 李國青，試論南京國民政府「地方自治」的封建性〔J〕，商丘師範學院學報，2003 年（12）。

26. 溫波，南京國民政府成立初期的合法性危機〔J〕，贛南師範學院學報，2004 年（1）。

27. 周聯合，實行民治的第一方略——孫中山的地方自治思想述論〔J〕，華南理工大學學報，2004 年（3）。

28. 汪太賢，地方自治：民權與民治的制度依託——何啟、胡禮垣的地方自治論說〔J〕，西南民族大學學報，2004 年（4）。

29. 尹紅群，南京國民政府鄉村制度變革：政治結構及問題〔J〕，社會科學輯刊，2004 年（6）。

30. 涂四益，地方政權制度設計與地方自治〔J〕，山東行政學院山東省經濟管理幹部學院學報，2004 年（11）。

31. 方旭紅，南京國民政府縣級政權的運作機制：1927～1937 年〔J〕，安徽史學，2005 年（2）。

32. 白貴一，論地方自治與憲政——兼論英國地方自治地方自治影響及價值〔J〕，理論與改革，2005 年（4）。

33. 龔啓耀，評孫中山的「以黨治國」思想與南京國民政府的「一黨專政」體制〔J〕，福建廣播電視大學學報，2005 年（4）。

34. 馬小泉，孫中山地方自治思想之學理意義〔J〕，史學月刊，2005 年（5）。

35. 陳紹方，地方自治的概念、流派與體系〔J〕，求索，2005 年（7）。

36. 任李進，英國地方自治制度的新發展〔J〕，新視野，2006 年（1）。

37. 黃霞，20 世紀 20 年代末 30 年代前期南京國民政府基層警政建設淺論〔J〕，宜賓學院學報，2006 年（1）。

38. 汪巧紅，孫中山的地方自治思想及其在「新縣制」中的背離〔J〕，華中師範大學研究生學報，2006 年（3）。

39. 楊軍，南京國民政府推行縣政建設的動因探析〔J〕，懷化學院學報，2006 年（6）。

40. 王鵬，地方自治與鄉村治理〔J〕，南風窗，2006 年（9）。

41. 金世忠，國民政府時期保甲制度的展開與實施〔J〕，臺南科技大學通識教育學刊，2008 年（7）。

42. 劉斌，試論廣東時期國民黨黨治模式的演變——以黨政關係爲中心〔J〕，大眾文藝，2010 年（16）。

後　記

　　在本文即將付印之際，我首先要感謝我的導師劉會軍教授三年來的悉心指導，從文章的選題到文章的總體把握上，劉會軍教授都給予了我很大的幫助，是他不斷的鼓勵和耐心的指教，才使我順利的完成了這篇博士畢業論文。幾年的學習生活，導師不但在學習上對我諄諄教導、不厭其煩，教給我做學問、搞科研的方法，而且在為人處事上也給了我許多幫助。本文從選題、收集材料、擬定框架，直到初稿、修改稿、定稿，劉老師傾注了大量的心血，提出了詳細寶貴的意見。同時要感謝吉林大學中國近現代史專業其他各位老師——李書源、趙英蘭、吳彤、管書合、王明偉、鄭率、李秀原等，他們的教導和點撥使我受益匪淺，是這些老師們的言傳身教，使我對吉林大學充滿著留戀，是這些老師們的悉心指導，使我的論文能夠順利完成。

　　本文在寫作過程中，參考了大量的地方自治的研究成果，在此深表感謝。當然，這篇論文的完成對於我來說，並不是終結而是新的開始，我將繼續努力。